管理学

原理与实践

导论 | 计划 | 组织 | 领导 | 控制

主编
熊峰 万华

上海交通大学出版社
SHANGHAI JIAO TONG UNIVERSITY PRESS

图书在版编目（CIP）数据

管理学原理与实践 / 熊峰，万华主编 . -- 上海：上海交通大学出版社，2021.7

ISBN 978-7-313-22514-6

Ⅰ. ①管… Ⅱ. ①熊… ②万… Ⅲ. ①管理学—高等学校—教材 Ⅳ. ①C93

中国版本图书馆CIP数据核字（2021）第049564号

总 策 划 海上图志 HAISHANG TUZHI
策划编辑 胡丽雯
责任编辑 胡思佳 王 琼
设计总监 赵志勇
装帧设计 郁 悦
美术编辑 褚志娟

管理学原理与实践
GUANLIXUE YUANLI YU SHIJIAN

主　　编：熊　峰　万　华
出版发行：上海交通大学出版社
地　　址：上海市番禺路951号
邮政编码：200030
电　　话：021-52717969
印　　制：常州市大华印刷有限公司
经　　销：全国新华书店
开　　本：787mm × 1092mm 1/16
印　　张：14
字　　数：239千字
版　　次：2021年7月第1版
印　　次：2021年7月第1次印刷
书　　号：ISBN 978-7-313-22514-6
定　　价：49.80元

内容提要

本书从管理与管理学的内涵特征、管理的思想理论、管理伦理与社会责任出发，按计划、组织、领导和控制四大职能进行逻辑框架构建与组织。学生通过本书的学习，可获得对管理及管理学的大致认识。

与同类教材相比，本书知识体系较完整、条理清晰、重点突出，详细阐述了管理学的核心内容，以便学生深刻理解管理学的一般原理。同时，本书注重理论与实践相结合，通过大量的扩展性案例，实现从管理学一般原理到管理实践活动的拓展，做到具体问题具体分析，加深了学生对管理原理的认识和理解。

本书适合高等院校非管理类专业学生使用。考虑到非管理类专业学生的知识结构和特点，本书在编写过程中采用了通俗易懂的语言来阐述和分析问题，让学生在轻松阅读的过程中掌握管理的基本理论、基本方法和基本技能，以及培养发现问题、分析问题和解决问题的能力。

作者介绍

熊峰，现为中南财经政法大学工商管理学院副教授，硕士生导师，主要从事信息管理与信息系统、供应链与物流管理的研究和教学工作；先后主持和参与多项国家自然科学基金项目与教育部人文社科项目；曾在《中国管理科学》《软科学》等期刊上发表学术论文。

万华，现为中南财经政法大学工商管理学院教师，主要从事企业管理、知识创新、创业管理的研究和教学工作；先后主持和参与多项国家社会科学基金项目与教育部人文社科项目；曾在《情报科学》《武汉大学学报》等期刊上发表学术论文。

前言

美籍华裔物理学家、诺贝尔物理学奖获得者李政道曾说："艺术和科学的共同基础是人类的创造力。它们追求的目标都是真理的普遍性，事实上是一个硬币的两面。它们源于人类活动最高尚的部分，都追求深刻性、普遍性、永恒和富有意义。"这生动地说明了科学与艺术是紧密相关的一个问题的两个方面。管理同样如此，是将科学性与艺术性有机结合的一门实践性很强的学科。

我们都知道，人具有自然属性和社会属性，而社会属性属于人的本质属性。无论作为管理者还是被管理者，只有掌握一定的管理学知识，并学会在实践中结合管理学的原理和方法思考、分析管理过程中的问题，才能有效地解决学习、工作和生活中的计划、组织、领导和控制等基本问题。正是基于上述问题，中南财经政法大学工商管理学院管理学课程组团队成员共同编写了这本面向不同背景的学生的通识性教材。

全书力求通过描述性语言，由浅入深、循序渐进地介绍管理工作的实质、过程，以及基于管理职能的各种方法和原理，并穿插大量案例，联系实际，以帮助学生更好地掌握管理学知识。

作为一门通识性课程，本课程可考虑设置为2学分32学时，每周2学时。面向不同年级的授课对象，教学内容也可按教学目的做出一些删减，但需要考虑到全班案例讨论环节为1到2学时。

本书系中央高校教育教学改革专项重大项目（项目批号：31410010801）"资源共享下经管类拔尖创新人才培养模式的探索与推广"成果之一。本书的编写分工如下：万华编写第一章以及负责全书的审定工作，马守宇编写第二章，熊峰编写第三章，刘培松编写第四章，栗洋编写第五章。两位硕士研究生许全坡、刘曾曾对部分章节的案例分析和课后练习题做了一些删改和完善工作。

从学科发展历史来看，未来管理学发展仍然充满挑战。由于我们的知识理论水平有限，加之时间仓促，书中若有不尽如人意之处，敬请专家与读者批评指正。

最后，特别感谢中南财经政法大学领导给予的支持。

编 者

目录

第一章　导　论

第一节　管理与管理学

一、管理的概念及特征

典型案例 1-1

阿里巴巴的管理理念[①]

阿里巴巴B2B公司于2011年宣布，为维护“客户第一”的价值观，捍卫诚信原则，2010年公司约有0.8%，即1 107名“中国供应商”因涉嫌欺诈被终止服务，公司CEO、COO为此引咎辞职。淘宝网CEO陆兆禧接替卫哲，兼任B2B公司CEO职务。阿里巴巴有关负责人表示，公司决不能变成仅以赚钱为目的的机器，违背公司价值观的行为丝毫不能容忍。

阿里巴巴表示，这是该公司董事会主动发起的“客户资质独立调查行动”的阶段性结果。时任阿里巴巴集团董事局主席马云表示：“诚信，是阿里巴巴最珍视的价值观基础，这包括我们员工的诚信以及我们为小企业客户提供一个诚信和安全的网上交易平台。我们希望释放一个强烈信息，就是任何有损我们文化和价值观的行为均不可接受。”在同日一并发出的马云致员工的公开信中，他要求所有阿里人对不诚信行为采取零容忍态度。他说：“客户第一的价值观意味着我们宁愿没有增长，也决不做损害客户利益的事，更不用提公然的欺骗。”

（一）管理的概念

每个组织都需要管理，人们也经常提到“管理”一词，但对于什么是管理，人们并没有取得一致的认识。这种对管理概念认识上的不一致，正是造成学者们在管理理论认识上的差

① 资料来源：任鑫恚.阿里巴巴CEO卫哲引咎辞职 马云称很痛但别无选择[EB/OL].https://finance.huanqiu.com/article/9CaKrnJqls9，2011-02-21/2018-09-25.

异的一个重要原因。下面列举几种关于管理概念的不同理解。

按照《世界百科全书》的解释，“管理就是对工商企业、政府机关、人民团体及其他各种组织的一切活动的指导。它的目的是使每一行为或决策有助于实现既定目标”。

亨利·法约尔认为：“管理就是实行计划、组织、指挥、协调和控制 。”①

美国管理学家小詹姆斯·H.唐纳利等人认为：“管理就是由一个人或更多的人来协调他人活动，以便收到个人单独活动所不能收到的效果而进行的各种活动 。”②

斯蒂芬·罗宾斯认为：“管理是指与他人一起或通过他人使活动完成得更有效的过程。”③

周三多等学者认为：“管理是在社会组织中，为了实现预期的目标，以人为中心进行的协调活动。”④

吴照云等学者认为：“所谓管理，就是对组织所拥有的资源进行有效的计划、组织、领导和控制，以便达到既定的组织目标的过程。”⑤

综合各种观点，一个被普遍认同的观点是，管理是一个过程，是让别人与自己一起去实现既定的目标，是一切有组织的集体活动所不可缺少的要素。因此对管理比较系统的理解应该是，它是管理者或管理机构在一定范围内，通过决策、计划、组织、控制、领导等工作，对组织所拥有的资源进行有效的决策、计划、组织、领导、指挥和控制，用最有效的方法实现组织目标⑥。

上述定义有8层含义：第一，管理是有范围的，一般存在于由两个或两个以上的人构成的组织中；第二，管理是一个过程，在组织的各个管理层次中都存在着管理过程，每个管理过程又都是由各种管理职能构成的，每个职能的实现都需要根据其所处层次的条件与环境的具体情况灵活地运用数学方法和行为方法来保证，通过职能的实现来保证过程的实现，通过低层次的实现来保证高层次的实现，从而达到组织目标；第三，管理的核心是达到目标，管理就是要合理利用组织中的所有要素，从而努力地实现组织的预期目标；第四，管理达到目标的手段是运用组织拥有的各种资源，管理就是要通过运用现代数学方法、行为科学的方法理论，以及经验和专门的技术来调配组织内的所有要素；第五，管理的本质是协调，管理上的协调就是使组织中的各种要素成比例，按比例对这些要素进行合理安排，如人员、物资、

---

① H.法约尔.工业管理与一般管理[M].周安华，林宗锦，展学仲，等译.北京：中国社会科学出版社，1998：5.

② 小詹姆斯·H.唐纳利，詹姆斯·L.吉布森，约翰·M.伊凡赛维奇.管理学基础：职能·行为·模型[M].李柱流，苏沃涛，徐吉贵，等译.北京：中国人民大学出版社，1982：18.

③ 斯蒂芬·罗宾斯，玛丽·库尔特.管理学（第13版）[M].刘刚，程熙镕，梁晗，等译.北京：中国人民大学出版社，2017.

④ 周三多，陈传明，刘子馨.管理学：原理与方法[M].7版.上海：复旦大学出版社，2018.

⑤ 吴照云，等.管理学[M].6版.北京：中国社会科学出版社，2011.

⑥ 尹少华.管理学原理[M].北京：北京大学出版社，2010.

资金等在何时何地进行配置和结合，结合的方式，以及它们之间的比例关系是什么等，都是管理应解决的问题；第六，管理是一种方向性的活动，要使组织中所有成员的意识和行动等服从组织目标的要求，向着一个方向努力，不能出现与实现组织目标背道而驰的行为；第七，管理的适宜性，管理活动具有很大的灵活性，在一定的环境下，对同一事件的处理往往可以有不同的方案，这就要求管理者去寻找最优的解决方案，以达到管理的效率和效果；第八，现代管理的中心是人，在所有组织中都同时存在着人与人、人与物的关系，但人与物的关系都表现为人与人的关系，任何资源的分配也都是以人为中心来进行的。由于人有物质和精神两个方面的需要，因此社会文化背景、历史传统、社会制度、人的价值观、人的物质利益、人的精神状态、人的素质、人的信仰等都会对组织活动产生影响。

（二）管理的特征

管理既是一门科学，又是一种艺术。科学是指能反映事物内在规律的理论体系，艺术是指以个人的经验和熟练程度为基础的技艺和技巧。在泰勒的“科学管理理论”产生之前，人类还没有形成完整的、能用于指导管理实践的管理理论体系。因此，当时所进行的管理靠的是个人的经验、知识和运气，还不能说管理是一门科学。自从泰勒提出“科学管理理论”之后，人类就慢慢形成一套能反映管理活动内在规律的理论体系。这个理论体系一方面用于指导人们的管理实践，使人们的管理水平不断得到提高；另一方面随着人们管理实践的不断丰富而得到不断的发展，所以管理是一门科学。但管理学又是一门不精确的科学。管理学在认识管理活动的内在规律的过程中所形成的概念、原则、原理、方法和制度等不可能像自然科学的原理和定理那样，通过实验加以提炼和验证，因此，人们在运用其进行管理实践时，还需要加入个人的经验和技巧。另外，管理活动是一种协调被管理者的活动。这里两种不同活动的主体都是人。人是有思想、有感情的社会动物，当管理者应用管理理论指导管理实践时，不可能像自然科学应用其定理和原理去指导自然科学实践那样严谨、刻板和一丝不苟，而是要求管理者在管理过程中灵活地运用管理理论对具体问题进行具体分析。这也要求管理者有丰富的经验和技巧。要想成为一个有效的管理者，不但要学好管理理论，还要掌握管理的艺术。前者需要的是系统的理论学习，后者需要个人的智慧和经验。正如亨利·法约尔所说的：“原则是灵活的，是可以适应于一切需要的，问题在于懂得使用它，这是一门很难掌握的艺术。它要求智慧、经验、判断和注意尺度。由机智和经验结合而成的掌握尺度的能力是一个管理人的主要才能之一。”①

科学与艺术并不是相互排斥和对立的，而是相互补充的。最有成效的艺术总以对它所依据的科学的理解为基础。科学的发展有利于艺术水平的提高，艺术水平的提高又能促进科学

① H.法约尔.工业管理与一般管理[M].周安华，林宗锦，展学仲，等译.北京：中国社会科学出版社，1998.

的更进一步发展。对于一个管理者来说，如果不懂得管理的科学理论，那么在管理的过程中就只能靠运气，靠直观的经验办事；如果管理者掌握了管理的科学理论，就有可能找到切实可行的方法解决所遇到的问题。当然，管理者也不能空谈管理理论，还要通过实践来丰富自己的经验，提高自己解决问题的能力。

二、管理的职能与性质

典型案例 1-2

源源不断的建议①

日本丰田公司有一项建议制度或称提案制度，建立于20世纪50年代，即“好产品、好主意”，实施建议制度的最初一年只征集到183条建议，但随后逐年递增，建议采用率也在上升。1972年，员工提出的建议首次超过10万条，采用率为57%；1978年提出建议达50万条，采用率为88%；1980年提出建议高达85.9万条，采用率高达94%。资料表明，在1980—1986年间，丰田公司收集到的建议有430万条之多。建议制度取得了惊人的成效，仅1975—1976年，就为公司节省了40亿日元。其中，有不少建议每月就可为公司节省约300万日元。员工建议一旦被采纳，丰田公司就将根据具体情况奖励5万～10万日元。此外，丰田公司对于在不同阶段提出建议且被采纳的人员在月末或年末以奖状、奖品、奖金等不同形式给予奖励。

（一）管理的职能

1. 计划

通常提到的计划实际有两种含义。一是计划工作，即确定未来目标的过程及制订实现目标的方案的工作过程。二是组织计划工作的结果，它确定了组织未来期间内要做什么、如何做、何时做和由谁做等问题。从中可以看出，计划是领先于其他职能的一项管理职能。因为只有制订了计划方案，才能确定建立何种组织结构形式，才可能有效地领导职工发挥其工作的积极性。同时，脱离计划的控制是毫无意义的控制，正是计划为组织的控制提供了根据和标准。

2. 组织

组织工作是管理者从事管理活动的一个重要内容。组织就是使组织内的每个成员为了实现组织目标而成为一个整体，共同发挥作用。因此，它要确定管理者的管理幅度，要考虑如

① 资料来源：《管理学基础考核》（百度文库），https://wenku.baidu.com/view/c2c8c8d7fc4ffe473268ab69.html。

何在组织中建立各个可管理的部门，要研究组织中各个部门和个人的职责与权力，还要确定组织中各个部门和个人之间的相互关系。管理者在从事组织管理活动、发挥管理的组织职能过程中，要贯彻效率原则和目标一致性的原则。

3. 领导

人们通常说的领导有两种含义。第一种含义是指领导者，第二种含义是指领导者的领导行为。在管理中的领导，是指组织中带领和指挥所有成员实现组织目标的一种行为。领导职能包括调动员工积极性，调解员工之间的矛盾，组织、联络群体，指导人们的行为等。

4. 控制

如果组织能制订出切实可行的计划，并且不需要修改，还能保证计划被完善地贯彻执行，那么可以说，组织就没有进行控制的必要了。但实际上，由于人的能力有限，并不能制订出完全符合客观实际的计划，或者由于未来环境的变化，使原来的计划不能有效地指导实际的工作，因此就会产生修改计划的问题。即使不存在修改计划的问题，在计划的贯彻执行过程中，也可能产生计划的执行结果与原来的计划要求发生偏差的问题，这就要求组织采取一定的措施来纠正偏差。对计划本身的修正和执行结果偏差的调整就是管理的控制职能。

（二）管理的性质

生产过程本身具有两重性，因此决定了管理具有两重性。由于生产过程是由生产力和生产关系组成的统一体，决定着管理也具有组织生产力与协调生产关系两重功能，从而使管理具有两重性。管理两重性是指管理由许多人进行协作劳动而产生，是有效组织共同劳动所必需的，具有与生产力和社会化大生产相联系的自然属性；管理又体现着生产资料所有者指挥劳动、监督劳动的意志，因此，它又有与生产关系和社会制度相联系的社会属性。管理的两重性是马克思主义关于管理问题的基本观点，反映出管理的必要性和目的性。

首先，管理的自然属性也称管理的生产力属性或管理的一般性。在管理过程中，为有效实现目标，要对人、财、物等资源进行合理配置，对产、供、销及其他职能活动进行协调，以实现生产力的科学组织。这种组织生产力的管理功能是由生产力引起的，反映了人与自然之间的关系，称为管理的自然属性。该属性只由生产力决定，而与生产关系、社会制度无关；在历史的发展过程中，其不随社会形态的变化而变化，具有历史长期性，故又称为管理的一般性。

其次，管理的社会属性也称为管理的生产关系属性或管理的特殊性。在管理的过程中，为维护生产资料所有者的利益，就需要调整人们之间的利益分配，协调人与人之间的关系。这种调整生产关系的管理功能，反映的是生产关系与社会制度的性质，故称为管理的社会属性。管理的社会属性是由与管理相联系的生产关系和社会制度的性质决定的，在历史发展过程中的不同社会形态下，管理的社会属性体现着统治阶级的意志，带有明显的政治性，因此，管理的社会属性又称为管理的生产关系属性或管理的特殊性。社会主义企业管理与资本主义企业管理的区别集中反映在管理的社会属性上。资本主义企业管理是为了维护资本主义生产关系，是资本家榨取工人剩余价值的一种手段；社会主义企业管理则是在维护社会主义生产关系条件下，充分发挥职工的积极性、智慧和创造力，搞活经营，提高效益，从而实现社会主义生产目的。尽管如此，一些资本主义企业用来调节生产关系的技术与方法，只要具有科学性和实用性，在社会主义企业管理中就可以应用。

因此，管理是一种生产活动，具有双重属性，即自然（生产力）属性和社会（生产关系）属性，管理的两重性是由生产过程的两重性决定的。

三、管理者及其技能

典型案例 1-3

王厂长的苦恼[①]

伴随着我国实行对外开放政策，某地生产传统工艺品的企业逐渐发展壮大起来。其销售额和出口额近10年来平均增长15%以上，员工也由原来的不足200人增加到2 000多人。企业还是采用过去的类似直线型的组织结构。企业一把手王厂长既管销售又管生产，是一个多面、全能型的管理者。最近，企业发生了一些事情，王厂长应接不暇。其一，生产基本按订单生产，由厂长传达生产指令，碰到交货紧张时，往往是厂长带头与员工一起挑灯夜战。虽然按时交了货，但质量不过关，产品被退回，并被要求索赔。其二，以前企业招聘人员人数少，所以招聘谁王厂长一人就可以决定了。现在，每年要招收大中专生近50人，还涉及人员的培训等，以前的做法就行不通了。其三，过去总是王厂长临时抓人去做后勤等工作，现在这方面工作太多，临时抓人去做已经做不好了。凡此种种，以前有效的管理方法已经失去了作用。

身为管理者，自身的管理技能应随企业规模的扩大、自身地位的变化做出调整。案例中，当王厂长作为只有几十名员工的厂长时，人际技能和概念技能的缺乏并不影响工厂运转，但随着企业的扩大，管理人数、层级的增加，概念技能就显得尤其重要。

（一）管理者的概念

管理就是一群人有效率、有效果地实现组织目标。管理者是管理活动的主体。传统观点

① 资料来源：《管理学15个经典案例分析》（百度文库），https://wenku.baidu.com/view/883d39a16394dd88d0d233d4b14e852459fb3968.html。

认为，管理者是运用职位、权力，对人进行统驭和指挥的人。这种概念强调的是组织中的正式职位和职权，强调必须拥有下级。

美国学者彼得·德鲁克给“管理者”下的定义为：在一个现代的组织中，如果每个知识工作者能够凭借其职位和知识对该组织负有贡献的责任，因而能够实质性地影响该组织经营及达成的成果，即为管理者[①]。这一定义，强调作为管理者首要的标志是必须对组织的目标负有贡献的责任，而不是权力；只要共同承担职能责任，对组织的成果有贡献，他就是管理者，而不在于他是否有下属人员。依据这一定义，拥有知识并负有贡献责任的工程师也是管理者。

综合以上分析，管理者是指履行管理职能、对实现组织目标负有贡献责任的人。

（二）管理者的类型

1.按管理层次划分

（1）高层管理者。它指一个组织中最高领导层的组成人员。他们对外代表组织，对内拥有最高职位和最高职权，并对组织的总体目标负责。他们侧重于组织的长远发展计划、战略目标和重大政策的制订，拥有人事、资金等资源的控制权，以决策为主要职能，故也称为决策层。例如，一个工商企业的总经理就属于高层管理者。

（2）中层管理者。它指一个组织中中层机构的负责人员。他们是高层管理者决策的执行者，负责制订具体的计划、政策，行使高层授权下的指挥权，并向高层报告工作，也称为执行层。例如，一个工厂的生产处长、一个商场的商品部经理就属于中层管理者。

（3）基层管理者。它指在生产经营第一线的管理人员。他们负责将组织的决策在基层落实，制订作业计划，负责现场指挥与现场监督，也称为作业层。例如，生产车间的工段长、班组长就属于基层管理者。

2.按管理工作的性质与领域划分

（1）综合管理者。它指负责整个组织或其所属单位全面管理工作的管理人员。他们是一个组织或其所属单位的主管，对整个组织或该单位目标的实现负有全部的责任；他们拥有这个组织或单位所必需的权力，有权指挥和支配该组织或该单位的全部资源与职能活动，而不是只对单一资源或职能负责。例如，工厂的厂长、车间主任、工段长都是综合管理者，工厂的财务主管则不是综合管理者，因为其只负责财务这种单一职能的管理。

（2）职能管理者。它指在组织内只对某种职能负责的管理人员。这类管理者只对组织中某一职能或专业领域的工作目标负责，只在本职能或专业领域内行使职权、指导工作。职能管理者大多具有某种专业或技术专长。例如，一个工厂的总工程师、设备处长等。就一般工商企业而言，职能管理者主要包括负责计划管理、生产管理、技术管理、市场营销管理、

① 彼得·德鲁克.卓有成效的管理者[M].许是祥，译.北京：机械工业出版社，2005.

物资设备管理、财务管理、行政管理、人事管理、后勤管理、安全保卫管理等的人。

3. 按职权关系的性质划分

（1）直线管理人员。它指有权对下级进行直接指挥的管理者。他们与下级之间存在着领导隶属关系，一种命令与服从的职权关系。直线管理人员的主要职能是决策和指挥。直线管理人员主要是指组织等级链中的各级主管，即综合管理者。例如，企业中的总经理、部门经理、班组长，他们就是典型的直线管理人员，形成了组织的等级链。

（2）参谋人员。它指对上级提供咨询、建议，对下级进行专业指导的管理者。他们与上级的关系是一种参谋、顾问与主管领导的关系，与下级是一种非领导、隶属的专业指导关系。参谋人员通常是指各级职能管理者，主要职能是咨询、建议和指导。

直线管理人员与参谋人员是依职权关系进行区分的，是相对于职权作用对象而言的，在实际管理中两者经常相互转化。例如，财务主管对其他各部门来说是参谋人员，因为其只是在其专业领域内对其他部门进行专业指导；对于财务部门人员来说，财务主管是直线管理人员，因为他对本部门工作人员有直接指挥的权力。

（三）管理者的技能

1. 技术技能

技术技能是指管理者掌握与运用某一专业领域内的知识、技术和方法的能力。技术技能包括专业知识、经验、技术、技巧、程序、方法、操作与工具运用熟练程度等。这些是管理者对相应专业领域进行有效管理所必备的技能。管理者虽不用完全精通，但必须懂行，必须具备一定的技术技能，特别是一线管理者，更应如此。

2. 人际技能

人际技能是指管理者处理人事关系的技能。人际技能包括：观察人，理解人，掌握人的心理规律的能力；人际交往，融洽相处，与人沟通的能力；了解并满足下属需要，进行有效激励的能力；善于团结他人，增强向心力、凝聚力的能力等。在以人为本的今天，人际技能对于现代管理者来说是一项重要的基本功，人际技能的高低对管理者能否做好管理工作至关重要。

3. 概念技能

概念技能又称为构想技能，指管理者观察、理解和处理各种全局性复杂关系的抽象能力。概念技能包括：对复杂环境和管理问题的观察、分析能力；对全局性的、战略性的、长远性的重大问题的处理与决断能力；对突发性紧急处境的应变能力等，其核心是观察力和思维力。这种能力对于组织的战略决策和发展具有极为重要的意义，是组织高层管理者必须具备的，也是最重要的一种技能。

不同层次的管理者对管理技能的需要是有差异的。对于任何管理者来说，上述3种技能都是应当具备的。但不同层次的管理者，由于所处位置、作用和职能不同，对3种技能的需要程度则明显不同。高层管理者尤其需要概念技能，而且所处层次越高，对这种概念技能要求越高。这种概念技能是衡量一个高层管理者素质高低的重要尺度，但对高层管理者技术技能的要求就相对低一些。与之相反，基层管理者更重视的是技术技能，由于他们的主要职能是现场指挥与监督，若不熟练掌握技术技能，就难以胜任管理工作。

四、管理学的研究对象及方法

（一）管理学的研究对象

管理学的研究对象是那些普遍适用于各种具体领域管理实践的客观规律，具体包括以下几个方面。

（1）从管理的实践出发研究管理思想和管理理论的发展史，即研究管理思想、管理理论及其研究方法的起源，追溯其发展进程，透视不同时期的管理环境，全面而深刻地理解管理发展的历史进程。

（2）从生产力、生产关系和上层建筑3个方面研究管理学。

（3）从管理者出发研究管理过程。管理活动是由一系列活动组成的动态的过程，因此，不仅要研究管理活动涉及哪些职能，还需要对执行这些职能设计的组织要素进行研究，对执行各项职能中应遵循的原理、采用的方法和技术进行研究，同时对执行职能过程中遇到的阻力及如何克服阻力进行深入的研究。

（二）管理学的研究方法

管理学的学习与研究以马克思主义的辩证唯物主义和历史唯物主义为指导思想和方法论基础，以归纳法、试验法、演绎法作为基本方法。

（1）归纳法。这是指通过对客观存在的一系列典型事实（或试验）进行观察，从（实物研究法）掌握典型特点、关系、规律入手，进而分析、研究事物之间的因果关系，从中找出事物变化发展一般规律的方法。

（2）试验法。这是指人为地为某一试验创造一定条件，观察其实际试验结果，再与未给予这些条件的试验进行比较分析，寻找外加条件与试验结果之间因果关系的某种普遍适应性的方法。

（3）演绎法。这是指从某种概念或某种统计规律出发，或者在实证研究的基础上，用归纳法找到一般的规律，并加以简化，形成某种出发点，建立起能反映某种逻辑关系的经济模型（或模式）的方法。

第二节 管理思想的发展

一、西方的早期管理思想

典型案例 1-4

古希腊的管理思想[①]

古希腊人在管理方面表现出巨大的才能。他们发展出一种民主的城市政府——城邦，并提倡进行协商式管理。在他们还没有建立国家时，就对氏族部落实行民主式的管理，采取的是"一长两会制"。"一长"是公开选举产生的军事首领，"两会"即长老会和民众会。长老会由部落的氏族长老组成，民众会由成年男子，也就是全体参战战士组成。重大问题由军事首领和长老会做出决定，民众会表决，体现了民主管理的特点。

他们应用节奏和规定速度来使产量最大化。他们在从事艰苦而单调的工作时，往往用笛子和管乐器的音乐来规定动作。每种工作和作业都有不同的歌曲，这样，配合着音乐，引进了节奏、标准动作和速度的概念，再加上音乐在心理上所起的积极作用，就减轻了劳动者的疲劳而使产量大大增加。

西方早期的管理思想散落在古典的史籍和各种著作之中，主要思想集中体现在以下代表人物的著作中。

（一）色诺芬

公元前370年，古希腊学者色诺芬曾在《经济论》中对"劳动分工"做了如下论述："在制鞋工厂中，一个人主要完成缝鞋底，另一个人负责裁剪，还有一个人制作鞋帮，再由一个人把这些部件组装起来。这里所遵循的原则是，一个从事高度专业化工作的人一定能工作得更好。"这一管理思想与后来的科学管理理论创始人泰勒的某些思想非常相似。

（二）马基雅维利

15世纪的意大利著名思想家和历史学家马基雅维利在《君主论》中提出：①必须依靠广大群众，权力来自群众；②组织要有内聚力；③君王要维持统治，必须有领导技艺；④管理者要有危机意识，要居安思危。

---

① 资料来源：《西方早期的管理思想》（百度文库），https://wenku.baidu.com/view/e2c635096c85ec3a87c2c5f9.html。

（三）亚当·斯密

英国经济学家亚当·斯密的代表作是1776年发表的《国富论》。其管理思想主要有以下3个方面：①主张“经济自由，自由放任”，力图排除一切封建主义，反对重商主义，要求自由地发展资本主义；②对劳动分工及其可以产生的巨大经济利益进行了详细论述；③把资本主义社会看成人们互相交换的联合体，认为交换是“人类的本性”，交换的动机都是利己主义，因此，利己主义也是“人类的本性”。第三点被西方学者概述为“经济人”假设，此后“经济人”假设成为西方管理理论的基本假设。

（四）让·萨伊

法国经济学家萨伊在1803年出版了《政治经济学概论》，该书第一次明确地将管理作为独立的生产要素与土地、劳动、资本相并列，将政治经济学体系划分为生产、分配和消费3个部分。

（五）查尔斯·巴贝奇

1832年，英国发明家查尔斯·巴贝奇出版了《论机器和制造业的经济》。他提出，劳动分工使生产率提高的原因有：①节省学习所需要的时间；②节省学习期间所耗费的材料；③节省从一道工序转到下一道工序所需的时间；④经常从事某一项工作，肌肉得到锻炼，不易感到疲劳；⑤节省了改变工具所需的时间；⑥重复同一工作，技术熟练，工作较快；⑦集中注意力于单一作业，便于改进工具和机器。巴贝奇提出了一种工资加利润的分配制度，以调动劳动者工作的积极性。他还为经理人员提出了许多建设性的意见：应用时间研究技术；在分析企业机构的实际工作时，宜采取比较分析法；在提问题时，要研究如何发问才能获得最佳效果。

（六）安德鲁·尤尔

安德鲁·尤尔是管理教育的先驱，在管理方面的主要著作有1835年出版的《制造业的哲学》。书中指出，每个企业都有3种有机系统：一是机械系统，指生产的技术和过程；二是道德系统，指工厂中的人事方面；三是商业系统，指工厂企业通过销售和筹措资金来维持生存。这种划分方式是一种早期的系统思想的反映。组织理论的集大成者亨利·法约尔的一些思想就是来源于此。

二、西方的古典管理思想

典型案例 1–5

铁砂和煤炭的挖掘实验[①]

早先工厂里的工人干活是自己带铲子的。铲子的大小各不相同，而且铲不同的原

① 资料来源：《管理学原理——铁砂和煤炭的挖掘实验》（百度文库），https://wenku.baidu.com/view/d408a6ac68eae009581b6bd97f1922791688bea1?bfetype=new。

料时用的是相同的工具，那么在铲煤炭时如果重量合适，在铲铁砂时就过重了。泰勒经研究发现，每个工人的平均负荷是21磅（约9.5千克）。后来他就不让工人自己带工具了，而是准备了不同的铲子，每种铲子只适用于特定的物料。这不仅使每种铲子的负荷都达到了21磅，而且能适应不同的情况。

为此他还建立了一间大库房，里面存放各种工具，每个工具的负重都是21磅。同时他还设计了两张标号的卡片，一张说明工人在工具房所领到的工具和该在什么地方干活，另一张说明他前一天的工作情况，上面记载着干活的收入。若工人取得白色卡片，说明他工作良好；取得黄色卡片，就意味着要加油了，否则就要被调离。将不同的工具分给不同的工人，要进行事先的计划，要有人专门负责这项工作，需要增加管理人员，尽管这样，工厂仍受益很大。据说这项变革每年可为工厂节省约8万美元。

（一）科学管理理论

1. 科学管理理论概述

弗雷德里克·温斯洛·泰勒生活于美国19世纪下半叶到20世纪初。19世纪中后期，美国开始进入工业化阶段，不少工业部门出现了大型企业。由于工业的快速发展，在提高生产率的过程中，管理成为最薄弱的环节。当时的企业大多凭借传统的经验办事，管理十分简单。车间管理（如劳动的专业化、操作的标准化和程序化）都没有建立起来，更不用说工作的协调化、一体化和系统化。该现状不仅造成了极大的资源浪费，而且生产效率很低，生产的潜力得不到充分发挥。在这种背景下，有一批工程师、企业家开始对工厂、车间经营效率不高的原因进行研究，希望通过实验来寻找合理组织生产和发挥工人潜力的方法。泰勒就是研究者之一。

泰勒的科学管理理论主要集中在《计件工资制》（1895年）、《车间管理》（1903年）、《科学管理原理》（1911年）等代表作中。提高劳动生产率是科学管理理论的中心问题，也是泰勒创立科学管理理论的基本出发点。科学管理理论的内容丰富，可以从管理的出发点与核心、对管理人员和作业人员的要求、管理体制建设3个方面进行概述。

（1）管理的出发点和核心。

①科学管理的根本目的是提高工人工作效率。

②用科学的管理方法代替旧的经验管理，建立各种明确的规定、条例、标准，使一切科学化、制度化，是提高工作效率的重要手段。

③泰勒认为，科学管理的实质是劳资双方的一场心理革命，是在一切企业或机构中的工人的一次思想革命，也就是这些工人在对待他们的工作责任、同事、雇主上的一次完全的思

想革命；同时，也是管理方面的工长、厂长、雇主、董事会在对待他们的同事、工人和对所有的日常工作问题责任上的一次完全的思想革命。没有工人与管理人员双方在思想上的一次完全的革命，科学管理就不会存在。

（2）对管理人员和作业人员的要求。

①科学地挑选、培训和教育工人。泰勒认为，应该科学地挑选工人，这样才能用科学的方法来训练工人，使工人掌握科学的方法，提高工人的劳动生产率。以前，这一原则体现在按工作要求挑选头等工人。头等工人是指那些能干又愿意干的工人。泰勒认为，应挑选能力与工作相适应的工人，并对所挑选的工人进行有计划的培训、教育，使他们成长为头等工人，从而保证较高的工作效率。为此，要对工人的每个工作动作进行科学研究，然后用系统化、条理化的操作与技能去指导工人的工作，从而进行有效的管理。

②定额管理。管理的中心问题是提高生产效率，首先需要制定工作定额管理制度。泰勒认为，工人之所以会怠工，是由于雇主和工人对一天究竟要做多少工作没有一个准确的估计，缺乏有科学依据的工人“合理日工作量”。有科学依据的工作定额是提高劳动生产率的必要基础，合理的工作定额需要通过调查研究得出，为此他进行了工时和动作的研究。

③工作标准化。工作标准化就是使工人掌握标准化的操作方法，使用标准化的工具、机器和材料，并使工作环境标准化。泰勒认为，必须用科学的方法对工人的操作方法、工具、劳动和休息时间的搭配、机器的安装和作业环境的布置等进行研究，消除不合理因素，把有利因素结合起来，形成一种最好的方法。为此，他在伯利恒钢铁公司进行了铁铲实验。

（3）管理体制建设。

①职能化原则。泰勒认为，一个班组的工长有8种管理职能，其中4种属于计划职能，另外4种属于执行职能。他主张把计划和执行职能分开，实行职能化原则，使每位管理者只承担一种职能。他设计出8个职能工长，代替原来的1个工长，其中4个在计划部门，4个在车间。每个职能工长负责某一方面的工作。在其职能范围内，可以直接向工人发出命令。泰勒认为，这种“职能工长制”有3个优点：一是对管理者进行培训所花费的时间较少；二是管理者的职责明确，因而可以提高效率；三是由于作业计划已由计划部门拟订，工具与操作方法也已标准化，车间现场的职能工长只需进行指挥、监督，因此非熟练技术的工人也可以从事较复杂的工作，从而降低整个企业的生产费用。后来事实表明，一个工人同时接受几个职能工长的领导，容易引起混乱，所以“职能工长制”没有得到推广。但泰勒的这种职能管理思想对以后“直线职能制”组织形式的职能划分和“矩阵”组织形式的出现产生了较大的影响。

②激励工资制度。泰勒认为，有的工人磨洋工，重要原因之一是报酬制度不合理：计时工资不能体现劳动的数量；计件工资可以体现劳动的数量，工人又担心劳动效率提高后雇主会降低工资。为了鼓励工人努力工作，完成定额，泰勒提出了激励工资制度。

③例外原则。泰勒认为，规模较大的企业不能死板地依据职能原则来组织或管理，必须应用例外原则。例外原则是指企业的高级管理人员把例行的日常事务授权给下级管理人员去处理，自己只保留对例外事项的决策和监督权。

2. 对科学管理理论的认识与评价

科学管理理论的提出，标志着管理学作为一门学科已经形成。人类的管理学理论可以说是在科学管理理论的基础上形成和发展起来的，科学管理对人类的发展和进步做出了重大贡献。但作为一个时代的管理理论，科学管理理论也不可避免地带有其时代和历史的局限性。

（1）提高企业的生产效率是科学管理理论的核心。尽管泰勒认为科学管理理论不是一种提高企业生产效率的方法、制度和措施，但实际上提高企业的生产效率是科学管理理论的目的与核心。资本主义社会的发展对当时的管理提出了如何提高企业生产效率的问题，而泰勒的科学管理理论正好适应了这种要求。

（2）强调用科学的方法提高企业生产效率是科学管理理论的基本特征。尽管泰勒的科学管理理论有“科学”两个字，但这并不意味着它就是科学的管理理论。实际上，科学是科学管理理论的基本特征，即泰勒强调用科学的方法，或者说用理性分析的方法来提高工人的劳动生产率。在泰勒的科学管理理论中，也有不科学的地方。如“职能工长制”就明显地违反了统一领导原则和统一指挥原则。

（3）“经济人”的认识是科学管理理论对人的本性的基本认识。科学管理理论是基于“经济人”认识提出来的。它强调通过满足人在经济和物质方面的需求来调动工人的劳动积极性。对于工人在社会和心理方面需求的满足，泰勒在科学管理理论中虽然也有提到，但并没有把它作为科学管理理论的一个基本出发点。

（4）科学管理理论强调的是提高企业内部的生产效率。在科学管理理论中，泰勒强调的是如何通过科学的方法来提高企业内部的生产效率，却极少或没有考虑如何使企业在与环境的相互影响和作用中获得生存和发展。这或许是因为，当时经济的高速发展使“如何通过提高管理水平来提高企业的生产效率”成了压倒一切的最重要的问题。另外，当时整个市场属于卖方市场，市场上生产出来的产品供不应求，使得企业缺少市场的压力，反映在管理理论上，就使得科学管理理论只强调如何提高企业内部的生产效率了。

（二）一般管理理论

亨利·法约尔于1860年从法国圣埃蒂安国立矿业学校毕业后进入采矿冶金公司担任工程师和矿长职务，后担任该公司经理。1888年，47岁的法约尔被任命为总经理。1918年，他成立了管理科学方面的研究中心，专门从事管理方面的研究。他以企业整体为研究对象，认为“管理理论是指有关管理的、得到普遍承认的理论，是经过普遍经验检验并得到论证的一套有关原则、标度、方法、程序等内容的完整体系”[①]。有关管理的理论和方法适用于各类组织。这正是一般管理理论的基石。1916年出版的《工业管理与一般管理》是其主要的代表作，标志着一般管理理论的形成。

1. 管理的5个基本职能

法约尔指出：“管理，就是实行计划、组织、指挥、协调和控制。计划，就是探索未来、制订行动计划；组织，就是建立企业的物质和社会的双重结构；指挥，就是使其人员发挥作用；协调，就是联合、调和所有的活动及力量；控制，就是注意是否一切都按已制定的规章和下达的命令进行。”[②]在这里，法约尔第一次系统地阐述了管理者在管理过程中应履行的5个基本职能。后来的许多学者按照法约尔的这种研究思路对管理理论进行了研究，形成了管理学中的一个学派，即管理的过程学派，也有人称为管理的职能学派。法约尔成了该管理学派的创始人。

（1）计划职能。法约尔认为，管理应当预见未来，因此，管理的计划职能就是探索未来、制订行动计划；要通过管理的计划职能指出所要达到的结果、所遵循的行动路线、所要通过的阶段及所使用的手段。法约尔认为，一个好的计划应该具有统一性、持续性、灵活性、准确性等。

（2）组织职能。法约尔认为，“组织一个企业，就是为企业的经营提供所有必需的原料、设备、资本、人员。大体上说，可以分为两大部分：物质组织和社会组织”[③]。对泰勒的“职能工长制”，法约尔有不同的看法。法约尔在组织结构设计上同意泰勒通过参谋人员来帮助直线人员工作的观点，但他认为“职能工长制”违反了统一指挥原则。因此，为了在组织中既能坚持统一指挥原则，又能让参谋人员协助直线人员的工作，法约尔提出了“直线职能参谋制”的组织结构形式。

（3）指挥职能。法约尔认为，“担任指挥工作的领导应做到：对自己的职工有深入的了解；淘汰没有工作能力的人；对企业与职工之间的协定很了解；做出榜样；对社会组织进行定期检查，在检查工作中使用统一的一览表；把主要助手召集起来，参加酝酿统一领导和集中力量搞好工作的会议；不要在工作细节上耗费精力；使职工保持团结一致、积极工作、勇于创新和忘我工作的精神”。

（4）协调职能。为了使企业实现协调，法约尔认为企业中的各个部门首先要明确自己部门的工作目标，然后明确自己部门在完成组织的共同目标时必须承担的工作，以及应向其他部门所提供的支持和帮助。同时，各个部门的工作应经常地随情况的变动而调整。法约尔

① 亨利·法约尔.工业管理与一般管理[M].北京：机械工业出版社，2007.

② 同上。

③ 同上。

认为定期召开各部门领导的工作例会是很好的实现协调的办法。

（5）控制职能。在一个企业中，控制就是要证实是否各项工作都与已定计划相符合，是否与下达的指标及已定的原则相符合。控制的目的在于指出工作中的缺点和错误，以便加以纠正并避免重犯。

2. 管理的14项一般原则

为了使管理者能很好地履行各种管理职能，法约尔提出了管理的14项一般原则：劳动分工、权力与责任、纪律、统一命令、统一领导、个人利益服从整体利益、员工的报酬要公平、集权、等级链、秩序、平等、员工人数保持稳定、首创精神、团结。

3. 对一般管理理论的认识和评价

泰勒从个别工人的角度来研究如何提高每个工人的工作效率，从而提高整个企业的效率。与泰勒的科学管理理论不同，法约尔的管理理论是从一般的角度来研究管理的，从企业整体的角度来研究如何提高企业的生产效率。这就使泰勒的管理理论具有实践性，而法约尔的管理理论具有概括性和普遍性。因此，曾有人认为泰勒的管理理论与法约尔的管理理论是互相对立的。对此，法约尔表示不同意。两者的理论并不是相互对立的，而正好是相辅相成的。可以这样认为，只有把从个别工人的角度研究的管理理论与从企业整体的角度研究的管理理论结合起来，才会形成完整的管理理论，才能有效地指导企业的管理实践，真正地提高企业的生产效率。

但是，法约尔的管理理论也有其不够科学的地方。例如，在他提出的管理的14项基本原则中，把纪律、首创精神、团结等也作为管理的原则进行讨论，这是不合适的，因为这些是组织得以形成、运转的因素，并不是科学的管理原则。作为管理的原则，它是人们处理管理问题的基本准绳，既有严格性，又有一定的灵活性。管理原则的运用，就是要求管理者在基本原则的指导下，能根据具体的管理问题灵活地采取不同的解决方法。所以，把团结、首创精神、纪律等作为管理的原则是不合适的。

法约尔在其管理理论中，对组织管理理论问题提出了自己独到的看法，这些看法对以后组织管理理论的形成和发展产生了很大的影响。但是，应该指出的是，法约尔的组织管理理论主要从静止的角度来研究组织结构的设计，而没有从动态发展的角度来研究组织的运动和发展。但不管怎样，法约尔第一次从一般的角度阐述了管理理论，为管理基本理论的建立提出了一个非常有价值的框架，因此，他对管理理论的贡献和影响是巨大的。

（三）官僚行政组织理论

德国社会学家和哲学家马克斯·韦伯与泰勒、法约尔生活在同一时代，并且对西方管理理论的确立作出了杰出的贡献。他在管理思想上的主要贡献是提出了理想的行政组织体系理论或称为官僚行政组织理论。这集中体现在他的《社会组织与经济组织》及《经济史》著作中。他被后人称为“组织理论之父”。

1. 理想的行政组织体系理论

韦伯认为，一个理想的官僚行政组织包括以下几个要素。

（1）明确的分工。在官僚组织中，要按照实行组织目标的要求进行劳动分工，明确规定组织中的每个成员的权力和责任，并且把这些权力和责任作为正式的职责加以正式化和合法化。

（2）自上而下的等级系统。在组织中，要把各种职务或职位按照权力关系组织起来，形成一个不中断的组织链。这样使组织中的每一个成员都能明确自己应该接受谁的命令和监督，谁可以对谁下指令。

（3）人员的任用。要根据通过正式考核或经过正式教育而获得的技术资格来挑选组织中的成员。也就是说，组织成员的选择要根据各个职位对专业知识的要求而定，他们必须是掌握专业知识的工作人员。

（4）职业管理人员。行政人员是领取固定“薪金”的“专职”人员，而不是所管理单位的所有者。这样可以避免组织中不合理的社会关系和个人关系对组织工作的影响。

（5）组织中非人格化的关系。韦伯认为，组织中的行政管理人员必须遵守组织规定的规则和纪律，按照程序办事。同时，组织中人员之间的关系完全由相关的规则和制度来约束，这些规则和制度都是以理论准则为指导的，不受个人情感的影响。

2. 对官僚行政组织的评价

在今天，各种各样的组织，不管是工厂、学校、机关、医院或军队，都或多或少地具有官僚行政组织的某些特征。但是，今天人们也经常批评官僚制，把“官僚制度”“官僚主义”“官僚作风”作为组织效率低下的代名词。对于官僚制度的批评，主要有以下几个方面。

（1）假设的有效性。官僚制的提出是建立在许多假设的基础上，人们对官僚制的这些假设前提提出了批评和质疑。例如，官僚制强调建立等级系统，认为它有助于促进纪律和加强统一指挥，而且官僚制是以技术为根据来选择候选人的。在这里，官僚制就隐含着这样一个假设前提：当上级与下级之间出现不协调时，上级的判断必然比下级的判断正确。显然，这个假设存在着明显的缺陷，因为上级并不可能总是比下级正确。又如，官僚制强调人际关系的非人格化，决策者在决策时考虑的只能是规章和程序、合理性和效率。在这里，隐含着一个假设前提：组织中只存在正式组织的框架，否认人的感情等社会方面的因素对管理者决策的影响。显然，这个假设前提也不能完全成立。

（2）过分地强调组织原则和恪守规章制度。人们对官僚制最激烈的批评是它过分地强调执行规章制度。当然，任何一个组织都要有一定的规章制度，以规范组织和组织成员的行为。但是，过分地强调规章制度也会抑制创造力、革新精神和冒险精神。对于官僚行政组织者来说，只要按章办事就不会犯错误，至于如何才能提高组织的效率，则不是他们所要考虑的事情。他们所关心的是档案而不是成果。久而久之，官僚行政组织中的“官僚”们就形成了这样的行为规范：求稳定和坚持原则对个人成功是极为重要的；宁可把冒险的决策推给别人，也不愿意自己冒可能犯错误的风险；否定一个建议比肯定一个建议更安全；慢慢研究比马上决定更为稳妥。其结果就形成了人们所批评的效率低下的“官僚主义”和“官僚作风”。

（3）忽视了在正式组织中存在着非正式组织。在每个正式组织中，总是存在着各种各样的非正式组织。这些非正式组织的行为准则是感情的逻辑而不是效率的逻辑，即它们是由于各种感情而形成的，要做什么和不做什么是以能否满足非正式组织成员的感情需要为标准的。非正式组织的存在是一种客观的、普遍的现象，但是，官僚行政组织的提出和设计却忽视了正式组织中存在这种非正式组织的现象，或者说它本身就是反对和否认在正式组织中存在着非正式组织。所以韦伯一再强调，官僚行政组织从“纯技术”的角度看是最理想的组织结构形式。实际上，这种“纯技术”的假设并不可能成立。因为任何一个组织都是一个社会技术系统，都必然会存在各种各样的非正式组织。忽视了非正式组织的存在，忽视了组织中成员个人的情感需求，这样所建立起来的组织结构形式不仅不利于调动组织成员的积极性，而且不利于提高组织的工作效率。

三、西方的现代管理思想

20世纪20年代，管理学的经典理论形成，大大提高了企业和社会的管理水平。20世纪50年代有学者提出了目标管理理论，20世纪60年代提出了决策理论，20世纪70年代提出了战略理论，20世纪80年代提出了企业文化管理，使现代管理理论更加丰富与完善。

第二次世界大战期间，交战双方提出了许多亟待解决的问题，如运输问题、机场和港口的调度问题都涉及管理的方法。第二次世界大战以后，随着现代自然科学和技术的日新月异，生产和组织规模急剧扩大，生产力迅速发展，生产社会化程度不断提高，资本主义生产关系出现了一些新变化。生产集中和垄断统治的加强，工人运动的高涨，引起了人们对管理理论的普遍重视，资本家也需要更巧妙的管理方式。许多学者结合前人的经验、理论，从各自所处的角度，结合自己本专业的知识，如数学、法学、经济学、社会学、社会心理学、哲学等，去研究现代管理问题，使管理科学的内容更加丰富。

（一）人际关系学派

美国著名管理学家哈罗德·孔茨认为，20年前的人类行为学派已经一分为二，即分为人际关系学派和群体行为学派。人际关系学派的基本出发点：管理就是通过人来完成某些事情的，研究管理必须着重研究人与人之间的关系。因此，人际关系学派的学者关注组织中人与人之间的关系。他们以个人心理学作为理论研究的基础，研究具有社会心理本性的个人行为的动机，认为处理好组织中人与人之间的关系是组织中的管理者需要理解和掌握的一种技巧。对于这个学派的这种观点，孔茨认为，“研究人际关系，无论是对管理工作还是其他工作，都很有用，很重要。但是，不能说人际关系就包括了管理的一切。研究和实践都证明，只有人际关系，远不足以建立一种有效的管理科学”①。

（二）群体行为学派

群体行为学派关注的是群体中的人的行为，而不是人际关系。它是以社会学、人类学和社会心理学为理论基础，研究组织中的各种群体行为，如研究组织中非正式组织对正式组织行为的影响、组织中个人的从众行为、组织中的信息沟通问题。因此，该学派的研究有时又称为“组织行为学”研究。针对群体行为学派的研究，孔茨认为，对于群体行为的研究是管理的一个重要方面，但不等于管理本身，因此，群体行为学派的理论不可能构成完整的管理理论体系。

（三）决策理论学派

决策理论是以社会系统理论为基础的。第二次世界大战以后，赫伯特·西蒙等吸收了行为科学、系统理论、运筹学和计算机科学等学科的内容而发展起这一理论，决策理论学派成为西方有较大影响的管理学派。决策理论学派的主要内容包括如下几点。

（1）决策贯穿管理的全过程，是管理的核心。决策程序就是全部的管理过程，组织则是由作为决策者的个人所组成的系统。

（2）系统地阐述了决策原理。西蒙对决策的程序、准则、程序化决策与非程序化决策的异同及其决策技术等做了分析。西蒙提出，作为管理决策者，其决策过程包括4个主要阶段：①收集情况阶段，找出决策的理由，即探寻环境，寻求要求决策的条件；②拟订计划阶段，找出可能的行动方案，即创造、制订和分析采取的行动方案；③选定计划阶段，在各种行动方案中进行选择；④评价计划阶段，对已进行的选择进行评价。

（3）在决策标准上，用管理人来代替以最高准则行动的经济人，用“令人满意”的准则代替“最优化”准则。

（4）一个组织的决策根据其活动是否反复出现可分为程序化决策（结构良好的决策）和非程序化决策（结构不良的决策）。重复出现、例行公事的决策是程序化决策，但是程序化决策和非程序化决策并不能截然分开，而是一个像光谱一样的连续体。

决策理论尽管有其他理论所不具备的优点，但仍存在一定的不足：其一，管理是一种复杂的社会现象，仅靠决策无法给管理者有效的指导，实用性不大；其二，决策理论学派没有

---

① 哈罗德·孔茨，海因茨·韦里克.管理学（第十版）[M].张晓君，陶新权，马继华，等译.北京：经济科学出版社，1998.

把管理决策与人们的其他决策行为区别开来，具体指导作用有待加强。

（四）系统学派

系统理论的发展使得许多学者强调在管理的研究中应用系统的方法。他们认为，系统的方法是形成、表述和理解管理思想最有效的手段。根据系统的思想，人们把组织看成一个由许多子系统形成的系统，而这个系统又是环境大系统中的一个分系统，并与环境系统进行各种要素的交换。作为一个有效的管理者，既要使组织内部的各个子系统互相协调，同时又要使组织系统适应环境，获得有效的生存和发展。

孔茨认为，对系统的研究和强调的确提高了管理人员对影响管理理论与实践的各种相互作用因素的洞察力。但是他又认为，对于那些聪明而又有实际经验的主管人员及管理学家来说，在看待他们所遇到的问题和处理其经营业务时，早已习惯于把它们看成公司或其他事业单位内外环境之间日常交往的、由各相关因素构成的一种网络。所以，当他们发现有许多作者把系统方法看成一种新方法时，往往感到吃惊。孔茨认为，很难把系统的方法看成一种管理思想的新方法。

（五）管理过程学派

管理过程学派的学者认为，管理可以看作在正式组织中通过别人或与别人一起完成工作的过程。按照该学派的观点，管理理论就是以管理职能为基本框架，用一些可以指导管理实践的概念、原则、理论、方法、制度和程序等把管理相关的知识汇集起来，形成管理的科学理论体系。

对管理过程学派有以下几点评价。

（1）与其他学派相比，该学派是最系统的学派。他们首先从确定管理人员的职能入手，并将此作为理论的核心结构。理论的结构包括：该职能的特点是什么；该职能的目的是什么；该职能的结构如何；该职能的过程如何。孔茨认为，管理学进行这样的分类具有内容广泛、便于逻辑分析等优点。

（2）把管理的任务与非管理的任务加以区分，能使管理人员集中于管理的基本工作——计划、组织、领导、控制等。

（3）管理过程学派归纳出的管理职能通用性有限，不能适用于所有组织，对静态的、稳定的生产环境较适合，对动态的、复杂的环境难以适应。同时，该学派归纳的职能并不能包括全部管理行为。

（六）权变理论学派

权变理论学派是20世纪70年代在西方形成的，以系统观点为理论依据并考虑问题。该学派认为，在企业管理中没有一成不变的、普遍适用的管理理论和方法，而是要根据企业所处的内外部环境条件的变化而随机应变。原有的管理理论存在两个方面的缺陷：一是忽视了外部环境的影响，主要侧重于研究加强企业内部的组织管理，如科学管理、古典组织理论、过程管理理论、行为科学等。系统管理理论尽管也强调系统环境之间的关系，但是太抽象，又把企业作为一个独立的系统来研究，其实在许多情况下，企业不仅仅是一个独立的系统。二是以往的管理理论大多带有普遍真理的色彩，追求理论的普遍适用性和最合理的原则、最优化的模式，但是在解决企业的具体问题时，常常显得无能为力。

权变理论为人们分析和处理各种管理问题提供了一种思想方法。它要求管理者根据组织的具体条件及其面临的外部环境，采取相应的组织结构、领导方式和管理方法，灵活地处理各项具体管理业务。同时，权变学派强调管理的动态性，提出管理的职能并不是一成不变的，对以往关于管理行为的探索进行了总结，使人们对管理的动态性有了新的认识。不过在对环境与管理的函数关系进一步具体化之前，权变理论学派与其说是一种管理流派，不如说是一种管理方法论。

（七）经理角色学派

经理角色学派产生于20世纪70年代，主要通过观察经理的实际活动来明确经理角色的内容，形成管理思想并指导实践。明茨伯格通过对经理人员的工作活动情况进行调查统计，发现经理人员每天都在从事着各种各样的活动，而这些活动有许多通常被人们视为非经理性的工作。例如，他通过对5名总经理5周工作时间的活动安排情况的观察，发现这些总经理在他们的总工作时间中，有59%的时间用于经过安排的会晤，10%的时间用于未经安排的会晤，3%的时间用于各种视察活动，22%的时间从事各种文案工作，6%的时间用于打电话。通过对经理人员从事的各种活动进行研究，明茨伯格发现他们在其工作过程中实际上充当着各种角色。他把这些角色分成3类共10种角色，即人际关系方面的角色3种、信息方面的角色3种、决策方面的角色4种。每个经理人员都要领导他的那个单位和组织，同时要面向由竞争者、供应者和需求者等组成的环境。他要通过有效的管理活动，使他所领导和管理的组织能获得生存和发展。因此，负有责任的经理人员就必须担任一系列的经理角色。明茨伯格认为，这些角色对于所有经理的工作都具有普遍性，因此，可以通过对经理人员在管理过程中所充当的角色的研究来形成管理的理论体系，这样才能使理论对实践有指导意义。经理人员的3类共10种不同的角色如下。

（1）人际关系方面的角色3种：挂名首脑（作为一个组织的代表执行礼仪和社会方面的职责），领导者角色，联系人角色（特别是与外界联系）。

（2）信息方面的角色3种：信息接受者角色（接受有关企业经营管理的信息），信息传播者角色（向下级传达信息），发言人角色（向组织外部传递信息）。

（3）决策方面的角色4种：领导者角色，故障排除者角色，资源分配者角色，谈判者角色（与各种人和组织打交道）。

经理角色学派在观察分析经理的实际活动基础上形成管理的原则和建议，有利于管理者同经理的基本角色相对照，把基本角色当作一份核对清单，用来发现自己工作中的疏忽，对提高管理效果具有一定的指导意义。不过明茨伯格所提出的那些经理角色还不够全面。例如，建立组织机构、挑选和考核管理人员、确定重大战略等众所周知的重要管理活动就没有包括进去，在这种情况下，其理论和实践意义就受到一定程度的质疑。

（八）企业文化学派

人们对企业文化现象的认识与研究始于20世纪80年代初期。首先提出并倡导企业文化理论的是美国管理学者。20世纪70年代后期，日本经济迅速发展，冲击和占领美国曾居于优势的若干领域，引起美国各界的震惊和深刻反思。经过多方面的比较研究，美国学者发现，成功的企业管理是日本经济发展的重要原因之一，在日本的企业管理方法中有不少是被美国企业所忽视的。其根本差异表现在，美国企业多注重管理的硬件方面，强调理性的科学管理；日本企业则重视全体职工共有的价值观念，注重强化职工对本企业的向心力。比较的结果使美国学者认识到，文化是企业管理中不可忽视的重要因素，对于企业的成功与否具有深刻的影响与作用。

因此，一批管理学家提出要向日本学习，许多学者著书立说，探索企业文化的有关理论与模式。美国关于企业文化的研究引起日本企业界和理论界的强烈反响，并相继波及其他国家，由此兴起一股世界范围的企业文化热潮。

四、中国的古代管理思想

典型案例 1–6

刘备的“引才纳贤”之计①

刘备被曹操赶得到处奔波，好不容易安居新野小县，得军师徐庶。有一天，曹操派人送来徐母的书信，信中要徐庶速归曹操。徐庶知道是曹操用计，但他是孝子，于是执意要走。刘备顿时大哭，说道：“百善孝为先，何况是至亲分离，你放心去吧，等救出你母亲后，以后有机会我再向先生请教。”徐庶非常感激，想立即上路，刘备劝说徐庶小住一日，第二日为他饯行。第二天，刘备为徐庶摆酒饯行，等到徐庶上马时，刘备又要为他牵马，将徐庶送了一程又一程，不忍分别，感动得徐庶热泪盈眶。

为报答刘备的知遇之恩，徐庶不仅举荐了贤士诸葛亮，并发誓终生不为曹操献一

① 资料来源：《引才、激才、留才、去才——中国历史上7个人才典范案例》（百度文库），https://wenku.baidu.com/view/4d21315e3169a4517723a3f6.html。

计谋。徐庶的人虽然离开了，心却留在刘备这边，“身在曹营心在汉”。徐庶进曹营果然不为曹操献一计，并且在长坂坡还救了刘备的大将赵云一命。古往今来，凡是留才的案例，没有超出刘备的。留才要留心，只要能留住人才之心，即使人才在天涯海角，依然会为你效命。

引才纳贤是国家强盛的根本，而人才，尤其是高才，并不那么容易得到。

劳动在古猿向人类漫长的进化过程中起到了决定性的作用，管理伴随着劳动产生。管理随着人类历史的发展而发展，所展开的管理活动必然无法脱离特定的历史条件和民族文化背景，在管理活动中产生的管理思想也无不镌刻着民族文化的印迹。中国作为文明古国之一，古代物质文明与精神文明在众多的管理实践中形成了丰富的、独具特色的管理思想。

（一）儒家管理思想

中国传统文化源远流长、博大精深，儒家思想作为中国传统文化的主流，其中所蕴含的管理智慧与韬略异常丰富。

1. “仁”

社会生产力的发展促进了“仁”的产生。由于生产力的发展促使了社会变革，反过来又使人与人之间的关系变得激烈而紧张，从而出现了“礼崩乐坏”的局面。“仁”的提出就是要求管理者能够坚持“以人为本”，重视人的作用，并强调人与人之间相互尊重的重要性。

2. “中庸”

为了能够更好地贯彻执行日常行为的规范和标准，儒家学者提出了“中庸”这一方法论原则。“中”就是正，“庸”就是融合，“中庸”即正确解决矛盾的方法。任何事物都是对立统一的，解决矛盾就是要将矛盾的两个对立面中正确的东西提炼出来，并将其融合在一起，使事情得到较圆满的解决。其核心内容主要包括思维上的“叩其两端”及行为上的“无过无不及”。中庸的实质就是反对在实行“礼制”过程中的“过”“不及”“折中”这3种倾向。“中庸”思想的提出，不仅为统治者提供了统治与决策的方向，还为其提供了一种修身养性的渠道。

3. “经权观”

“经”是指基本的管理原则，“权”是指随机应变的管理技巧。儒家管理思想所强调的“经权观”，就是要求管理者一方面要顺应管理的客观规律，另一方面又要根据不断变换的内外部环境，因地制宜，因时制宜，因人制宜，追求天时地利人和。

4. “礼制”

实行“礼制”的根本目的就是要通过一系列制度和规范，使社会人际关系处于有序状态，使人们各安其位，各司其职，各得其所。这既是一种社会分工形式，又是一种节制人类需求的手段，是使社会保持协调、统一的基本措施。

5. “和为贵”

儒家管理思想中的“和为贵”有两种深刻的含义：其一，“和”的运用是为了协调管理者与各级管理者之间的关系，取得两者关系的和谐；其二，“和”的运用是为了协调管理者与一般民众的关系，达到两者的团结。

（二）道家管理思想

道家思想中蕴含着丰富的管理理念和管理智慧，“无为而治”的管理原则、“弱者道之用”的管理方法、“无为”“不争”的沟通方式对现代企业管理产生了重要的影响。

1. “无为而治”的管理原则

“无为而治”是老子思想的核心，是道家学说提供给人们的为人、处事、办企业，乃至治国、兴邦、治世的一个基本原则。所谓“无为”，本质是实现自我管理，把社会管理由他治变为自治。老子认为“道是宇宙间一切事物由以形成的最终根源”。老子强调的“无为”，是指“为”的主体对管理对象不加干预，不强行违背事物的发展规律，要顺其自然、遵循规律，体现在管理理念上就是管理者要遵循事物发展的客观规律，正确决策，减少对决策执行活动的干预，反对瞎指挥，鼓励下属按规律办事。道是无为的，而道的客体是无不为的。有人认为老子的“无为而治”是消极的无所作为，这误解了老子的本意。老子说过“无为而无不为”，意思是说“不妄为”。“无为”是道或天道的一项重要属性，并非无所作为。

2. “弱者道之用”的管理方法

（1）守弱用柔。老子曾说：“天下莫柔弱于水，而攻坚强者莫之能胜，以其无以易之。弱之胜强，柔之胜刚。”其意思是天下之大，水最柔，然而攻坚克强，没有什么东西可以胜过水。“水滴石穿”便是这个道理。

老子的守“弱”用“柔”思想具有鲜明的柔性化特征。这对现代企业管理具有一定的启示。在沟通方式上，企业管理者不能一味地引进西方的刚性管理沟通，仅仅依靠严格的规章制度来管理企业，而要与员工多加交流，依靠柔性的沟通方式互通信息，了解问题所在。

（2）清静为正。老子曾说：“躁胜寒，静胜热，清静为天下正。”其意是运动可以消除体内的寒凝僵结，守静又可以消除因运动而产生的灼热，和谐、稳定是正统。

这种思想运用在组织运作过程中，奉行“清静为天下正”的管理理念，以“无为”的方式办事，就能给员工创造一个宽松、和谐的工作环境，从而建立起相互尊重的组织氛围。这无疑将会极大地提高组织员工的工作热情和工作效率，增强企业的凝聚力和向心力。

3. “无为”“不争”的沟通方式

“天之道利而不害，圣人之道为而不争”“处无为之事，行不言之教”。这告诫人们在沟通中要少争论，少诡辩，要以身作则，多做实事，力戒空谈。

一个企业管理者在组织内应该如何沟通？老子认为，“美言可以市尊，美行可以加人”，所以圣人行的是“不言之教”，即以身作则，不言多行，管理者理应如此。

（三）法家管理思想

法家是先秦诸子中最重视法律的一派。他们以主张“以法治国”的“法治”而闻名，而且提出了一整套的理论和方法。法家管理思想的“法”，即“法治”，是其思想的核心。纵观先秦时代的法家思想，商鞅重“法”，申不害重“术”，慎到重“势”，韩非作为法家思想的集大成者，主张以法治国、用术御臣、以势制人，将法、术、势三者有机结合，成为一个不可分割的整体。

1. 法家管理思想的“法”

“法”即“法治”。“法”的提出是为了维护新兴地主阶级的利益和要求，要求以“法”作为治理国家、统一天下的主要方法。韩非子认为，要富国强兵，必以法治国。他重视法治，强调立法必须“顺天道，因民情，随时变，尊事理，量可能”[①]；强调执法必须赏罚分明，不得徇私；主张重罚，以苛刑服人。

韩非子身处“力争”的社会，国君要“正明法、陈严刑”，以暴制暴，使国家长治久安。法具有超然性，不受限于主观条件，是国家治国应遵循的基本之道。法具有公平之意。商鞅变法，破除旧的等级制度，强调“刑无等级”，无论贵贱、贫富皆要守法，没有任何差别待遇，王子犯法与庶民同罪。法具有客观性，不顺从任何人的主观意志，公私分明，避免私心侵害公利。

2. 法家管理思想的“术”

“术”即“权术”。韩非子说：“术者，因任而授官，循名而责实，操杀生之柄，课群臣之能者也，此人主之所执也。”由此可知，“术”是国君独操御众的方式和手段，也是一种管理方法。“术”的运作要藏于胸中，包括君主的好恶、喜怒，皆不可形于外，要令群臣捉摸不定。君主以法制考察臣子的功绩，则臣子不敢使诈欺瞒，也就不会无功而受禄，甚至“侵君权、夺君位”。君主的权威在于用法贯彻赏罚及考核绩效，君主不徇私情，使臣子畏惧，群臣因而以法行事，执行君主所立的法。

3. 法家管理思想的“势”

“势”即“权势”。慎子说：“贤而屈于不肖者，权轻也；不肖而服于贤者，位尊也。”他认为，贤者有了权势才能使不肖者臣服，否则即使贤良如尧，若没有权位，也不能治理国家，虽不肖如桀，却因为拥有天子之位而可以使天下动乱。所以，权势在法家思想中

① 张觉.商君书校疏[M].北京：知识产权出版社，2012.

十分重要。法家要求君主为了巩固权势而加强君主专制，即集权；为了国家政令的有效传达与执行而适当放松权势，即分权。“君道无为，臣道有为”，集权与分权是法家“势治”思想的精髓。

五、中国的现代管理思想[①]

中国现代管理理论是以中国的管理实践、理念、理论及规律为研究对象的新学科，既是中国传统管理思想的继承与发扬，也是西方管理思想的借鉴与改造，同时还是中国现代化建设管理经验的概括、总结与升华和现代国学的管理理论部分。

（一）中国现代管理思想形成的历史背景

中国现代管理思想不能凭空产生，也不是由管理学者、经济学者或政治家口头谈出来的，它的产生有着极其复杂的历史背景。

1. 中国官僚资本企业和民族资本企业的管理

中国官僚资本企业有官办、官督商办和官商合办3种形式。所谓官办企业，就是指在晚清政府时期，洋务派官僚集团与外国政府及企业展开军事、经济方面的合作，开办新式军事、民用企业。例如，江南制造总局、天津机器制造局、福州船政局等。这些工厂的经营管理是封建衙门式的，其生产技术管理权大部分掌握在外国人手中。从19世纪70年代起，晚清政府在洋务运动中又采取官商督办和官商合办等企业形式，开办了一批工矿企业。官督商办是指由商人出资创办企业，政府官僚进行管理。名义上商人可以参与企业管理，但实际上实权掌握在由官方委派的承办人手中，而且政府只享受利润而不承担损失。官商合办企业是指官方与私人共同出资创办的工矿企业，实际上仍由官僚掌握，企业内部采用雇佣劳动制度，大部分收益落到企业当权官僚及其亲属手中。洋务派官僚在兴办近代企业的过程中积累了一些经营管理经验和教训，对民族资本企业有借鉴作用。

中国民族资本主义是指在近代形成的民间投资的私人资本主义经济成分，出现于19世纪70年代。随着外国资本主义的刺激和中国民族资本主义的萌芽，一部分商人、地主和官僚开始投资新式工业，逐渐形成了中国的民族资本。中国早期的民族资本主义来源于封建地租和买办收入的转化，资本带有原始积累的性质。中国民族资本主义工业是曲折发展的，其经营管理在不同时期显现出不同的特点。

甲午战争以后，在抵制洋货、收回利权运动、戊戌变法和辛亥革命的推动下，民族资本主义得到初步发展，出现了1895—1898年和1905—1908年的两次投资高潮。当时的民族资本企业资金少、规模小，大多数仍然采用手工作坊的工作方式，生产效率低下。为方便购销，这些企业大多把厂址设在通商口岸或交通便利的地方。

① 周三多，陈传明，刘子馨.管理学：原理与方法[M].7版.上海：复旦大学出版社，2018.

第一次世界大战期间，中国民族工业发展进入了“黄金时代”。民族资本的投资开始涉足重工业，如钢铁、水泥等行业。在这一时期，经营管理有了显著改善，如手工生产过渡到机器生产，并采取了招股、添股、借贷等集资方式；充分认识到原材料对生产的重要性，并设立了较稳定的来源。

第一次世界大战之后，列强卷土重来。到20世纪20年代，中国民族资本企业遭到沉重打击，传统工业走向衰落。资本主义生产方式由通商口岸向内地中小城市推广。政府颁布了公司法、商标法、商品检验法等，但民族资本企业仍得不到真正的法律保障，倒闭的企业不断增多。

抗日战争期间，沿海民族工业因迁移、战争破坏、日本侵略等原因损失惨重。后方民族工业也因官僚资本的压制和通货膨胀等的影响而陷于停滞。为了生存和发展，民族资本企业在经营管理上开始采取科学的管理方式：一是加强供销管理；二是推行机械化和半机械化生产；三是在资金运用上，投资联号企业或创办附属企业，在资金上相互支持、调剂；四是开办存款业务，充实企业运营资金。

2. 我国革命根据地公营企业的管理

我国大规模的现代工业是在中华人民共和国成立以后发展起来的。中国现代管理思想的发展深受军队管理和革命根据地公营企业管理的影响。革命根据地公营企业的管理基本上是在军队管理的基础上结合地方特点发展而来的。

抗日战争时期，抗日根据地的军民在“自己动手，丰衣足食”的方针指导下，开展了大规模的生产运动，公营工厂在大生产运动中得到了发展。

抗日战争初期，抗日根据地的工厂大多数实行全部费用向上级主管部门报销，全部产品上交主管部门统一分配的制度。这种制度造成了工厂只重生产、不重经济、不讲成本的情况。

1942年，毛泽东在陕甘宁高级干部会议上作了《经济问题与财政问题》的重要报告，提出了“发展经济，保障供给”的经济工作和财政工作总方针，并提出了工厂改善经营管理的方向。工厂根据报告精神做了以下调整。

（1）实行工厂管理一元化。在厂外，工厂由政府中的一个管理部门的领导管理；在厂内，工厂受到厂长的集中管理，厂长对生产的问题有最后的决定权。共产党支部和工会以保证完成生产任务为中心工作。

（2）实行经济核算制，制定了会计制度、保管制度、产品检验制度。

（3）精简机构，减少非生产人员。

（4）改革工资制度。自1942年开始，各工厂逐渐改供给制为工资制。

（5）进一步开展劳动竞赛。

（6）发挥技术人员的作用，鼓励创造、发明。

解放战争时期，解放区的公营工业在这个时期有了迅速发展，工厂的管理工作也有了新的进步。在1948年后，工厂根据中共中央的指示精神，在以下几方面进一步改善了管理。

（1）加强民主管理。各工厂普遍建立了工厂管理委员会，500人以上的工厂建立了职工代表会议制度。

（2）普遍进行了工厂企业化。在工厂中实行严格的经济核算，并建立了成本会计制度、各种责任制度及产品检验制度、奖罚制度。

（3）贯彻按劳分配的原则，改革工资制度。计件奖励工资制度被各个工厂采用。

（4）加强对职工的思想教育，开展立功运动。

在中华人民共和国成立初期，基本上沿用了革命根据地对公营企业的政策和管理思想，对被没收的官僚资本主义企业和公私合营企业进行改造和管理。

3. 全面学习苏联的管理模式

1953年起，我国进入社会主义经济建设时期，开始执行发展国民经济的第一个五年计划。这个时期的企业管理主要是全面学习苏联的经验，引进苏联的整套企业管理制度和方法。在国营企业中，普遍制定了生产技术财务计划、生产技术准备计划和生产作业计划，实行了计划管理，建立了生产责任制度，确定了原始记录和统计工作，确立了正常的生产秩序；制定了技术标准、工艺规程、劳动定额，建立了设备计划预修制度和技术检查制度，建立了技术工作的秩序；建立了经济核算制度和“各尽所能，按劳分配”的等级工资制度，建立健全了企业的管理机构，普遍推行“一长制”。

由于推行了这套管理制度，我国国营工业企业的管理工作基本走上了科学管理的轨道，并培养了一批管理干部。

4. 探索中国现代管理模式

为了克服学习苏联过程中照抄照搬的缺点，1956年9月，中国共产党第八次全国代表大会决定在企业中实行党委领导下的厂长负责制，以加强党的集体领导。1957年3月，党中央又决定在工业企业中实行“党委领导下的职工代表大会制”，以调动广大职工的积极性，行使主人翁的权利。在从1958年开始的第二个五年计划期间，鞍钢、庆华工具厂等企业又创造、总结出了“两参、一改、三结合”（工人参加管理，干部参加劳动；改革不合理的规章制度；领导干部、工程技术人员、工人三结合）的经验，并在全国得到了推广。这一系列的改革，对于纠正过去企业管理中出现的一些偏向，继承和发扬党的优良传统，发挥和调动广大职工的革命精神和生产积极性，促进企业生产的发展，探索中国现代管理模式，起到了重要的积极作用。

（二）社会主义经济管理体制改革

1. 第一阶段（1978—1986年）

（1）扩大企业自主权，简政放权。扩权的主要内容有：将国有工业企业按照工资总额提取企业基金的方法改为实行利润留成的方法；企业拥有制订补充生产的权力；企业有权销售超产产品；企业有权使用留成资金等。1984年5月，国务院颁布了《关于进一步扩大国营工业企业自主权的暂行规定》，明确规定了企业10个方面的自主权，即生产经营计划权、产品销售权、产品定价权、物资选购权、资金使用权、资产处置权、机构设置权、人事劳动权、工资奖金使用权和联合经营权。

（2）推行经济责任制。由于农村联产承包责任制取得了巨大的成功，因此山东等一些省市试图将这种方法移植到工业企业中。1981年10月，国务院批准了《关于实行工业生产经济责任制若干问题的暂行规定》，该项改革方案在全国推行。实行工业经济责任制度的目的是处理好国家与企业的关系、企业与职工的关系，解决好企业吃国家大锅饭、职工吃企业大锅饭的问题。解决前一个问题的方法是利润留成、盈亏包干、以税代利、自负盈亏等，解决后一个问题的方法是计件工资、超产奖、浮动工资等。

（3）两步利改税。1983年，国营企业开始实行第一步利改税，主要内容有：凡有盈利的国营大中型企业，按实现利润缴纳55%的所得税，税后利润一部分上交给国家，另一部分按照国家核定的留利水平留给企业；凡有盈利的国营小型企业，按八级超额累进税率缴纳所得税，税后由企业自负盈亏。1984年，国务院批准了《关于在国营企业推行利改税第二步改革的报告》，主要内容有：把工商企业上缴给国家财政的利润分别改为按11个税种缴税；国有大中型企业基期利润扣除按55%计算的所得税和1983年合理留利后的部分占基期利润的比例，为调节税税率。国有企业实现利润分别征收所得税和调节税；国有小型盈利企业按新的八级超额累进税率缴纳所得税后，企业自负盈亏。

2. 第二阶段（1987—1991年）

（1）承包经营责任制。承包经营责任制是在坚持企业的社会主义全民所有制的基础上，按照所有权与经营权相分离的原则，以承包经营合同的形式，确定国家与企业的责权利关系，使企业做到自主经营、自负盈亏的经济管理制度。

（2）租赁经营责任制。租赁经营责任制是指以国家为资产所有者的代表，以出租企业资产价值收取一定的租金，将企业出租给承租人，使其在一定时期内获得资产经营权与使用权的一种经营让渡行为的经济管理制度。其实质是出租人用企业经营权换取承租人租金的一种交换活动。

（3）股份制。股份制是指将企业的资本化为一定数量的股份，继而发行认购，吸收投资者入股的一种资本组织形式。我国的股份制试点工作的主要目的是通过个人持股和企业相互参股，改变长期以来的全民所有制单一国家所有的格局，促进两权分离，政企分开，使企业真正成为自主经营、自负盈亏的独立法人实体。

3. 第三阶段（1992年至今）

（1）转换企业经营机制，搞活国有大中型企业。1991年9月，中央召开工作会议，研究和讨论如何搞活国有大中型企业。随后，中央和地方政府出台了一系列的措施。1992年7月，国务院颁布了《全民所有制工业企业转换经营机制条例》，该条例将1988年4月通过的《中华人民共和国全民所有制工业企业法》进一步明确化和具体化，并且又有创新和发展。

（2）建立现代企业制度。1993年11月14日，中国共产党十四届三中全会指出，“以公有制为主体的现代企业制度是社会主义市场经济体制的基础”，明确提出了“建立现代企业制度，是发展社会化大生产和市场经济的必然要求，是我国国有企业改革的方向”。

（三）中国现代管理思想发展趋势

1. 由国内管理向国际化管理转化

长期以来，我国的宏观管理和微观管理常常囿于本国或本地区的规范，往往只考虑本国市场、本企业、本组织内部如何进行管理的问题，很少能真正放眼世界。但21世纪的管理环境已发生了根本性的变化，随着我国加入WTO，改革开放的步伐迅速加快，经济全球化已经以不可阻挡之势席卷整个神州大地。

所谓在管理上与国际接轨，就是要加入遍及全球的世界级采购生产系统，打破地区和国界，尽可能多地获取差别利益。为此就必然要求消除管理上的阻隔，形成管理上的共同语言和方法，管理的国际化是经济全球化发展的必然趋势。

2. 由科学管理向信息化管理转化

科学管理的任务在中国一些企业、组织和事业中尚未完成，但信息化管理对于许多企业来讲已迫在眉睫。这就是中国管理的特色，中国利用后发优势，正在信息产业和产业信息化方面实现跳跃式发展。

信息化管理并不是简单地用计算机自动程序代替原有的手工程序，而是先对原有的工作流程进行分析、改造，重新组织、调整，使整个工作程序更加合理化，在此基础上再实行信息化管理，这样才能取得良好效果。实际上，中国正在把发达国家几十年中所做的事并在一起做，从而尽快地使各项管理工作迎头赶上国际先进水平。当然，管理信息化需要一个较长的过程，但这种趋势是确定无疑的。

3. 由首长管理向人性化管理转化

我国是一个经历了几千年封建专制制度的国家，官本位制深深地影响着每个人。在封建时代，老百姓盼望有个好皇帝；在民主时代，人们则盼望着有个好领导。究竟是“英雄创造历史，还是人民创造历史”总也弄不清楚。

现在，似乎所有的管理者都已知道：未来的竞争是人才的竞争。但如何切实做好这方面的工作？重要的一环就是要对这些具有创新知识的人才实行人性化管理。应充分估计他们对组织的作用，切实保障他们在组织中的地位和权益，并从管理制度和人际关系上确保他们对组织的忠诚。这也许是各级领导者未来或已经面临的管理问题。这一难题是我国管理向前发展过程中不可回避的现实。

4. 由政府管理向民营化管理转化

20世纪90年代，我国强调市场化，运用市场手段进行调控和管理；现在，其已深入人心，效果明显；今后，要在市场化的基础上强调民营化管理。民营化是市场化的客观要求和必然结果。国有企业实行民营化管理有以下两条思路。

（1）国有资产从一切竞争性行业中退出来，政府只保留对少数垄断行业的控制，并通过金融政策、物资储备、政府采购等宏观手段来调控国民经济。沿海地区原来国有和集体的大批中小企业，已通过改制比较彻底地实现了民营化管理。

（2）发展混合经济，实行投资主体多元化，对国有企业进行公司改造，从而实现民营化管理。

5. 由封闭式实体管理向开放式虚拟管理转化

随着科学技术的进步，虚拟组织、虚拟公司越来越多。例如，美国耐克公司只有强大的研发设计中心和采购营销系统，从来就没有自己的生产车间和生产工厂，但全世界到处都有生产耐克鞋的基地，耐克鞋风靡全球，经久不衰。美国的汽车制造业也正在经历虚拟化的过程，如福特公司。可以预言，在未来的发展中，组织的虚拟化将是一种必然趋势，只是各个组织虚拟化的程度和管理方式各不相同。如何管理好这种开放式的虚拟组织，是21世纪摆在中国企业家面前的重大管理课题之一。

第三节　管理伦理与社会责任

一、管理与伦理的关系

典型案例 1-7

假药导致失败[①]

2006年4月29—30日，广州市中山大学附属第三医院传染病科连续发生群体重症

① 资料来源：《药事管理案例分析之齐二药事件》（百度文库），https://wenku.baidu.com/view/79e05abd102de2bd97058823.html。

肝炎患者出现紧急性肾功能衰竭的情况。院方基本认定，这起事件是由“亮菌甲素注射液”引起的。这种注射液是由某制药有限公司生产的。

为保证公众用药安全，国家食品药品监督管理局断然决定，在全国范围内停止销售和使用该制药有限公司生产的所有药品，同时要求各地药监部门在本辖区范围内就地查封、扣押该药品。由于生产一种假药而被查封全部100多种产品，如此严厉的监督措施前所未有。

根据警方调查，这批用二甘醇假冒的丙二醇，药桶上的合格证是中国地矿总公司泰兴化工总厂出具的，而产品却来自常州的一个公司，购货发票又是江苏的另一家公司出具的。也就是说，这批“三合一”的东西，在原料阶段就构成了假药。然而，这批假原料表面上却也具备药品生产许可证、药品注册证和企业营业执照。

值得注意的是，生产致命假药的厂家并非条件恶劣的小厂，而是一家在2002年底就已通过国家GMP认证的正规药厂。那么，为何会出现这些问题？在管理过程中企业是否考虑过伦理？当企业同时考虑管理与伦理时，这些问题还会发生吗？

管理作为一项活动，有其自身的技巧、手段和方法，为组织的成长与发展提供动力。在企业家看来，管理活动是使企业走向成功不可或缺的工具，恰当使用这种工具可以使企业在当前竞争激烈的市场中打败竞争对手，立于不败之地。当然，若工具没有被好好利用，超出了其使用范围，企业将逐渐没落，最终消亡。伦理作为一种社会规范和道德准则，不允许企业的管理活动越出法律底线和道德底线，以损害他人利益的方式获得盈利，为企业建立起了一座无形的屏障。

近几十年来，对管理与伦理的关系的讨论一直未曾停止，近几年更是有愈演愈烈的趋势。那么，两者之间的关系究竟如何，从以下内容中可以略知一二。

（一）管理与伦理的统一

伦理与管理的统一就是要求企业管理者在经营全过程中，主动考虑社会公认的伦理道德规范，使其经营理念、管理制度、发展战略、职能权限设置等符合伦理道德要求，处理好企业与员工、股东、顾客、厂商、竞争者、政府、社会等利益相关者的关系，建立并维系合理的、和谐的市场经济秩序。

管理与伦理相统一可以使企业受到社会尊重，赢得顾客信赖。下面举例说明管理与伦理统一的重要性。1982年9月29日至30日，强生公司生产的“泰诺”胶囊导致其服用者死亡，公司形象一落千丈。后经查明，有人刻意向胶囊投毒陷害强生公司。此后，强生公司推出三层密封包装的瓶装产品来排除药品被投毒的可能性，“泰诺”也再一次在市场上出售，并迅速夺得原市场份额的70%。如果强生公司没有对社会负责的态度，没有对“泰诺”包装进行改进，那么顾客也许会顾忌此状况而减少对“泰诺”的购买，“泰诺”也不会在短时间内恢复市场份额。

从强生公司的例子中可以看出，企业的利益与顾客的利益是一致的，而顾客的利益有时是需要一定的社会规范和道德准则来保证的。遵循法律道德的规范，对顾客负责，保障顾客利益，是企业屹立不倒的前提条件。

（二）管理与伦理的冲突

传统管理追求利润的最大化，使利润尽可能地多，伦理则要求企业遵守一定的规范，追求适当的利润，因此在这方面来说管理与伦理是相互冲突的。

1.管理决策与自然环境的冲突

在一个组织中，管理者针对组织的某个特定目标做出决策，然后通过计划、组织、控制等活动来实现目标。在活动过程中，组织有时会不可避免地对外部自然环境产生一些影响。例如，制造产业排放有毒物质，造成环境污染，破坏环境保护与经济发展的均衡状态；木材业砍伐树木，使森林面积减少，一些动物因生存家园被破坏而消亡，生态环境失衡等。以上种种均表明管理决策与环境之间存在着一定的冲突。

企业的发展不能以牺牲生态环境为代价，其管理决策也不能在牺牲环境的基础上达到目标。生态环境是企业获得可持续发展的基础和支撑，一旦遭到破坏，将对企业的发展产生极为不利的影响，直接阻碍企业的发展。中小企业，特别是造纸、印刷、发电、纺织等行业的环境污染问题尤其突出。酸雨、固体废物排放物等是空气、土壤和水的重要污染源。企业如果缺乏社会责任心，生态保护意识淡漠，必会自食恶果。

2.管理决策与他人利益的冲突

在我国的中小企业中，一部分是由原来的家庭作坊转变而来的，在发展过程中往往忽视对自身伦理意识建设的思考。有些管理者目光狭隘，只重视眼前利益，缺乏战略思维和对长远利益的规划，认为劳动力取之不竭，并在合同上要一些小手段，以极小的成本来获取最大的劳动力价值。有些管理者利用许多农民工缺乏用工签约的观念，通过欺诈行为剥削他们的剩余价值，这种做法不仅有悖于法制，也是缺乏伦理的一种表现。正所谓“人无信不立”，企业也是如此，一旦放任欺诈行为的发展，不仅会损害企业的商誉，而且会让企业失去许多发展的机会，并最终导致企业失败破产。

（三）管理与伦理的融合

管理是一种外在的表现，帮助管理者实现企业的使命与目标；伦理是一种内在的规范约束，限制管理者做出损害其他主体利益的决策。随着社会和经济的不断发展，管理者的伦理意识不断加强，管理与伦理相互融合，相互渗透。

1. 管理伦理化

管理伦理化是指管理活动转化为伦理式管理的过程。首先，这是把伦理道德关系上升成为管理活动的一个拓展过程；其次，这是自觉评价管理活动是否合乎道德的过程；最后，这是对管理的伦理道德基础进行建设的过程，促进管理主体持续改善道德行为，使管理行为有道德依据。

2. 伦理管理化

伦理管理化是指伦理的管理功能发挥和对伦理进行管理的过程。伦理作为公众认同的一种行为规范，起着维护社会公共秩序和约束人们社会行为的作用，同时又作为人们操守和处世的原则，发挥着促进人们自身德行提升，从而调节自身行为与管理社会的功能。因此伦理道德不仅是发挥人的能动性的内驱力之一，又是推动管理实践发展的重要的精神支柱。伦理凭着自身的力量严格地规范着管理的行为目标和价值取向，管理则以自己的方式强化着伦理精神。

二、组织社会责任

典型案例 1-8

沃尔玛——“永远提供超出顾客预期的服务”[①]

“我们不要向生活索取什么，而应该为我们所生活的社区做出贡献，同时传播好的事物。”这是沃尔玛创始人山姆·沃尔顿的妻子海伦·沃尔顿提出的倡导。作为零售行业的领导者，沃尔玛积极将社会责任融入公司的各项业务中。“尊重个人、服务顾客、追求卓越”是沃尔玛企业文化的核心理念，这一理念为沃尔玛积极贯彻落实企业社会责任计划提供了坚实的基础。

自1996年进入中国市场以来，沃尔玛始终坚持优秀企业公民的标准，在环境保护、回馈社区、关爱儿童等方面做出了较大贡献。

例如，在环境保护方面，沃尔玛积极参与各项环保公益项目，范围涵盖绿色能源利用、环保节能、噪声控制、植树造林等各个领域。100%使用再生能源、实现零浪费、出售对环境和自然资源无害的产品是沃尔玛在环保方面的目标。

在回馈社区方面，沃尔玛奉行“公司回馈社区、做社区好邻居”的传统。公司员工踊跃参加社区活动，帮助孤寡老人、残疾人和困难家庭等弱势群体。

在关爱儿童方面，沃尔玛开展了一系列以关爱儿童为主题的社区公益活动，包括

① 资料来源：《企业社会责任——以沃尔玛案例分析》（道客巴巴），https://www.doc88.com/p-9495665646502.html。

向儿童福利院捐赠善款或物资，积极组织开展儿童书画比赛等活动。

由此可以看出，积极承担企业的社会责任，是沃尔玛取得成功的主要原因之一。那么，如果企业不承担社会责任，造成的后果又有哪些呢？

“社会责任”一词过去常常被用来形容企业与其所处的社会环境之间的关系。然而，事实表明，无论是企业还是公共服务机构，都有服务社会、回报社会的责任。组织并非游离在社会和经济之外，而是存在于其中。由于置身于具体的组织机构之中，因此人们经常会产生一种错觉，即自身生存的组织机构是一个独立的主体，不受外部环境的干扰。即使是管理者，也不免从组织内部看待问题，忽略了外部环境变化对组织的影响。但事实上，组织存在于社会中，受到社会环境和经济的影响，一旦这两者中任何一个因素发生剧变，组织都可能一夜之间不复存在。因此，对于任何组织而言，要想长久存续下去，就必须使社会和经济相信，它的存在能够为社会谋福利，并已经把这种目标纳入组织的发展战略之中。

对于组织管理者而言，之所以需要考虑承担社会责任，为社会谋福利，原因并不在于管理者对社会负有责任，而在于管理者对组织负有责任[①]。因此可以说，管理者对组织负责，组织对社会负责。那么，社会责任到底是什么？

（一）经济责任

对于企业来说，获得利润是企业自身生存的基础，同时也是保证其利益相关者的利益的基本前提。因此，企业创造利润，实现价值，从而承担起经济责任是企业的基本责任。企业的经济责任表现可以通过财务、产品或服务、治理结构3个方面进行考察。

1. 财务

一个企业的财务状况不仅是企业管理者关注的重点，同时还是投资者及企业内部员工等利益相关者时刻关注的焦点。首先，对于投资者来说，企业财务状况良好，投资者的投资得到丰厚的回报，然后从回报中拿出一部分对企业再次进行投资，企业运转所需资本得到了保证，企业便有了更大的长期发展的可能性。其次，对于员工来说，企业良好的财务状况就像一剂强心剂，员工不再担忧因财务状况出现问题而导致公司裁员，自己失去工作。少了这一方面的顾虑，员工会以更加积极的心态做好当前的工作，比以前更加有效率，在职责范围内为公司创造出更多的价值。

这样，企业创造利润，保持良好的财务状况对利益相关者和公司来说将是一个双赢的结果。公司财务状况良好，保持正常的运营为企业相关利益主体创造了效益；反过来，相关利益主体也会回报企业，双向反馈，共同发展。

① 彼得·德鲁克.管理：任务、责任和实践（第一部）[M].余向华，陈雪娟，张正平，译.北京：华夏出版社，2008.

2. 产品或服务

企业的目的是创造顾客，能满足顾客需求的是企业提供的产品或服务。在一定程度上，顾客对产品是否满意，是否有意愿为其享受到的服务支付等价的金钱，将决定企业的存亡。“顾客是上帝”这句话就是对企业最好的提醒。顾客是否得到满足，在于顾客从所得到的产品和服务中感受到的价值是否达到其要求。这里，价值是顾客主观感受到的，并不能以价格高低来衡量。例如，与品牌产品相比，如果平价产品有相同的用处但是以更便宜的价格售出，那么顾客感受到有价值的便是平价产品，而不是价格更为昂贵的品牌产品。所以，企业要想使顾客满意，以吸引更多潜在顾客，就需要提供一些物美价廉的产品或服务。然而，对于奢侈品行业来说，这种说法似乎不太适用。

3. 治理结构

治理结构的目的就在于通过适当地配置剩余索取权和控制权（企业所有权），来确保企业的决策效率和稳定、持续的发展。一个有效率的企业治理结构在于责权利统一基础上的利益相关者之间的长期合作。投资者投入资金资本，股东提供实物资本，员工输入人力资本，利益相关者之间相互联系，形成了一种围绕企业的资本网络，为企业的发展提供了人、财、物资源。一旦某一环节出现纰漏，资源缺失，企业运营受到阻碍，不仅会影响企业管理者，相关利益主体的利益还会受到损害。

因此，企业承担经济责任，财务状况良好、产品或服务获得顾客满意、治理结构有效，实现企业的可持续发展，任何一个方面都不能出现差错。否则，就不能说企业承担了经济责任。

（二）法律责任

法律是社会关于对错的法规集成，并形成了一套体系，对存在于社会中的各种组织机构起着约束作用，企业也不例外。要想长久存续下去，企业就必须与社会友好相处，遵循“游戏”规则，承担法律责任。

首先，企业应该与员工签订劳动合同，为员工购买社会保险，并使员工的工资不低于当地政府规定的最低工资，积极保护员工的合法权益不受损害。然而，总有一些企业在签订劳动合同时，认为企业是处于强势地位的，从而恣意妄为，忽视法律这个“第三方”的作用，因而助长了企业的“契约”观念。许多企业领导拥有“权大就是法”的错误思想，从根本上忽视了这一事实：当企业与职工引发劳动争议时，在法律面前，原来处于弱势的劳动者会在企业面前拥有平等的地位来维护自己应有的权益。这时，“契约”之中种种偏向企业的霸王条款，便难免会遭到重创。

其次，企业应按法律要求缴纳税费，做到不偷税、漏税，做一个合法的企业公民。企业一旦存在漏税行为，违反“游戏”规则，早晚会被社会淘汰。社会中存在着不少这样的例子。如2005年，海西化工建材股份公司偷税案立案检查，经调查发现，其偷税行为确实存在，于是国家税务局稽查局对其下达了税务处理决定书及税务行政处罚决定书，其后果是该企业不但声誉受到影响，而且成为税务局日后的重点检查对象。

最后，企业应生产正规产品，防止假冒伪劣产品流向市场。企业若生产假冒伪劣产品，不仅会对顾客的利益造成损害，一旦曝光，也会成为媒体争相报道的对象，各种指责纷至沓来，企业名誉一落千丈，再难恢复，对企业来说将是一个致命打击。

（三）伦理责任

企业承担伦理责任意味着在社会生活中，企业在从事各种活动时都维持着一种道德底线，不做有损利益相关者和社会的行为，并对突破道德底线的行为所引起的不良影响负责。

企业存在于社会之中，一举一动都会对社会和存在于社会的其他利益主体产生影响。尤其是当企业跨越道德底线，为了利益而不顾他人健康时，将会引起众怒。一个名誉扫地、失去公众信任的企业，似乎也没有存在的必要了。2008年轰动全国的“三聚氰胺”事件，使三鹿集团走向了灭亡。事件起因是在2008年3月初，三鹿集团接到消费者投诉，有婴幼儿食用三鹿婴幼儿奶粉后，出现尿液变色或尿液中有颗粒现象。三鹿集团也开展了有关调查并在确认奶粉质量出现问题以后，召回部分市场上的产品、封存还没有出库的产品。但是，三鹿集团并没有进行深入的调查、检测问题奶粉，却对外宣称其送检奶粉没有发现任何问题。之后，全国多地又出现类似情况，有关部门介入调查，证实三鹿奶粉确实存在问题。最终，三鹿集团自食恶果，走向灭亡。

毫无疑问，三鹿集团消费者伦理责任的缺失是毒奶粉事件发生的根源。那么，这种责任的缺失又是如何造成的呢？从企业的内部环境和外部环境来看，造成三鹿集团管理伦理缺失的原因有内因和外因之分。其内因主要在于企业及企业管理者职业道德沦丧、在社会责任的问题上认识不足和供应链管理的缺失；其外因主要在于企业营销伦理环境的影响。因此，企业承担伦理责任只做口头上的承诺是远远不够的，要把承诺转换为实际行动，一方面加强对管理者职业道德的培养，使其树立社会责任意识；另一方面在企业内部创造出一种道德营销文化，抵消外部营销环境中“利益至上”观念的不良影响。

企业承担伦理责任可能有时不会为其创造利益，可一旦企业不承担伦理责任，其后果将不是企业负担得起的。所以，对于企业，承担伦理责任是其发展的唯一选择。

（四）慈善责任

慈善是企业回馈社会的一种方式，同时也是企业自愿的行为。19世纪末期，美国钢铁集团公司的创始人安德鲁·卡内基明确指出，企业或企业家作为社会财富的受托人，有义务运用所掌握的资源为整个社会而不仅仅为股东谋取权益。

企业承担慈善责任是一种自愿选择，这种选择在企业不损害其他主体利益的情况下会提升企业的美誉度和营销业绩，优化企业外部环境，减少竞争压力。例如，燕京啤酒开展足协杯“种子计划”校园公益活动，积极发展青少年足球运动。作为中国民族品牌的优秀代表，燕京啤酒一直坚持践行社会责任，积极投身公益事业，在多届“中国社会责任公益盛典”中荣获中国企业社会责任公益慈善奖，赢得了广大顾客的信任。还有一种情况是，企业做了很多慈善，但在日常经营活动中严重损害了利益相关者和社会的正当权利。例如，美国安然公司在慈善方面的表现相当突出，然而，该公司领导缺乏同情心和责任感，最终因为业务造假导致企业破产，给利益相关者造成了巨大损失。这样的一个企业不会赢得顾客信任，也不会有顾客相信该企业对社会负责，即使它做了大量的慈善活动。

从这两个案例中可以看出，承担慈善责任是企业的一种自愿选择，这种选择是否会取得好的结果取决于企业在承担慈善责任的同时是否损害了利益相关者或社会的利益，如果没有，慈善会使企业赢得美誉；如果造成了利益相关者或社会的损失，这种慈善不会对企业带来任何好的结果。

三、利益相关者

典型案例 1-9

忽视利益相关者——“壳牌人说抱歉”[①]

1997年，《经济学家》杂志刊登了一篇题为“壳牌人说抱歉”的文章。这篇文章描述了壳牌石油集团董事长赫克斯特洛特承认在忽视利益相关者的利益要求方面所犯的重大错误，并承诺真正地负起责任。事实上，这些错误曾使壳牌公司陷入公共关系极为糟糕的时期。

错误之一是布伦特斯帕游轮事件，壳牌公司打算将始建于1970年的一种名为布伦特斯帕的石油装置沉入苏格兰以西75 000米的大西洋海底1 828.8米深处，并宣称这一设备的丢弃不会对海洋生物造成任何影响。但绿色和平组织坚持宣称，这一装置的丢弃将会泄漏出石油和重金属污染物，不利于海洋生物的生长。双方发生了争执和对立。壳牌公司激怒了全球的环境保护主义者，欧洲几百万的消费者决定联合抵制壳牌公司产品，壳牌公司形象一落千丈。

错误之二与尼日利亚有关。20世纪90年代以后，壳牌公司一直在尼日利亚三角洲实行一项36亿美元的天然气开发计划。一些尼日利亚人出于对这项计划可能影响环境的义愤，发出了强烈抗议。尼日利亚政府做出的反应是，把许多激进主义分子投入监狱，还采取了更为严厉的惩罚。有人批判壳牌公司在这一事件中支持当地政府采取违反人权的行动。

① 陈宾，李延华.从“壳牌人说抱歉”谈构建和谐企业[J].商场现代化，2007（26）：72-73.

这些事件告诉我们准确判断及维护利益相关者的利益是多么重要。

利益相关者是指股东、债权人等可能对公司的现金流量有要求权的人。在管理学中，利益相关者（stakeholder）是组织外部环境中受组织决策和行动影响的任何相关者。企业的利益相关者不仅包括内部员工，还包括外部社会中的利益群体，如股东、投资者、银行、顾客、供应商、所在社区及政府等，这些相关主体受到企业所做决策的影响，同时也对企业的行为产生一定的影响。每个企业都面临着许多利益相关者，但是这并不意味着企业应该对所有的利益相关者“等量齐观”。许多学者从不同的维度将企业的利益相关者进行了划分。

（一）利益相关者的分类

1.按照相关群体与企业是否存在交易性的合同关系分类

按照相关群体与企业是否存在交易性的合同关系，可以将利益相关者分为契约性利益相关者和公众性利益相关者两类。

契约性利益相关者是指与企业签订了商业合同的相关利益群体，由于签订了具有法律效力的合同，所以双方必须按照合同行事，受到合同的约束。如果违反了合同的内容，无论是哪一方都将受到法律的制裁。契约性利益相关者包括股东、雇员、顾客、分销商、供应商和贷款人。

公众性利益相关者是指与企业没有合同约束的相关利益群体。企业的决策、行为对其产生一定影响，反过来，这一群体又对企业产生的影响给予反馈。例如，如果企业决策失误，促使假冒伪劣产品流向市场，则不仅损害了消费者的利益，同时也会吸引一些公众媒体对其进行报道，降低企业形象。公众性利益相关者包括全体消费者、监管者、政府部门、压力集团、媒体和当地社区。

2.按照相关群体与企业联系的紧密性分类

按照相关群体与企业联系的紧密性，可以将利益相关者分为首要的社会性利益相关者、次要的社会性利益相关者、首要的非社会性利益相关者和次要的非社会性利益相关者[①]。

首要的社会性利益相关者：与企业有直接的关系，并且有人的参加，如顾客、投资者、雇员、当地社区、供应商和其他的商业合伙人等。

次要的社会性利益相关者：通过社会性的活动与企业形成间接联系，如居民团体、相关企业、众多的利益集团等。

首要的非社会性利益相关者：对企业有直接的影响，但不与具体的人发生联系，如自然环境等。

次要的非社会性利益相关者：对企业有间接的影响，也不与人发生联系，如非人物种等。

① WHEELER D，SILLANPA M. Including the stakeholders：the business case[J]. Long Range Planning，1998，31（2）：201-210.

3. 按照利益相关者的属性分类

利益相关者拥有3个属性：①合理性，即某一群体是否被赋有法律上的、道义上的或特定的对于企业的索取权；②影响力，即某一群体是否拥有影响企业决策的地位、能力和相应的手段；③紧急性，即某一群体的要求是否可以立即引起企业管理层的注意。

按照利益相关者的属性，可以将其分为决定型的利益相关者、预期型的利益相关者和潜在型的利益相关者[①]。

决定型的利益相关者同时拥有对企业问题的合理性、影响力和紧急性。为了企业的生存和发展，企业管理层必须关注他们的欲望和需求，并设法加以满足。典型的决定型利益相关者包括股东和顾客。

预期型的利益相关者与企业保持着密切的联系，拥有3种属性中的两项。拥有合理性和影响力的是主要的利益相关者。他们希望受到管理层的关注，也往往能够达到目的，在有些情况下还会正式参与企业的决策过程，如投资者、雇员和政府部门。拥有合理性和紧急性的是依靠的利益相关者。这一群体想要达到目的，需要赢得另外的更加强有力的利益相关者的拥护，或者寄希望于管理层的善行。他们通常采取的方法是结盟或参与政治活动。拥有紧急性和影响力的是危险的利益相关者。这种人对于企业而言是非常危险的，常常通过暴力来满足他们的要求。例如，在矛盾激化时不满意的员工会发动鲁莽的罢工，环境主义者采取示威游行等抗议活动。

潜在型的利益相关者只拥有一项属性。可自由对待的利益相关者拥有合理性，随企业的运作情况而决定是否发挥其利益相关者的作用；蛰伏的利益相关者拥有影响力，当他们实际使用权利或威胁将要使用这种权利时被激活成一个值得关注的利益相关者；苛求的利益相关者拥有紧急性，除非他们能够展现出其要求具有一定的合法性，或者获得了某种权利，否则管理层并不需要，也很少积极地去关注他们。

（二）利益相关者定位模型

企业的发展离不开利益相关者。为了获得更好的成长机会，企业需要对当前的经营状况进行认真的分析、评判，并制定战略规划为未来的发展做好准备。好的战略需要把控全局，控制偏差，使企业获得应对更大风险的能力。利益相关者和企业互相影响，关系着企业战略是否可以成功实施。因此，在制定战略过程中必须明确利益相关者的位置。确定利益相关者的位置有两种方法，即权力—动态矩阵和权力—利益矩阵。

① MITCHELL R, AGLE B, WOOD D. Toward a theory of stakeholder identification and salience: defining the principle of who and what really counts[J]. Academy of Management Review, 1997, 22 (4): 853-886.

1. 权力—动态性矩阵

图1-1所示为权力—动态性矩阵，在这个矩阵上可以画出各利益相关者的位置。在新战略的发展过程中，利用这种方法可以很好地评估和分析出在什么地方引入“政治力量”。

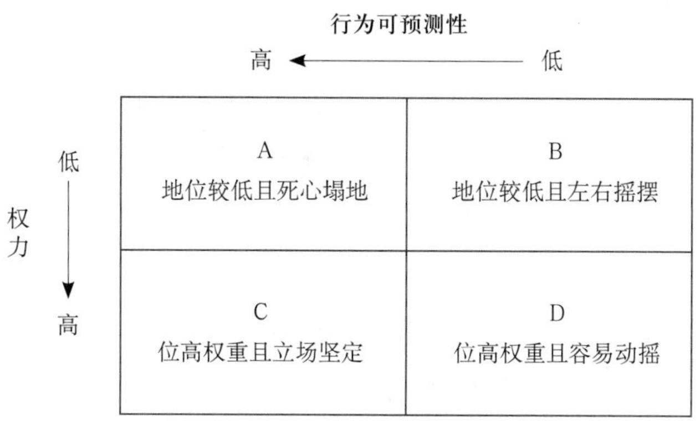

图1-1 利益相关者分析：权利—动态性矩阵

（1）最难应付的团体是处于D区内的团体，因为他们可以很好地支持或阻碍新战略的实行，但是他们的观点却很难预测。其隐含的意思非常明显：在已建立一个不可改变的地位前一定要找到一种方法，来测试这些利益相关者对新战略的态度。

（2）在细分市场C区内的利益相关者，可能会通过管理人员的参与过程来影响战略，这些管理人员同意他们的观点，并建立那些代表他们期望的战略。

（3）虽然细分市场A区和B区内的利益相关者权力很小，但是这并不意味着他们不重要。事实上，这些利益相关者的积极支持与否会对权力更大的利益相关者的态度产生影响。

2. 权力—利益矩阵

图1-2所示为权力—利益矩阵，它根据利益相关者与其持有权力大小的关系，以及在何种程度上表现出对组织战略的兴趣对其分类。

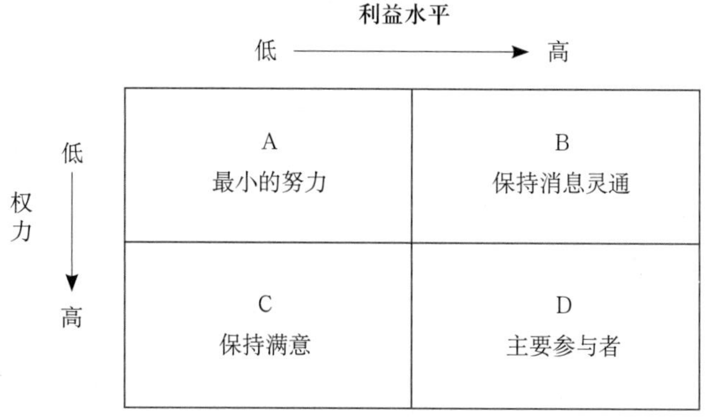

图1-2 利益相关者分析：权力—利益矩阵

权力—利益矩阵指明了组织与利益相关者之间的不同类型。显然，在战略制定和实施过程中，应重点考虑主要参与者（D区）是否接受该战略，因为他们既有权力又有兴趣。关系最难处理的一类利益相关者是C区内的利益相关者，虽然总体来说他们是相对被动的，但可能因某些特定事件而对战略产生兴趣，并施加有力的影响。因此，全面考虑利益相关者对未来战略的可能反应非常重要。如果低估了他们的利益而迫使其突然重新定位于D区内，并且阻止战略变革，那么情况就会变糟。类似地，需要正确地对待B区中利益相关者的需要，因为企业的经营业绩和战略与他们的利益密切相关，而他们没有太大的权力，所以可以通过保持信息交流来满足他们对利益关注的心理要求。

通过权力—利益矩阵可以明确以下一些问题。

（1）组织的政治和文化状况是否可能会阻止采纳特定的战略？如处在一个成熟行业中的具有惰性文化的企业，可能不愿采用创新战略。换句话说，确定利益相关者位置是一种分析文化适应性的方法。

（2）确定哪些个人或团体是战略变革的支持者或反对派。为了重新确定某些特殊利益相关者的地位，要明确是坚持战略还是改变战略，以满足他们的期望和要求。

（3）一旦制定了明确的战略和确定了利益相关者的地位，就应采取一定的维持行动，以阻止他们对自己重新定位。因为重新定位会阻止战略的实施。这意味着应努力保持C区内利益相关者的满意程度，并保持与B区内利益相关者的信息沟通。

四、组织社会网络

社会网络是由多个社会行动者及它们之间的关系组成的集合，可简单地把它称为社会关系所构成的结构。所以从这个方面来说，社会网络代表着另一种结构关系，可以反映行动者之间的与众不同的社会关系。构成社会网络的要素有行动者和关系的纽带。行动者不但可以指具体的一个人，还可以指一个大群体、大公司或其他的集体性的社会单位。每一个行动者在不同网络中的位置被称为结点。关系的纽带是指行动者之间的相互关联。人们之间的关系形式是多种多样的，如亲属的关系、合作的关系、交换的关系、对抗的关系等，这都构成了与之不同的关系的纽带。对于一个组织来说，其社会网络不是自然存在和静止不动的，而是随着组织资源的搜索与获取发生着规律性的动态演化。由于对社会网络资源与信息的依赖，组织需要通过社会网络的动态调整以应对激烈的竞争与变革。

（一）组织社会网络的维度

根据社会网络理论，可以将社会网络划分为3个维度，即结构维度、关系维度和认知维度。

结构维度是指用户在网络中所处的位置，以及与其他人的连接方式（直接相连或间接相连）等。网络中心性是一个测量网络成员在网络中相对位置的指标，用来解释成员在网络中的重要性。在一个组织的社会网络中，组织本身就处于网络中心位置，是十分重要的成员。越偏离中心位置，成员就越无足轻重。例如，员工由于和组织的利益直接相关，在社会网络中就靠近中心位置，而员工的亲人或某一个同学或许只是通过员工知道该组织的存在，与组织的利益并无多大联系，因此相较于员工来说处于边缘位置。

关系维度包括关系的内涵、关系发生的频率、信任、亲密程度等。强关系是指社会网络中相似度较高的关系双方，在接触频率、关系密度及相互承诺程度方面均有较强的连接关系。强关系带来的低交易成本最终会使组织获得经济性收益。弱关系则与强关系相反，交往成员间的异质性较强。弱关系所构成的开放性网络便于组织跨越结构从而提升信息与资源的广度与多样性，达到控制信息的目的。

认知维度反映的是人与人之间世界观、思维模式、理解等的相似性，如共享愿景、同质性等。在一个组织内部，员工接受组织文化的熏陶，经常会有相似的行为模式和思考模式，并对组织抱有共同的期望。

社会网络是具有特定结构和功能的有机整体，任何组成要素对社会网络的支持不仅限于单一的某个方面，网络维度之间也会产生交互式的联系。这些具体联系的存在使社会网络的不同维度呈现出更强的系统性，使社会网络依靠整个系统的能力去产生新的成员或将自身网络与其他网络连接。

（二）组织社会网络的功能①

1. 信息获取

信息获取是指企业利用与其他企业管理者的社会网络获取商业信息。例如，通过供应商、顾客、渠道商获取市场信息，通过同行了解技术的发展趋势，等等。为了个人利益和企业的利益，组织的高层管理者发展与所有企业相关者的社会网络，包括个人关系、社会关系和经济关系。这些个人和社会关系的对象包括管理者、供应商、顾客、竞争者、渠道商、政府机构和行会。通过社会网络形成巨大的信息网络，管理者可以获得快速的信息反馈，了解信息的细节，在高度不确定的情况下，这种方式有利于相互理解，避免错误的信息传递。

2. 互惠合作

互惠合作是指通过与其他企业管理者的社会网络关系建立信任，合作双方关注长期的互惠和获利，减少机会主义行为。社会网络也是一个企业合作的网络，提供了基本的信任关系。通过合作，企业减少了讨价还价的交易成本，并因为战略协同提高了市场地位。合作企业之间的交往是频繁和重复发生的，通过对过去一段时间合作者言行的记忆，一方能够通过另一方过去行为的一致性和言行的差异性来推知其未来行为的可信度，从而决定是否信任

① 孙大鹏，朱振坤.社会网络的四种功能框架及其测量[J].当代经济科学，2010，32（2）：69-77.

它。沟通和协调越多，合作双方行动就越一致，合作的管理就越来越程序化和规范化，效率得到很大提高，合作的绩效也会得到很大提升。

3. 结构性支持

结构性支持是指通过与政府管制部门的社会网络获得政策准入，减少行政程序带来的成本，规避政策的不确定性。在缺少规范的法律体系和管制的环境中，社会网络是对缺少的可靠的管理规范和法律制度的替代，提供“结构性的支持”。环境的不确定性越大，企业使用管理者网络关系的可能性越大。当法律体系不能有效防范和监督非市场手段的竞争行为时，这些行为将成为一种惯例而不是特例。经常与这些权力部门打交道的企业会重视发展与他们的社会网络，因此这些政治网络是企业规避政策和管制风险的重要手段。

4. 资源获取

资源获取是指通过与政府管制部门的社会网络获取那些由政府部门控制的资源或市场。在中国转型经济情况下，政府掌握着很多资源，如市场信息、土地、税收优惠等，对企业用工、贷款、环保政策及产业政策方面也有很大的发言权。这些资源都是在市场上难以通过公开竞价获得的，或者需要花费高昂的成本。因为这些资源在政府部门的控制之中，而非在市场上待价而沽，所以这些资源的价格是模糊的。如果企业能够通过社会网络这种非市场手段，以较低的成本获取政府部门控制的稀缺资源，将会获利颇丰。

思考题

（1）在信息时代，管理者如何灵活地运用信息技术进行管理?

（2）现代管理者如何更好地理解古代管理思想？是否适用?

（3）企业如何权衡利润与社会责任?

（4）企业如何维护利益相关者，并达到多赢局面?

第二章　计　划

第一节　决　策

赫伯特·西蒙是一位著名的管理学家，在决策理论方面做出了突出的贡献并获得了诺贝尔经济学奖。他认为“管理就是决策”，从中可以看到管理中决策的重要性。对于每个人来说，决策都是人生中必不可少的能力之一，无论是择校、择师、择业还是择偶，都需要我们投入时间和精力来进行决策。

一、决策概述

（一）决策的含义

组织各个层级的管理者都做决策，即在两个及其以上备选方案中做出选择。例如，高层管理者在组织确定新的业务方向时做决策、中层管理者对薪酬改革方案进行决策、基层管理者对当日生产计划做出决策。另外，管理的各个职能都存在决策。在计划中管理者要解决很多决策问题：组织的长期、短期目标是什么？什么战略能够最好地实现这些目标？在组织中也有很多决策问题：集权的程度应该如何设定？谁向谁汇报？职位如何设计？在领导中同样有很多决策问题：如何激发员工的积极性？应该采取何种领导方式？在控制中管理者也要面临一些决策问题：应该对组织中的哪些活动进行控制？如何控制？需要注意的是，不只是管理者，所有组织成员都会做出影响组织的决策。

狭义地讲，决策就是在几种备选方案中进行选择。广义的决策包括在制订最后决策之前必须进行的一切活动，包括找出制订决策的条件，寻找、分析和拟定可能的决策方案及选择行动方案。决策是一个过程，不只是选择方案的简单行为。为了更好地理解，可以这样定义决策：决策是在内外部环境条件的约束下，对一定时期内个人或组织的目标，以及达到目标的多种备选方案进行评价、优选的一系列管理职能活动。

首先，决策的前提是要有一个明确的目标。在中美建交以后，可口可乐在中国进行了大力的营销活动，连续十几年都是亏损的状态，这时作为管理者是否应该做出退出中国市场的决策呢？当然不是，因为可口可乐当时的目标是提高在中国的市场占有率、提高影响力。如果管理者不明白组织目标就进行决策，那么可口可乐就不会迎来后来在中国市场获得的高额利润。因此，决策是为了实现一定的目标，没有目标就没有决策的必要性，组织目标一定要非常明确。

其次，要寻找、分析和拟定若干可能的决策方案。一个方案若无比较的余地，也就不存在决策问题，多方案抉择是决策的重要前提。例如，开车行驶在马路上，突然正前方出现一个行人和一只羊，应该如何做出决策呢？在这个问题上不只有两个方案。只有在一定的条件下找到多种方案，决策才真正具有科学性。

最后，在得到多种选择方案后，需要对方案进行比较。我们要认识到，每个方案都有优点和缺点，不存在完美的方案。人们往往追寻一种完美的方案而错过了很多机会。事实上我们要学会的是对方案进行比较，结合方案的优点和缺点做出综合评价。

（二）决策的科学性与艺术性

如同管理一样，决策同样是科学性与艺术性并存的。决策必须遵循决策活动的客观规律，并且拥有一套科学的原理、原则及决策程序和规则。在进行时，必须遵循科学的方法。但是，决策又受诸多价值观和个人经验的影响，因此决策不应有一成不变的原则和模式，应因地制宜、因时制宜，灵活地进行。

（三）程序化决策和非程序化决策

由于决策涉及组织管理的各环节、各方面，因此决策者的层次、环境及视角不同，决策问题的内容、性质和信息条件也不同，可以形成程序化和非程序化两种决策类型。认识不同类型决策的特点，有助于研究决策活动的规律，并采用适宜的技术方法进行处理。

程序化决策是指涉及经常重复发生的例行性事物，能按一定的制度、方法和标准予以处理的决策。例如，企业签订销售合同、接受订货、购买原材料、选择运输路线等。程序化决策多针对日常业务活动和常规性技术活动进行。由于决策事务的相关性、重复性，程序化决策活动有明显的规律可循，所以该类决策问题可以依照办事程序、组织规定，并应用数学模式、电子数据等现代科学技术方便地加以解决。值得注意的是，程序化决策问题的处理同样需要坚持探索精神。这是因为，首先，一定的制度、方法和标准是探索相关事物活动规律的结果；其次，由于主客观条件的动态性，处理问题的制度、方法和标准不能一成不变，而应在探索其与主客观环境条件相适应的基础上，适时予以修订完善。

非程序化决策也称为非定型化决策，是指与某些新出现的，其结构尚未被认识的一次性、突发性事件有关，无常规可循而必须按非程序化方法进行处理的决策。许多非程序化决策都涉及战略计划的问题，因而不确定性很大，决策也是复杂的，如修建新厂、开发新产品或服务、进入新的区域等。非程序化决策大多属于战略决策和新兴、重要的战术决策。在非程序化决策问题的处理中，很大程度上依赖于决策者的专业技术经验、直觉、智慧和创造性，同时需辅以定量决策方法进行测试、模拟和敏感性分析。在现代科学技术条件下，也可以通过培训决策者编制启发式的计算机程序，应用启发式电子解题技术辅助决策。

（四）决策过程

1. 察觉和分析问题

决策是为了解决某一个问题或达到某一个目标，因此，决策的起点是存在某个需要解决的问题，即实际状况与应有状况之间的差异。例如，假设你是销售部门的经理，你发现员工的笔记本电脑过于陈旧，不能满足他们工作的需要，作为经理，你需要解决销售部门现在的计算机与对计算机更高要求之间的矛盾，这时你需要做出决策。

认识问题和分析问题是决策过程中最重要的环节，也是最困难的环节。重要是因为如果问题不清，就难以觉察；如果问题找错了，就会一错再错。困难在于问题往往被众多表现所掩盖，需要我们进行深入的分析，才能找到真正的问题。

典型案例 2-1

福尔摩斯和华生[①]

福尔摩斯和华生带着帐篷去野营。半夜，福尔摩斯把华生推醒，问道："往天上看，告诉我你看到了什么？"

"我看到了满天繁星。"华生回答。

"然后呢，这让你明白了什么？"

"我看到了宇宙的宏伟和人类的渺小，我们是宇宙中的一粒粒尘埃，在时间的长河中一瞬而逝。"

"不是让你作诗，现实一点！"

"从天文学的角度来讲，明天是个好天气。"

"你太让我失望了，"福尔摩斯盯了华生一会儿，"我们的帐篷被人偷走了。"

2. 明确决策目标

决策目标是指在一定的环境和条件下，根据预测，所能得到的结果。同样的问题，由于目标不同，可采用的决策方案也会大不相同。

3. 制订可行方案

要紧紧围绕着所要解决的问题和所要达到的决策目标，根据已经具备和经过努力可以具

① 资料来源：《福尔摩斯和好友华生去野营》（百家号），https://baijiahao.baidu.com/s?id=1664935166303472586。

备的各种条件，充分发挥参与决策者的积极性、创造性和丰富的想象力，制订多种方案。需要注意的是，追求过多的可行方案有可能是不利的行为。寻找可行方案伴随的是企业投入资源，而企业资源是有限的，合理分配是必须考虑的问题，因此决策者需要根据企业自身的情况进行有效率的决策。

4. 分析比较方案

如何得到最终的决策方案？决策者可能会考虑能够带来最高利润的方案，也可能会选择造成环境污染最少的方案，在进行评价的过程中考虑不同的因素往往会导致不同的结果，决策者可以综合考虑这些因素的影响。这里介绍一种通用的加权评估的综合评价方法：确定决策要素并分配权重，也就是确定影响决策的要素并对其重要性进行评分。例如，生产自行车需要考虑两个要素——单位利润和环境成本。决策者可以根据个人的经验、企业外部环境给两个要素分配权重，假设权重分别为9和4；分析备选方案并给出评分，如决策者在新旧两种自行车之间进行选择时，新自行车的单位利润得分为9，环境成本得分为3，旧自行车两种要素得分均为6。那么最终新旧自行车总分分别为93和78。

5. 选择满意方案

（1）不要一味追求最佳方案，任何方案均有风险。值得注意的是，人们通常会犯优柔寡断的错误，实际上就是因为追求完美的没有风险的方案。自行车决策问题同样说明了这一点，两种方案都存在污染环境的可能性，只是风险的大小不同。决策者应该做的是在综合评价之后选择得分较高的方案——新自行车。

（2）决策风险是急于求成。这是一种与追求完美相对应的莽撞行为。在最终选择时，应允许不做任何选择。康熙皇帝有一个重要的决策，影响重大，那就是对继承人的选择。实际上康熙皇帝很早就立了太子，但是没有想到这一行为将会导致巨大的混乱场面，多次废立太子、九子夺嫡都受此影响。雍正皇帝吸取了父亲的教训并做出了改变。

6. 实施决策方案

决策的正确与否要以实施的结果来判别。企业应建立信息反馈渠道，及时检查实施情况，发现差异，查明原因，不断地修正和完善，直至解决问题、实现目标或做出新的决策。

决策者要学会处理错误决策：要有勇气承认客观事实，追溯决策的全过程，以找出在哪一步上犯了错误，调整或改正，最终使决策趋于完善。

二、决策的有限理性

人们通常认为决策者是理性的，其所做出的决策都是在理性思考之下完成的，然而事实上果真如此吗？

（一）理性决策

理性决策者意味着什么呢？如果仔细地思考这个问题，你会发现一个理性的决策者必须是客观和有逻辑的。只有这样，他才能够在做出决策时不受感情、直觉及其他非理性成分的干扰。具体来讲，首先他面对的问题是清晰的，他要清楚地明确目标，了解所有可能的备选方案和结果，最后选择最能够实现目标的决策方案。图2-1所示为理性决策假设需要的部分条件。这些理性假设事实上不太符合实际，因此管理者不可能是完全理性的。

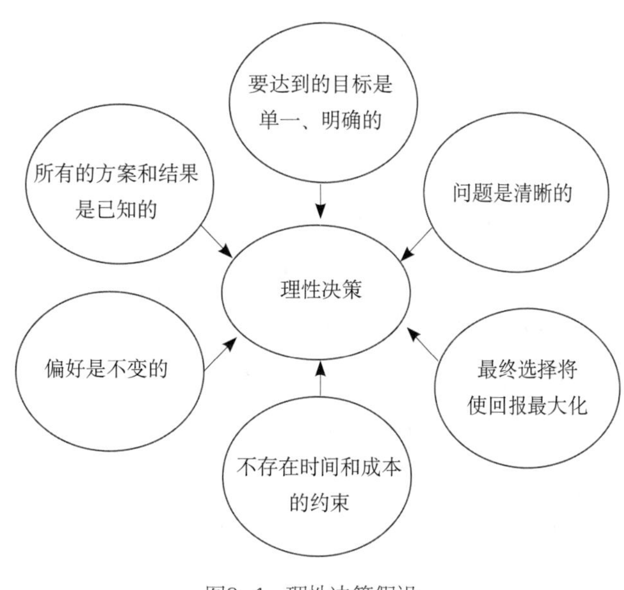

图2-1　理性决策假设

（二）直觉

还有一种认识与理性决策相反，事实上很多人在决策时更加依赖于直觉的反应，尤其是在一些特殊的情况下。直觉决策是什么呢？它是一种潜意识的决策过程，基于决策者的经验、感受及积累的判断力。图2-2体现了直觉的5个方面，依靠直觉的决策者可以通过这些不同的方式做出决策。直觉在管理中十分普遍，这点在战争中得到了很好的体现。临敌随机应变是将领必不可少的能力，这种能力更多地来自经验的积累，不依靠系统性的和详尽的问题分析。

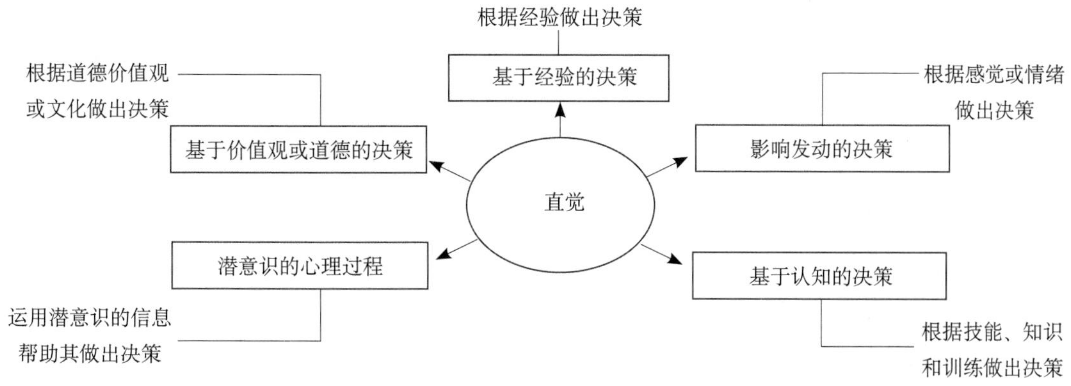

图2-2　直觉决策

（三）有限理性决策

我们已经清楚地看到理性决策假设不符合实际，很多决策者依靠直觉进行决策，对同种问题或情况有经验的决策者可以在经验的帮助下，对有限的信息做出快速的反应。那么现实中组织的决策是如何做出的呢？好的决策者应该在指出问题、考虑备选方案、收集信息时展现出好的决策行为，做到既果断又谨慎。古人讲求为将者要多谋善断，其实是在深思熟虑的基础上做出直觉的决断。描述管理者决策过程更实际的理论是有限理性。管理者理性地做出决策，但受到他们处理信息能力的限制。他们不可能分析所有方案的信息，找到理性假设中绝对的最优方案。也就是说，决策者在有限的能力范围内是理性的。

来看这样一个例子。假设小A是一个会计专业的毕业生，理想工作是最低月薪15 000元、离家10千米以内的会计师。最终小A成为个人理财规划师，不是会计职位，但仍属于金融领域，他工作的银行离家8千米，起薪17 000元。如果他求职时进行了更全面的搜索，他会找到一份离家9.6千米，起薪20 000元的会计师工作。小A不是一个完全的理性决策者，因为他没有收集所有的备选方案，没有做出能使目标最优化的最佳方案。但是由于他的第一份工作是令他满意的，因此他做出了有限理性的决策。

（四）决策陷阱

我们已经了解到现实的决策是结合了理性与直觉的有限理性决策，因此可以预想到实际会出现的决策问题。下面介绍几种决策者容易走入的决策陷阱。

1. 完全理性

典型案例 2-2

布里丹毛驴效应①

布里丹养了一头小毛驴，他每天要向附近的农民买一堆草料来喂。这天，送草的农民出于对哲学家的景仰，额外多送了一堆草料放在旁边。这下子，毛驴站在两堆数量、质量和与它的距离完全相等的干草之间，可为难坏了。它虽然享有充分的选择自由，但由于两堆干草价值相等，客观上无法分辨优劣，于是它左看看，右瞅瞅，始终无法分清究竟选择哪一堆好。

于是，这头可怜的毛驴就这样站在原地，一会儿考虑数量，一会儿考虑质量，一会儿分析颜色，一会儿分析新鲜度，犹犹豫豫，来来回回，在无所适从中活活地饿死了。

① 黎辉，王冰.管理学基础（第3版）[M].人民邮电出版社，2019.

每个人在生活中经常面临着种种抉择，有些抉择对人生的成败得失关系极大，因而人们都希望进行最佳的抉择，从而常常在抉择之前反复权衡利弊，再三仔细斟酌，甚至犹豫不决，举棋不定。但是，在很多情况下，机会稍纵即逝，并没有留下足够的时间让我们去反复思考，反而要求我们当机立断，迅速决策。如果我们犹豫不决，就会两手空空，一无所获。当我们面对两堆同样大小的干草时，或者“非理性地”选择其中的一堆干草，或者“理性地”等待下去，直至饿死。前者要求我们在已有知识、经验的基础上，运用直觉、想象力、创新思维，找出尽可能多的方案进行抉择，以“有限理性”求得“满意”结果，而非得到最好的策略。

2. 承诺升级

承诺升级是一种在过去决策的基础上不断增加承诺的现象。尽管有证据表明已经做出的决策是错误的，但是人们还是倾向于继续投入的现象，常发生在人们认为要对自己的失败负责时。管理者为了证明自己最初的决策是正确的，常常会持续投入大量资源给从一开始就注定失败的决策，很多组织因此蒙受巨大损失。明白这一现象对于组织中的管理决策具有重大意义。

承诺升级在许多领域都可以看到，如风险投资、新产品开发、员工绩效评估及人们的日常决策等。例如，“挑战者号”航天飞机灾难事件就显示出了一种承诺升级的现象。当时航天飞机升空的决策尽管受到一些人的质疑，但是决策者仍然在那个寒冷的日子里做出了这个决策。为什么决策者对错误的决策继续增加承诺呢？因为决策者不是完全理性的，受到了个人感情等心理因素的影响，他们不想承认他们最初的决策存在某些缺陷，不去寻求新的代替方案，而是简单地增加他们对最初方案的承诺。

3. 先入为主

先入为主也是一种与人的心理有关的现象，它指先听进去的话或先获得的印象可能在头脑中占有主导地位，以后再遇到不同的意见时，不容易接受。有这样的一个实验，学生被分为两组，第一组被问及印度名人甘地去世于9岁前还是9岁后，第二组被问及他去世于140岁前还是140岁之后，这两个数字明显都错得离谱，但是当这些学生被要求猜测其死亡年龄时，第一组的平均值是50岁，第二组的平均值是67岁。虽然两个数字都错得离谱，应该被忽视，但仍然影响了学生的猜测。事实上决策者也可以根据这个现象帮助自己的决策，很多店家都会给商品设置一个很高的基础价格（这个价格可能高得离谱），就是利用了消费者先入为主的心理特点。

三、个体与群体决策

个体与群体决策可以从参与决策的人数上进行简单的区分：前者只有一个人进行决策，

后者由多人进行决策。实际上这代表了两种决策制度，即独断的决策和民主的决策。本部分内容主要回答两个问题：两种决策制度有何差异？在实际中应该如何选择？

（一）个体决策

1. 线性—非线性决策方式

基于前面的讨论，可以发现管理者会通过理性的分析和直觉的判断进行决策，两者都是非常重要的。实际的管理者会有不同的偏好，具有不同的决策风格。假设你是一名新上任的管理者，你如何做出决策？一个人的决策过程可能受到其思维方式的影响。思维方式反映了两个方面：倾向于使用的信息来源（外部数据或内部数据）；采用的处理问题的方式（线性的或非线性的）。外部数据是指客观的外部信息，内部数据是感受和直觉；线性方式代表理性的逻辑分析，非线性方式主要依靠直觉、想象力和洞察力。线性思维方式描述一个人偏向于采用外部的数据，通过理性的处理来进行决策活动。非线性思维方式描述一个人偏向于采用对内部信息的感受和直觉，运用内在洞察力和感受处理信息、进行决策。

管理者应该意识到人们具有两种决策方式，两种方式没有高低之分，过于看重任何一方都是不正确的行为。但是管理者可以通过区分员工的决策方式对他们进行了解，从而提高管理水平。

2. 个体决策的特点

人们对于独断的决策拥有一种普遍的负面看法，独断通常与盲目、专制甚至独裁联系在一起。事实上，很多大企业的倒闭都与决策失误有关。理论界普遍认为中国的许多企业领导者集创业者、所有者、经营者于一身，形成了独断的决策体制，使决策的成功率难以保证，许多成功的企业因此陷入低潮，如率先为国人引入运动饮料概念的“健力宝”，曾经是国人熟知的品牌，现在却辉煌不再。

个体决策为何会让人们存在这样的认识，其根本原因是它会带来很高的决策风险，这是许多企业不能持久发展的重要原因。由于决策者个人处理信息能力的限制，以及基于直觉判断可能带来的偏见和错误，决策失误的风险难以避免。

（二）群体决策

1. 群体决策的优势

在多数组织中，许多决策都是通过委员会、团队、任务小组或其他形式完成的。相对于个体决策来说，群体决策具有非常重要的一个决策优势：可以在一定程度上降低决策的风险。除此之外，群体决策还具有一些优势，主要体现在以下几个方面。

（1）群体决策有利于集中不同领域专家的智慧，应付日益复杂的决策问题。通过广泛参与，专家可以对决策问题提出建设性意见，有利于在决策方案得以贯彻实施之前，发现其中存在的问题，提高决策的正确性。

（2）群体决策能够利用多元化的信息，形成更多的可行性方案。决策群体的成员具有不同的背景，从事不同的工作，熟悉不同的知识，掌握不同的信息，容易形成互补性，进而能挖掘出更多的令人满意的行动方案。

（3）群体决策容易得到普遍的认同，有助于决策的顺利实施。由于决策群体的成员具有广泛的代表性，其决策是在综合各成员意见的基础上形成的对问题趋于一致的看法，因此较容易得到各部门的支持与配合。

2.群体决策存在的问题

群体决策虽然具有上述明显的优点，但也有一些特殊的问题，如果不加以妥善处理，就会影响决策的质量。群体决策容易出现的问题主要表现在以下几个方面。

（1）决策效率低下。决策者经常在群体会议上为那些新颖和高度不确定的非程序化决策寻求解决方法。当决策成员之间缺乏共同观点时，有可能在问题的讨论上花费过多的时间，如果处理不当，就可能陷入盲目讨论、无法达成一致结论的误区之中，致使决策效率低下。在市场竞争日益激烈、竞争环境瞬息万变的今天，低效率决策往往会使企业错失商业良机。

（2）容易为个人或子群体所左右。群体决策之所以具有科学性，原因之一是群体决策成员在决策中处于同等的地位，可以充分发表个人见解。但在实际决策中，这种状态并不容易达到，很可能出现个人或子群体左右决策结果的情况。

（3）很可能偏离组织目标。在实践中，不同部门的管理者往往更关注本部门的利益，如市场营销经理往往希望有较高的库存水平，把较低的库存水平视为问题的征兆；财务经理则偏好于较低的库存水平，把较高的库存水平视为问题发生的信号。因此，如果处理不当，很可能出现决策目标偏离组织目标而偏向个人目标的情况。

（4）责任不清。群体成员对于决策结果共同承担责任，但是谁对最后的结果负责并不明确，因此任何一个成员的责任感都会降低。但是，对于个体决策来说，责任者是很明确的。

（三）个体决策和群体决策方式的选择

群体决策和个体决策孰优孰劣呢？这取决于人们衡量决策效果的标准。就准确性而言，群体决策优于个体决策；就速度而言，个体决策优势更大。在决定是否采用群体决策时，应权衡群体决策在决策效果上的优势能否超过它在效率上的损失。因此，对于复杂、重要和需有关人员广泛接受的决策问题，最好采取集体的方式来决策；反之，简单、次要和无须体现共同意志的决策，采取个人决策方式可能更适宜。

另外，也可以从古人的经验中获得智慧。张居正在《陈六事疏》中说道：“谋在于众，断在于独。”从决策过程来看，我们在发现问题、收集信息和提出备选方案时需要群体的广泛参与，在选择方案时只让个体进行。这样既能有效地避免可能存在的问题、降低风险，又能避免群体决策陷入争论不休的局面，提高决策效率。

四、决策方法

随着决策实践和决策理论的发展，越来越多的决策技术发展起来。总体来说，决策方法可以概括为两大类：一类是定性决策法，也称为主观决策法或软科学方法：另一类是定量决策法，也称为硬技术方法。需要注意的是，很多决策技术是从其他学科领域借鉴而来并在管理决策中广泛应用的。因此，决策技术和方法呈现出较浓的跨学科特点，涉及管理学（含行为科学）、经济学、统计学、会计学、心理学、社会学、工程技术基础、数学和计算机科学等多学科，以及哲学、美学、艺术等的理论与方法。因而，决策者要提高自己的科学和人文素养，具备较丰富的知识与复合性的能力。同时，要做到理论与实践相结合，不断丰富自己的经验，提高自身能力。

（一）定性决策法

定性决策法的优点是，运作灵活、简便，节约决策成本，用于“是非”显著的非程序化决策时尤其如此。定性决策法的缺点是，应用中易受决策者知识类型、精神状态及胆略等因素的影响，对决策者综合素质能力的要求较高。

1.“头脑风暴”法

“头脑风暴”法是专家群体决策，尽可能激发创造性，产生尽可能多的设想的方法。在采用头脑风暴法组织群体决策时，要召集有关专家召开专题会议，主持者以明确的方式向所有参加者阐明问题，说明会议的规则，尽力创造融洽、轻松的会议气氛，让所有参加者在自由、愉快、畅所欲言的气氛中自由交换想法或点子，并以此激发其创意及灵感，使各种设想在相互碰撞中激起脑海中的创造性“风暴”。它适合用于解决那些比较简单、严格确定的问题，如研究产品名称、广告口号、销售方法、产品的多样化等，以及需要大量构思、创意的行业，如广告业。

采用“头脑风暴”法应遵守如下原则：严格限制预测对象的范围，使参加者将注意力集中在相关问题上，并就所讨论的问题提出具体要求，规定所用术语；不能对别人的意见提出怀疑，不能放弃和中止讨论任何一个设想，不管这种设想是否适当和可行；鼓励参加者对已经提出的设想进行补充、改进和综合，为准备修改自己设想的人提供优先发言权；创造一种自由发表意见的气氛使参加者能解除思想顾虑，激发参加者的积极性；发言简单，无须详细论述；不允许参加者宣读事先准备好的发言稿。

2.德尔菲法

德尔菲法最早出现于20世纪50年代末，是当时美国为了预测在其“遭受原子弹轰炸后，可能出现的结果”而发明的一种方法。1964年，美国兰德公司的赫尔默和戈登发表了《长远预测研究报告》，首次将德尔菲法用于技术预测中，此后便迅速地被美国和其他国家所应用。除了科技领域外，它还可以用于其他领域的预测，如军事预测、人口预测、医疗保健预测、经营和需求预测、教育预测等。此外，还可以用于评价、决策和规划工作，并且在长远规划者和决策者心目中享有很高的威望。

德尔菲法本质上是一种利用函询形式的集体匿名思想交流过程，在对所要预测的问题征得专家的意见之后，进行整理、归纳、统计，再匿名反馈给各专家，再次征求意见、集中、反馈，直到获得稳定的意见。它有别于其他专家预测方法的明显特点在于匿名性、多次反馈、小组的统计回答。

德尔菲法中的调查表与通常的调查表有所不同。通常的调查表只向被调查者提出问题，要求回答；而德尔菲法的调查表不仅提出问题，还兼有向被调查者提供信息的责任。它是专家们交流思想的工具。在德尔菲法过程中，始终有两方面的人在活动：一是预测的组织者；二是被选出来的专家。

以往，一个小组最典型的预测结果是反映多数人的观点，少数派的观点至多概括地提及一下。但是，这并没有表示出小组不同意见的状况。统计回答却不是这样，每种观点都包括在统计之中，避免了专家会议法存在的缺点。

德尔菲法的程序是以“轮”来说明的。在每轮中，组织者与专家都有各自不同的任务。

（1）第一轮。首先，组织者发给专家的第一张调查表是开放式的，不带任何限制，只提出预测问题。请专家围绕预测问题提出预测事件。其次，组织者要对专家填好的调查表进行汇总整理，归并同类事件，排除次要事件，用准确术语提出一个预测事件一览表，并作为第二张调查表发给专家。

（2）第二轮。专家对第二张调查表中所列的每个事件做出评价。例如，说明事件发生的时间、叙述争论问题和事件或迟或早发生的理由。组织者收到第二轮专家意见后，对专家意见进行统计处理，整理出第三张调查表。第三张调查表的内容包括事件、事件发生的统计结果，以及少数人观点的理由。

（3）第三轮。把第三张调查表发下去后，请专家做以下事情：重新争论；对少数的对立意见进行评价；给出自己新的评价（尤其是持少数观点的专家，应重述自己的理由）；如果修正自己的观点，也请叙述为什么修正，原来的理由错在哪里，或者说明哪里不完善。专家们的新评论和新争论返回到组织者手中后，组织者的工作与第二轮十分类似：总结专家观点，重点在于争论双方的意见，形成第四张调查表。

（4）第四轮。请专家对第四张调查表再次进行评价和权衡，做出新的预测。是否要求做出新的论证与评价，取决于组织者的要求。当第四张调查表返回后，组织者的任务与上一轮的任务相同：归纳总结各种意见的理由及争论点。

在运用德尔菲法时需要注意两点：第一，并不是所有被预测的事件都要经过四轮。有的事件可能在第二轮就达到统一，而不必进行第三轮；第二，在第四轮结束后，专家对各事件的预测也不一定都达到统一，总会有许多事件的预测结果是不统一的。

（二）定量决策法

定量决策法的主要优点是，遵循事物由量变到质变的规律，通过建立数学模型模拟决策问题，进行较精确的分析评估。定量决策法也存在一定的局限性：一是量的分析本身并不等于质的规定性的揭示和描述；二是在实际生活中，某些社会现象和人们的心理行为是难以直接计量的（如音乐爱好者鉴赏古典音乐时的“愉悦”）。

1. 确定型决策

确定型决策是指影响决策的因素、条件和发展前景比较清晰、明确，并且容易做出判断，根据决策目标可以选择最佳方案的一种决策方法。最简单的一类确定型决策方法是单纯选优法。它是对已经掌握的每个方案的每个确切的结果进行比较，直接选择最优方案的方法。例如，某人选择一个银行存入1万元的定期存款，A银行的年利率为5%，B银行的年利率为4%，C银行的年利率为6%。3个方案中的最佳选择是哪个银行呢？这就是一个确定型决策问题，未来的收益是清晰的，我们选择能够带来最佳收益的C银行。

确定型决策问题需要具备以下条件：存在明确的决策目标（收益最大或损失最小）；只存在一个确定的自然状态（未来的结果是确定的）；存在两个或两个以上的抉择方案；可以计算出不同抉择方案在确定状态下的损益值。在实际中，一般的决策问题很难满足所有的要求，所以确定型决策问题是很难遇见的。例如，我们选择一个银行购买理财产品，每个银行的理财产品未来的收益率都是未知的，这时就面临着非确定型决策的问题。

2. 风险型决策

在风险型决策问题中，各个备选方案具有几种自然状态，每种自然状态下的结果可能是不同的，但是各种状态发生的概率是可知的；最终会出现哪种状态无法确定，从而使决策具备了一定的风险。例如，明天的天气存在雨、阴和晴3种自然状态，根据天气预报，可以知道3种天气的概率分别是30%、40%和30%，但是到底是什么天气难以确定。

一个基本的解决风险型决策问题的常用方法是期望值法。在概率论中，期望值的定义是：“设某随机试验的各种结果为A_1，A_2，…，A_m，相应的概率是P_1，P_2，…，P_m，那么$A_1P_1+A_2P_2+\cdots+A_mP_m$就是该试验的期望值。”期望值不能当作单独一次实验必然发生的实际数值，因此利用期望值法来解决风险型决策问题符合该类问题的基本特点。其中，A_1被称为自然状态1下的条件损益值，比较每个备选方案的损益期望值，选择期望值最大的方案。

需要注意的是，在采用期望值法解决风险型决策问题时有一个重要的前提，那就是决策者是风险中性的。不同的风险类型会影响决策者的选择，如风险偏好的决策者可能会选择那个拥有最大的条件损益值的方案，即便这个方案的期望损益值不是最高的。

3. 非确定型决策

非确定型决策问题与风险型决策问题的主要区别就是，各个方案在未来的自然状态下的客观概率是不可知的，无法通过计算期望值来评价和选择方案。因此，只能根据条件损益值的大小，依靠决策者的经验、胆略和能力选择方案的它是定性、定量结合的方法。根据决策者的特点，通常采用以下几种方法。

（1）悲观决策标准。寻找每个方案的极小条件损益值，选择极小条件损益值最大的方案。该方法具有稳妥和保守的特点，决策者具有悲观（风险厌恶）的特点，换句话说，决策者会选择每种方案最差的情况发生时，表现最好的一个方案。

（2）乐观决策标准。寻找每个方案的极大条件损益值，选择极大条件损益值最大的方案。与悲观决策标准相反，该方法具有冒险性，对那些极大和极小条件损益值悬殊的方案更是如此。决策者具有乐观（风险偏好）的特点，换句话说决策者会选择每种方案最好的情况发生时，表现最好的一个方案。

（3）最小最大后悔值标准，又称为萨维兹决策标准。后悔值是指极大条件收益值和实际选用方案收益值之差（用以衡量人们产生的遗憾或后悔情绪）。某决策的后悔值是在某种自然状态下，该方案与该自然状态下表现最好的方案的收益的差值。这个差值在不同的自然状态下是有区别的，决策者会以方案可能发生的最大后悔值为标准，与其他方案进行比较，选择后悔值最小的一个方案。

第二节　计划的基础

也许你认为计划是企业要考虑的事情，与现在的你没有关系，但是，当你在为了按时完成一项管理学老师布置的课后学习项目而决定必须做什么时，你就是在做计划。计划是所有管理者都要做的事情，尽管不同的管理者计划内容和方法有所区别。本节我们回答以下问题：什么是计划？管理者为什么要做计划？他们如何进行计划？

一、计划概述

这里从一个简单的事例来理解计划。森林火灾是危害森林安全的一项重要因素，人们如何应对火灾呢？我们通常看到的是救火队发现火灾发生之后赶往出事地点进行灭火工作，这是我们熟悉的方法。但是，实际上还有一种方法也非常重要，那就是防火，如在森林里竖立的禁火标志就起到了防火的作用。世界上存在两种工作方式：一种是救火式工作方式，在灾难和错误已经发生后再赶快处理；另一种是防火式工作方式，预见灾难和错误，提前准备，消除错误。人们如何进行防火式工作呢？就是通过计划。

（一）计划的定义

正如前面阐述的，计划定义组织目标，确定战略以实现这些目标，以及制订方案以整合和协调工作活动。计划同时涉及结果和手段：做什么，以及怎么做。

计划与决策联系紧密，都要确定组织未来的活动方向，但也存在一定的区别。决策是关于组织活动方向、内容及方式的选择，计划则是对组织内部不同部门和成员在一定时期内从事活动的具体内容和要求。计划存在以下特点。

（1）计划着眼于组织的未来。虽然各项管理职能都必须考虑组织的未来，但都不像计划那样以谋划未来为主要任务。

（2）计划的实质是要保证组织行动的有效性。计划是组织行动的标准。如果没有计划，组织必然会陷入混乱之中。通过计划明确组织的目标，规定实施目标的措施和步骤，从而保证组织活动的有序性。

（3）计划的本质是要经济地使用组织内的各种资源。经济就是有效率。计划不仅要保证组织未来的行动朝着组织的目标有条不紊地进行，还必须保证它的产出效果。任何组织的资源都是有限的，计划要在时间和空间上对组织资源做出合理的配置和安排，以达到资源使用的最优化。

（二）管理者为什么要做计划

计划似乎会耗费管理者的精力，那么管理者为什么要做计划呢？这里列出了4个重要的理由。

（1）为组织成员指明活动方向，协调组织活动。计划为管理者和非管理者提供指导，如果没有计划，部门和个人可能会在不同的目的下做出违背组织目标的工作，阻碍了组织的高效运转。

（2）迫使管理者展望未来，制订应对措施，降低组织活动风险。计划可以有效地通过预测未来的变化、考虑变化的影响和制订应对措施来降低不确定性，从而降低风险。

（3）提高管理效率。计划有助于降低浪费和冗余。

（4）促进有效控制。计划确定了控制所采用的目标和标准。在管理者实施控制时，他们会考察组织是否按照计划执行及目标是否已经实现。这是实施控制的首要内容。

（三）计划工作的内容

前面讲到，计划包含两个重要内容，即做什么和怎么做，包含目标和方案两部分。具体来讲，计划工作一共有6项内容：做什么（what）、为什么做（why）、何时做（when）、何地做（where）、谁做（who）及怎么做（how），合称5W1H。前两者确定了组织的目标，后四者决定了具体的工作安排。

1. 目标的类型

企业想要获得利润，非营利组织希望为某些人提供帮助。企业的目标似乎是单一的，但是实际上并非如此。企业在利润之外可能希望提高市场占有率，提高员工的幸福度，以及响应社会需要降低环境污染以进行可持续发展。非营利组织在进行免费服务之外也希望能够降低运营成本，以及提高人们对气候变化的警惕性。各种组织都有多重目标，没有单一的方法可以评价一个组织是否成功，常见的目标包括财务目标和战略目标。

2. 方案的类型

描述组织方案最常用的方式是广度（战略性的与战术性的）、时间跨度（短期的与长期的）、具体程度（指导性的与具体的）、使用频率（程序化的与非程序化的）。这些方案类型并不是相互独立的。更确切地说，战略方案通常也是长期的、指导性的和一次性的，业务方案通常是短期的、具体的和持续性的。那么，每种方案的类型都包括什么?

战略方案是应用于整个组织并确定该组织总体目标的方案。涵盖组织中某个特定运营领域的方案称为战术方案。这两种类型的方案有所不同，战略方案覆盖的范围广泛，战术方案覆盖的范围较窄。

由于环境的不确定性，因此用来定义区分短期方案和长期方案的时间长度被大大缩短了。在过去，长期方案指的是时间跨度超过7年的方案。设想一下，7年之后你可能会在做什么，然后你就会理解管理者为很久之后的未来制订方案有多么困难。我们定义时间跨度超过3年的方案为长期方案。短期方案指的是时间跨度为期1年及其以内的方案。时间跨度在短期方案与长期方案之间的方案是中期方案。尽管这样的时间划分十分普遍，但一个组织可以根据自身需要使用任何一种时间跨度的方案。

直觉上，似乎会认为具体方案比指导性方案或宏观引导方案更加可取。具体方案是定义清晰的、没有歧义的方案。一个具体方案会以消除模糊性和误解性的方式陈述其目标。例如，一位追求所在单元的工作产出能在12个月内提高8%的管理者，很有可能制订出具体的程序、预算分配及实现目标的活动的时间安排表来实现这个目标。然而，当不确定程度较高且管理必须变得具有灵活性以应对出乎意料的变化时，指导性方案更可取。指导性方案是确定一般指导原则的弹性方案。它们提供了重点，但没有将管理者局限于具体的目标和行动方案中。不过，要记住，必须在指导性方案的弹性与它所缺乏的具体方案的清晰性之间做出权衡。

管理者制订的方案有些是可重复使用的，有些则只能使用一次。程序性方案是为反复进行的活动提供指导的方案，包括政策、规定和程序。非程序性方案则是为满足特定情况的需要而设计的方案，不具备重复使用的可能性。

3. 影响计划的因素

有很多因素会影响方案的选择，不同的组织在目标和业务上存在差别，所需的计划类型也有很大区别，这里主要看同一组织在不同情况下的方案变化因素。

（1）组织的管理层次。高层管理者需要制订指导性的战略计划，中层管理者往往只需要制订具体的战术计划或作业计划。

（2）组织的生命阶段。一般将组织分为形成、成长、成熟和衰退4个阶段。组织处于生命周期的不同阶段，其计划内容的重点也不一样。当组织处于形成期时，由于面临的不确定性因素较多，只能制订指导性的计划；当组织处于成长期时，由于面临的不确定性因素减少，加之成长期的时间一般不会太长，因此应制订短期的具体计划；当组织处于成熟期时，已经进入了一个最稳定的经营阶段，而且时间跨度长，故应制订长期的具体计划；当组织处于衰退期时，面临的环境条件极不稳定，只能制订短期的具体计划。

（3）环境的不确定性。若组织面临的是简单稳定环境，则应制订长期具体计划；若组织面临的是复杂动态环境，则只能制订短期指导性计划。

（4）未来的许诺。计划是面向未来的，许诺即对未来的承诺。承诺概念认为，方案应该具备合适的期限以兑现制订方案时做出的承诺。未来的许诺越久，计划的期限就越长，应制订长期的指导性计划；反之，计划的期限就越短，需要制订短期的具体计划。

典型案例 2-3

科宁公司的计划①

科宁是美国创建较早的公司之一，主要经营玻璃品生产和加工。科宁公司一直由其创始人科宁家族掌管，并一直以制造和加工玻璃为重点。然而，科宁公司的这种经营战略也给它带来了许多问题，它的骨干部门——灯泡生产在30年前曾占领1/3的美国灯泡市场，在今天却丧失了大部分市场。电视显像管的生产也因剧烈的竞争而陷入困境。这两条主要产品生产线都无法再为公司获取利润。面对这种情况，公司既希望

① 黎辉，王冰.管理学基础（第3版）[M].人民邮电出版社，2019.

开辟新的市场，又不愿意放弃其传统的玻璃生产和加工。公司最高层领导制订了一个新的计划。

计划包括3个主要方面：第一，决定缩小类似灯泡和电视显像管这样低利润的部门；第二，决定减少因市场周期性急剧变化而浮动的产品的生产；第三，开辟既有挑战性又具有巨大潜在市场的产品。第三个方面又包括3个新的领域：一是开辟光波导器件生产——用于电话和电缆电视方面的光波导器件和网络系统以及高级而复杂的医疗设备等，希望这方面的年销售量能达到40亿美元；二是开辟生物工程技术，这种技术在食品行业大有前途；三是利用原有的优势，继续制造医疗用玻璃杯和试管等，并开拓电子医疗诊断设备，希望在这方面能达到全国同行业中第一或第二的地位。

这些计划中哪些是战术计划？哪些是战略计划？

二、传统的计划方法

（一）传统计划方法的步骤

在传统的计划方法中，计划通常是完全由高层管理者在正式的计划部门协助下制订的，这一部门由专业的计划人员组成，负责帮助撰写各种各样的组织方案。具体来说，这种计划方法包含以下内容。

1.调查研究，确定计划的前提条件

计划的前提条件就是组织所面临的外部环境的特点及组织内部所具备的资源和能力条件。如果不掌握这些条件，计划的编制就难以避免盲目性。计划实际上是对未来条件的一种“情景模拟”，这种“情景模拟”的准确性依赖于对未来环境的预测。因此，从广义的角度讲，预测也应作为计划的内容之一。由于影响和制约计划的环境条件可能较多，组织通常只能就其中对计划内容有重大影响的主要因素做出预测，其内容包括：①宏观社会经济环境，包括总体环境及与计划内容密切相关的环境因素；②政府政策，如政府的税收、价格、信贷等政策；③市场环境，包括市场需求、供应商和顾客的变化等；④竞争者，包括国内外竞争者、潜在竞争者等；⑤组织资源，如资金、原料、设备、人员技术、管理等完成计划所需的各项资源等。这些环境因素有些可以定量，有些则不能定量；有些是可控的，有些则是不可控的。

2.确定目标并制订总体行动方案

计划目标即计划的预期成果，为计划的所有工作确定了一个明确的方向。目标的确定首先要考虑计划目标对组织总目标的效用，并保证两者之间的相互协调；其次，要科学、合理并处理好多个目标的优先顺序，因为它直接关系到组织资源的分配次序；最后，目标应具体、明确，尽可能定量化，以便度量和控制。目标因组织管理层次的存在而具有层次性，这就要求在确定了组织的总目标之后，应将总目标任务层层分解到组织的各基层单位和各横向部门，形成一个纵横交错的目标体系。计划目标确定之后，应制订多种总体行动方案并从中选择最合理的方案。行动方案的拟订必须集思广益、开拓思路、大胆创新，才能保证备选方案的质量。然后对备选方案从经济、技术和社会效益等角度进行评价。最后在评价的基础上选择最合理的方案。

3. 分解目标，形成合理的目标结构

如前所述，计划总目标确定后，需要按组织的系统结构进行分解。目标的分解是从空间和时间两方面进行的。目标的空间分解是指把总目标分解到组织内的各部门、各环节直至个人，形成目标的空间结构。目标的时间分解则是把总目标（长期）分解到各时间阶段，形成目标的时间结构。目标的分解可以保证组织各部门、各方面的行动和目标的一致性，为资源分配提供依据，促进良好工作秩序的形成，指导工作方向，形成详细的控制指标体系。

4. 综合平衡

此处的平衡即协调。大家知道，任何计划都要受组织内外环境条件的制约，同时各种计划之间必然存在着相互影响、相互依赖的关系。处理好计划与各种制约条件的协调及计划之间的相互衔接就是计划的综合平衡。木桶原理揭示，若系统的各部分不平衡，则系统的功能只能由产生能量最小的部分决定。因此，处理好计划的综合平衡，对最大限度地发挥计划的效率，从而实现组织目标有重要意义。计划综合平衡的内容很多，以下几点是必需的：组织各部门在各时间段内的任务的相互协调；组织活动与资源供应的协调；各环节在不同时期的任务与能力的协调。

5. 编制并下达执行计划

总计划经过上述步骤确定之后，还需要具体的执行计划的支持和保证，完成执行计划是实现总计划的基础。执行计划是以组织内的各单位、各部门（如生产、销售、财务、人事、供应等）为范围编制的在各个阶段（年度、季度、月度等）内的行动计划。

（二）传统计划方法的优缺点

传统的计划方法拥有很长的历史，具有明显的优点，如完善、系统和协调的特点。从企业高层的宏观视角思考企业未来发展方案，然后向基层进行目标分解等步骤，是一个系统化的运作方式。然而，这样的计划要产生效果，必须能够真正地供组织成员使用。事实情况是，很多花费力气制订的“方案”最终呈现的是厚厚一沓充斥着无用信息的文件，被束之高阁。另外，在目标分解的过程中会出现一些偏差，如图2-3所示。

这些偏差造成的后果可能非常严重，第一种后果是浪费，基础员工在提高生产效率的目标促使下生产了大量的产品，但是最终并不一定能够改善公司的总目标，即改善绩效。因为很有可能生产的产品销售不出去，反而造成了大量的库存积压，带来昂贵的仓储费用。第二种可能的后果会打击团队的凝聚力，组织成员都通过努力完成了自己的目标，但是发现最终的结果并非预料中的那样，很容易就会相互指责，生产部门指责营销部门工作消极，营销部门认为生产部门生产了大量没有销路的产品。非但没有团队合作，反而会产生严重的挫败感及冲突。

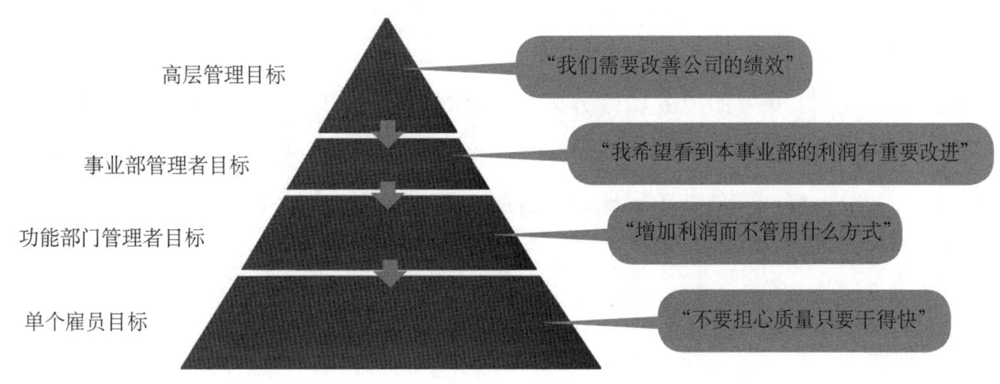

图2-3　目标分解过程

是什么原因导致目标细分时产生问题呢？这个问题不难回答，主要原因来自3个方面：管理者专业不同、管理者有等级区分及眼光的差别和不同级别之间的孤立。不同的专业背景和管理层次使员工的思维方式甚至眼中的世界不完全相同，同样的客观事实，不同人的理解是不同的，不同级别之间的孤立又进一步加强了这种差异。在目标细分时，这种差异往往会导致偏差，随着分解次数的增加，偏差进一步加强了。

三、目标管理

目标管理（management by objectives，MBO）是美国管理学家彼得·德鲁克1954年在其著作《管理实践》中提出的，后被广泛地应用于企业、医院、学校和政府机构中，取得了明显的效果，被认为是一种科学的管理方法。

（一）目标管理的含义

目标管理提出了一种手段，设法解决传统的计划方法的问题，即员工的自我控制。自我控制是目标管理的核心目标，其本质就是让员工参与目标制定并自主地制订方案、执行方案且根据方案监督工作进展，从而提高员工的积极性，使计划真正产生指导组织运作的效果，并避免在目标分解中产生偏差。

目标管理是组织内部各部门乃至每个人为实现组织目标，自上而下地制定各自的目标并自主地确定行动方针、安排工作进度、有效地组织实现和对成果严格考核的一种系统的管理方法。它具有以下特点。

1. 强调自我控制

目标管理是一种强调参与、民主和自我控制的管理方法，也是一种把个人需求与组织目标结合在一起的管理方法。它能使工作人员发现工作的乐趣和价值，享受工作的满足感和成就感，同时组织目标也得以完成。在这种管理方法下，上级对下级的态度是平等、尊重、信赖、支持，下级在承诺目标和被授权后是自觉、自主和自治的。

2. 分目标保证总目标完成

德鲁克认为，“企业的目的和任务必须转化为目标”“一个领域没有特定的目标，则这个领域必然会被忽视”。目标必须有层次，要形成一个目标锁链和目标体系。主要目标和分目标之间、各分目标之间都要相互配合，方向一致。每个人的分目标就是企业目标对他的要求，同时也是他对总目标的贡献。分目标的完成是完成总目标的保证。

3. 成果管理：以对总目标的贡献为根据

目标管理是一种成果管理，因此也被称为“根据成果进行企业管理的方法”。一方面把组织总体目标的实现与各级部门和员工的目标实现、成果评定紧密联系起来，另一方面也把评定的成果与每个人的晋级、提升、加薪等结合起来，这就能促进员工奋进精神的发扬和创新能力的发挥，从而大大提高企业的劳动生产率。

（二）目标管理的实施步骤

1. 目标制定

目标制定是实施目标管理的第一阶段，同时也是最重要的阶段。目标定得合理、明确，后面的目标实施、目标评价阶段才能顺利进行。该阶段可以细分为4个步骤：①确定组织总目标；②重新审议组织结构和职责分工；③进行目标展开，确立各级的分目标；④逐级授权，如图2-4所示。

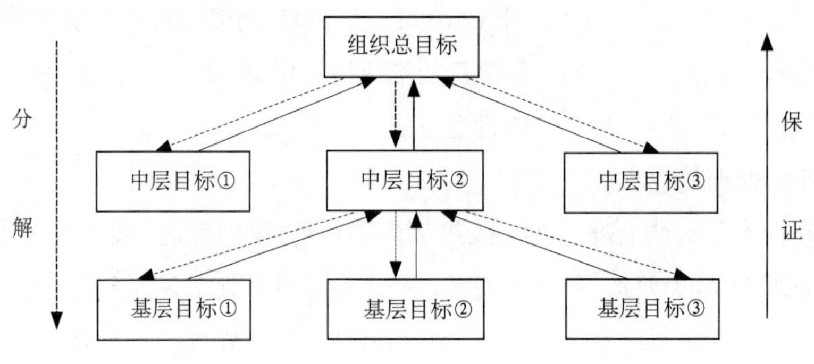

图2-4 目标制定过程

2. 目标实施

（1）实施中的检查。主要是通过自检、互检、逐级检查实施进度、协作情况、对策的落实情况等，发现问题，找出偏差。

（2）实施中的控制。通过自我、逐级控制进度和关键点，反馈调节，纠正偏差。

（3）实施中的修正。协调部门、个人等之间的协作关系，当发生变化时，及时修正目标，保证目标的平衡。

3. 目标评价

采用科学的方法对目标项目的难度、数量、进度、协作、质量等进行评价，对评价的结果进行总结、归档，并决定奖惩。把总结的经验用于下一目标周期。

（三）目标管理的优缺点

目标管理解决了传统计划方法的一些问题，具有以下明显的优点：给企业带来了良好的绩效，起到立竿见影的效果；有助于改进组织结构和职责分工；有利于调动员工的主动性、积极性；表现出良好的整体性。

目标管理通过成果管理从制度上保证员工参与到计划中，因此在制定目标时需要注意很多问题。目标应具体、明确，如降低成本7%等。确定目标还要遵循SMART原则：S代表具体的（specific），M代表可测量的（measurable），A代表可达到的（attainable），R代表相关的（relevant）、现实的（realistic），T代表时间限制的（time-bound）。从这里可以看出，目标管理自身具有一定的缺陷，主要体现在两个方面：强调短期目标，忽视长期发展；目标设置困难。这也是管理者需要注意的问题。因此，目标管理在实践中更多地被用来指导和协调工作。

四、计划的定量方法

在管理实践中，除了前面介绍的一般计划方法，还有一些常用的定量的计划技术。下面着重介绍3种定量方法：盈亏平衡分析法、线性规划法和网络计划法。

（一）盈亏平衡分析法

盈亏平衡分析法又称为量本利分析法，基本原理就是根据产量、成本、利润之间的内在联系进行综合分析，以确定有关计划指标，如图2-5所示。

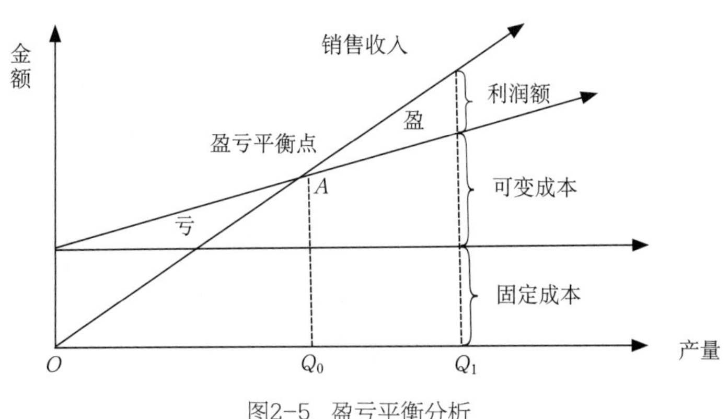

图2-5　盈亏平衡分析

盈亏平衡分析法涉及以下基本概念。

（1）固定成本。它指总额不随产量变化而变化的生产费用，如固定资产折旧费、企业管理费用。

（2）可变成本。它指总额随产量变化而变化的生产费用，如原材料、燃料和劳动力费用。

（3）盈亏平衡点。它指销售收入与产品总成本相等时的产品产销量或销售额。产品在这一点不亏不盈，利润为零。

设固定成本为F，单位产品可变成本为V，产量为Q，产品单价为P，利润为M，则产量、成本、利润之间的关系为

$$PQ = VQ + M + F$$

若M=0，则盈亏平衡点所对应的产量Q_0为

$$Q_0 = \frac{F}{P-V}$$

盈亏平衡点所对应的产量Q_0称为临界产量。它是计划工作的一个基本界线。在一般情况下，企业的计划产量不得小于临界产量，否则就会发生亏损。根据产量、成本和利润之间的内在关系，就可以为确定计划指标提供必要的依据。

运用盈亏平衡分析法，关键在于正确划分固定成本和可变成本。为此，需要积累各种成本资料，并采用适当的方法找出它们与产量的关系。值得注意的是，盈亏平衡分析法仅适用于以下情况：仅涉及一种产品、生产出来的产品都被售出，单位产品可变成本、固定成本、单位收益不随产量变动，以及单位收益高于单位可变成本。因此，它的应用范围比较有限。

（二）线性规划法

线性规划是运筹学的一个重要分支，主要研究两个方面的问题：一是在人力、物力、财力一定的条件下，如何合理利用这些资源取得最大利润；二是在任务一定的条件下，如何统筹安排，以最小的资源消耗完成任务。计划管理的重要任务就是合理利用组织的有限资源，取得最佳的经济效益。因此，线性规划法可以在计划管理中广泛应用。它具体可以解决以下一些最优化问题：资源的合理利用、生产任务的合理分配、工作的合理安排、机床负荷的合理安排、零件加工顺序的合理安排、物资运输的最优调配、原材料的合理下料、厂址的选择和工厂的合理布置等。

线性规划法在第二次世界大战时期得到了应用。英国在抵抗德国轰炸伦敦时就采用了这一方法：英国有一个科学家团队研究如何使用有限的空军力量和雷达设备达到最好的效果。科学家采用定量的方法进行计划，在战争时期起到了显著的作用，第二次世界大战以后他们

的研究成为一个新的领域——运筹学（operations research），中文译名取自名句“运筹帷幄之中，决胜千里之外”。

1. 线性规划的运用条件

运用线性规划必须具备以下基本条件：①有明确的目的，如追求最大利润、最低成本、最短时间等；②资源有限，如果可供利用的资源是无限的，则无须进行合理规划；③有多种可行方案，如果只有一个达到目的的方案，则无优选的必要；④线性相关，即各因素（变量）之间必须线性相关，可以用线性方程式表示。

2. 线性规划的数学模型

线性规划所要解决的问题，就是要求一组变量在满足一定约束条件的同时使目标函数最优化。因此，线性规划问题的数学模型一般包括目标函数和一组约束方程。

目标函数：$f(x)=c_1x_1+c_2x_2+\cdots+c_nx_n$（取最大值或最小值）

约束条件：

$$\begin{cases} a_{11}x_1+a_{12}x_1+\cdots+a_{1n}x_n \leqslant (=, \geqslant)\ b_1 \\ a_{21}x_1+a_{22}x_2+\cdots+a_{2n}x_n \leqslant (=, \geqslant)\ b_2 \\ \vdots \\ a_{m1}x_1+a_{m2}x_2+\cdots+a_{mn}x_n \leqslant (=, \geqslant)\ b_m \\ x_i \geqslant 0\ (i=1, 2, 3, \cdots, n) \end{cases}$$

（决策变量的非负要求）

3. 线性规划的应用步骤

线性规划如何解决实际问题？这需要建立目标函数及约束方程组进行求解，然后从中找出在满足约束方程组的同时目标函数最优的计划方案。

对于最简单的情形，即只存在两个决策变量时，可以采用图解法求出最终结果，具体方法参考例2-1。当决策变量增多时，很难通过图解法进行分析，在这种情况下，可以采用单纯形法辅以计算机软件进行求解，在这里不做具体的介绍，但是其基本的思路可以通过图解法加以了解。

例 2-1

某企业生产A、B两种产品，A产品每件可获利润30元，B产品每件可获利润120元。两种产品都要用甲、乙、丙3种原材料，各产品的材料消耗定额及原材料下月的可供量如表2-1所示。试决定下月的生产计划，使其利润最大化。

表2-1　各产品的材料消耗定额及原材料下月的可供量

材　料	A产品材料消耗定额	B产品材料消耗定额	材料可供量
甲	8	5	3 500
乙	5	6	2 400
丙	4	10	2 800

解：设x_1、x_2分别为A、B产品下月的计划产量（决策变量），S为利润额。依题意，其线性规划数学模型如下。

目标函数：$S=30x_1+120x_2$

约束条件：

$$\begin{cases} 8x_1+5x_2 \leqslant 3\,500 \\ 5x_1+6x_2 \leqslant 2\,400 \\ 4x_1+10x_2 \leqslant 2\,800 \\ x_1,\ x_2 \geqslant 0 \end{cases}$$

根据约束条件方程组，可以确定符合约束条件的产品生产量的组合，从这些组合中找到利润最大的生产组合。问题看起来较复杂，但事实上可以通过二维坐标系统画图找到答案，如图2-6所示。虚线部分是所有符合限制条件的生产率组合。经过简单地分析可以知道，最优点一定在A、B、C和D4个点之中，把4个点的坐标代入目标函数中，利润值最大的点就是最优的点。当然，也可以比较边界的斜率和目标函数的斜率得到最优的计划方案。

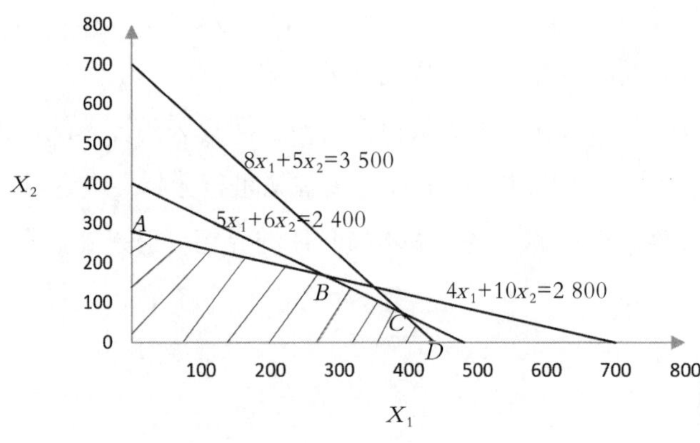

图2-6　线性规划求解图

（三）网络计划法

1. 网络计划法的含义和适用范围

网络计划法是指以网络图的形式反映和表达计划的安排，控制和协调生产或工作的进度和资源消耗，选择最优方案的一种科学、有效的计划方法。网络计划法主要用于一次性的大规模工程项目。此外，它还有着十分广泛的应用领域，如企业、行政事业单位的很多工作安排均可以用网络计划法进行，甚至个人或家庭的生活也可用网络计划法进行规划。在工业企业管理中，诸如设备维修、新产品试制及单件小批生产计划的安排比较适合运用网络计划法。

2. 网络图的构成

网络计划法的基础是网络图，掌握网络图的结构是正确绘制网络图的首要条件。一个完整的网络图应由以下要素构成。

（1）活动。这是指在工艺技术和组织管理上相对独立的工作、任务或作业等，因此活动也称为工作、任务或作业。在网络图中，活动用一条箭线（→）表示，箭尾代表活动的开工，箭头则代表活动的完工，箭线的长短与活动大小无关。在线的上下方可标明一些符号或数据，以表示活动的代号或活动对某种资源的消耗量。

（2）事件。这是指相邻活动在时间上的分界点，也称为节点。在网络图中，节点用圆圈表示，并可以进行编号。一个网络图只能有一个起点节点和一个终点节点，起点节点代表整个计划的开始，终点节点则代表整个计划的完工。除起点节点和终点节点以外，中间的任何一个节点都具有双重含义，既代表前面活动的完工，又代表后续活动的开始。

（3）路线。这是指从网络图的起点节点开始，顺着箭线的方向，连续不断地达到终点的一条通路。一个网络图往往有多条路线，其中周期最长的路线称为关键路线，关键路线的周期即整个计划的周期。在网络图中，关键路线用粗线、双线或有色线表示。

3. 网络图的绘制规则

作为网络计划基础的网络图，如果绘制出错，那么整个计划的安排就会失误。因此，绘制网络图时需遵循以下规则。

（1）任意相邻的两个节点之间只能连一条箭线，并仅仅用来表达一项活动，即同一活动在网络图中不能重复表达。

（2）网络图中不能出现封闭的循环路线。所谓封闭的循环路线，是指从某节点出发，顺着箭线方向经过若干活动后又到原节点所形成的路线。该循环路线的出现说明计划项目总在某局部循环而始终难以到达终点，计划任务永远无法最终完成。

（3）网络图中不能出现缺口。缺口是指出现了无法到达终点的活动。网络图中任何一项活动都应能顺着箭线方向到达终点，否则就无法完成计划任务。

（4）在网络图中，平行活动必须用虚箭线进行连接。所谓平行活动，是指两个以上的活动，其先行活动和后续活动相同且必须同时进行的活动。虚箭线则代表作业时间为零的箭线，用“┈┈>”表示，它不占用时间，也不消耗资源，主要作用是衔接活动的相互关系。

4. 网络图的绘制步骤

（1）调查研究工程项目的有关情况。凡计划项目涉及的所有资料都必须进行收集、调查和分析。其中，最主要的内容有两项：一是项目的工艺流程；二是整个计划及计划内各活动的资源消耗。否则就无法进行网络计划安排。因为网络计划法最主要的适用对象是那些一次性的大规模工程项目，以前没有进行过，所以计划的资源消耗并无现成资料可以借鉴。这就需要我们深入地进行调查研究，用科学的方法进行环境预测，尽可能准确地掌握所需要的计划资料。

（2）进行工程项目的分解。将计划项目分解成若干独立的活动。分解时要掌握每个活动的紧前活动和紧后活动，了解平行活动。在此基础上，绘制活动逻辑关系表。

【例2-2】

调研分析确定各项作业或工序之间的逻辑衔接关系及作业时间并列表，如表2-2所示。

表2-2 调研分析表

工序名称	工序代号	紧前工序	紧后工序	作业时间/分钟
工序1	A	/	C、D	3
工序2	B	/	D、E	5
工序3	C	A	/	2
工序4	D	A、B	/	4
工序5	E	B	/	1

（3）绘制网络图，如图2-7所示。

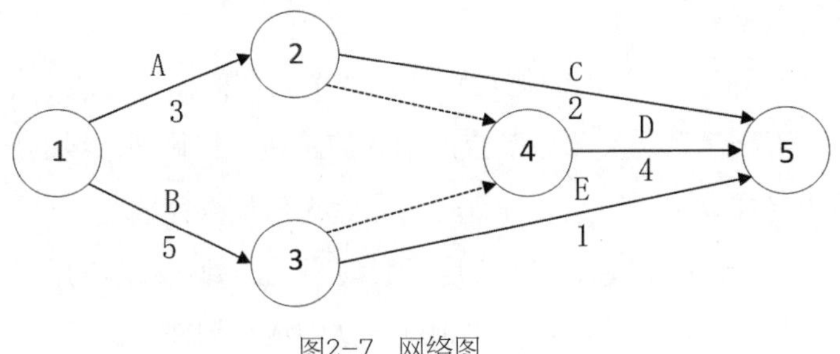

图2-7 网络图

（4）确定关键路线。关键路线是指网络图中时间最长的路径，决定了整个项目最终需要花费的时间。案例中的关键路线是1—3—4—5，由活动B、D构成，需要的时间是9，这就代表了项目完成的最快时间。这两个活动的按期完成时间是管理者需要特别留意的，其他活动可以在不影响项目整体工期的条件下进行适当的调整。

（5）网络计划的优化与管理。管理者可以利用非关键线路上的时差合理地调整资源，降低成本。管理者也可以通过适当分解关键作业，采取平行交叉作业，缩短整个工程的总工期。特别是要对关键线路上的关键作业施以重点管理或控制，以保证按期完成工程。

第三节　战略管理

战略管理是计划职能中的另一项重要内容，如果你对商界有所关注，就会发现一项好的战略的重要性。管理者应该学会识别复杂环境中的机会并加以利用，制定更有效的新战略，从而增强企业的竞争力。管理者的战略管理将会对企业的发展产生重要影响。本节将回答以下问题：什么是战略？战略管理有哪些步骤？有哪些不同的战略类型？

一、战略的定义

什么是战略？战略是组织如何经营、如何在竞争中获得成功，从而实现组织目标的各种方案。战略管理为什么非常重要，主要有三方面的原因。第一，战略管理在组织取得卓越绩效中发挥了重要作用。为什么一些企业成功了，而其他一些企业却失败了，即便他们面临同样的环境？我们可以在沃尔玛和凯马特的例子中得到答案。研究发现，大体上，运用战略管理的组织取得了更高的绩效水平。第二，组织外部环境具有不确定性，管理者面临着不断变化的局面。他们通过运用战略管理来考察外部因素并采取措施。第三，组织本身是一个复杂、多元的系统。战略管理有助于实现组织各个部分齐心协力以达成组织的目标。

典型案例 2-4

战略管理决定成败——沃尔玛和凯马特[①]

凯马特与当今世界500强之首的沃尔玛相比，有一个辉煌的历史：在1970年10月1日沃尔玛上市时，凯马特是美国《廉价零售商》上71家零售连锁店中的第一名。这样一个有着悠久历史、规模巨大的百年老店却于2002年申请破产保护，其中的故事引人深思。

① 作者自编案例。

凯马特和沃尔玛拥有同样的商业氛围、服务的目标市场及组织目的，因为两者战略管理的优劣而导致了绩效表现的区别：凯马特成长速度太快，以致一味地扩张新店，却忽视了对已有店铺的管理，结果使店内购物环境变差，商品过期，还经常缺货；在经营战略上脱离了使其成功的经营全国性知名品牌的做法，转而更多地经营自有品牌，缺乏高质量的产品争夺顾客；背离了折扣百货连锁必须通过规模获得效率的原则，没有将折扣商店向大型化方向发展，保持区域性的竞争优势，相反却把商店规模缩小到3 000平方米，也没有扩大商品经营的范围；信息技术战略缺失，订货方式仍是由商店经理手写订单，然后将订单邮寄至总部。订货要花费几星期甚至几个月的时间，常常出现商品脱销的情况，成本加大。而沃尔玛通过使用计算机订货系统，使得订货周期缩短，成本降低。

（一）商业模式

在管理实践中经常听到的一个词语是商业模式，实际上它与战略一词有非常相近的含义。商业模式可以简单地理解为企业赚钱的逻辑。它主要回答两个问题：企业为社会提供什么价值？企业如何从中获利？提供价值（如产品或服务）是一个企业存在的根本原因，获利是企业生存与发展的必要条件。这两个问题看似简单，实际上非常重要也非常困难。如果一份商业策划可以回答这两个问题，那么它很有可能会得到投资而成为现实；如果一家企业不能回答这两个问题，那么它在未来很可能会遇到危机。下面可以通过共享单车的案例得到更具体的理解。

典型案例 2-5

共享单车的商业模式①

共享单车的价值：解决“最后一公里”的问题。短距离出行是绝对的刚需，在日渐拥挤的大城市和高峰期，公交、地铁、出租、私车都无法解决这一问题。而过往一些城市尝试的公共自行车，因自行车投放不足、还车困难等一系列问题，最后几乎都无疾而终。共享单车不用停车桩，不用办卡，二维码扫一扫就能开锁，不用的时候停在任意合法非机动车停车点即可，按用车时长收费，用车成本低到可以忽略，简单、方便、易用，合理地解决了城市“最后一公里”的困扰。而且共享单车的潜在用户规

① 资料来源：《共享单车议论文2017》（百度文库），https://wenku.baidu.com/view/850e2d166aec0975f46527d3240c844769eaa081.html。

模巨大，几乎可以把所有城市上班一族都视作目标群体。

共享单车的盈利模式是，通过分时租赁来部分变现，通过收取押金来回收资金，即在注册使用共享单车之时，顾客必须把电话号码、真实姓名、身份证号（实名认证）等信息都发送过去，同时要支付押金。对于任何一个互联网企业来说，能获得用户注册，是非常重要的，共享单车既有用户的身份信息，又让用户先支付押金，这是商业模式中获利的重要环节。押金可以退，所以多数人不会抵制付这笔钱，也不会主动要求退，因为下次用车还得付。由于一份押金对应一个注册用户，而非一辆车，这意味着投放一辆车，能锁定远超过一个用户，其结果就是大量资金可以由公司支配。

为什么共享单车在诞生之初就迅速得到了广泛的关注并急剧发展？就是因为它的商业模式非常清晰。但是由于外界环境的变化，包括竞争者的大量出现、国家对共享单车公共资源占用的限制等稀释了一个共享单车企业的价值及获利的空间，原来的商业模式已不再适合当前的外部环境，因此开始面临危机。目前，大量的共享单车企业退出市场，根本原因就在这里。

最重要的创新是技术创新，但技术创新比较困难，而且不一定能决定企业的成败。苹果公司家喻户晓，但是我们回顾它的历史会发现，苹果公司的成功并不全部来自先进的技术，更多的可能是商业模式的作用。苹果公司一直是拥有行业领先技术水平的企业，但是20世纪90年代，苹果公司曾经走到破产的边缘，直到在乔布斯的领导下推出iPod产品，从此走上了辉煌的道路。需要注意的是，在iPod出现之前，市场上已经有非常成熟的MP3产品，相关的技术并不是苹果独有，但是为什么这些企业在今天已经不复存在，而苹果公司却获得了成功？这就说明了商业模式创新的重要性可能在某些情况下要超过技术创新。

对于个人来讲，同样面临着商业模式的管理：你为什么活着（使命）？你怎么活下去？可能更多的人主要考虑的是第二个问题，这个问题的答案就是吃饭。怎么吃饭是很多人一辈子努力解决的问题，有的人靠坑蒙拐骗，有的人靠劳动。前一种是违法的，不是一种好的商业模式。后一种方式被人们接受，因为它解决了活下去的问题，而且其实也给第一个问题提供了答案：劳动产生价值。但是大多数人都没有思考过第一个问题，所以他们的商业模式是，活着是为了吃饭，吃饭是为了活着。还有一些人有清晰的目标，他可能是一个诗人、一个艺术家或一个准备为爱情献身的人，但是他没有回答第二个问题，吃饭不在考虑范围之内，这也不是一种好的商业模式。所以很多人年轻的时候父母会阻挠他们的一些行为，根本原因就是，在某些情况下，父母在人生的商业模式方面比较成熟。一个优秀的商业模式必须同时回答这两个问题。如果你有明确的使命，又有办法通过完成使命活着，这就是一个好的人生。

（二）战略管理过程

战略管理是一个系统的决策和实施过程（见图2-8），一般可以分为以下5个步骤。

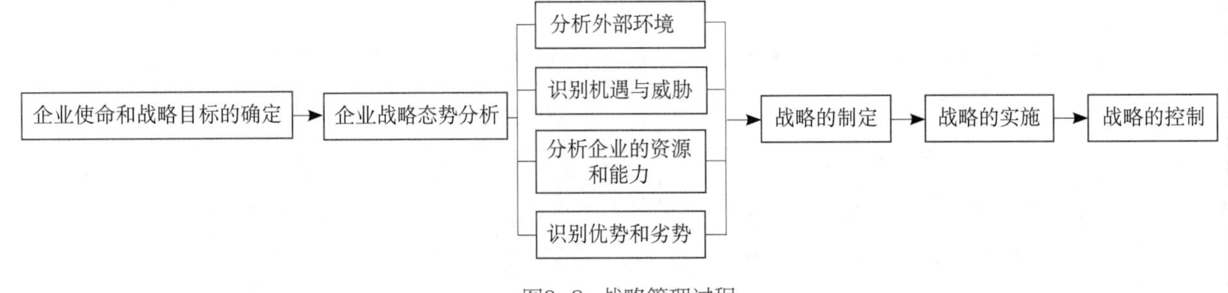

图2-8 战略管理过程

（1）企业使命和战略目标的确定。企业使命是企业组织存在的目的和理由，包括企业哲学和企业宗旨两个内容。确定企业使命是企业开展生产经营活动的前提，创建一个新的企业或对企业的经营业务方向进行重大调整时，都要确定或重新界定企业的使命。它也是制定和实施企业战略的一项基础性工作。战略目标是在企业使命规定的经营方向内确定的，企业在一个较长时期内应实现的目标。

（2）企业战略态势分析。主要分析企业的外部环境和内部环境。外部环境分析包括所有可能影响企业行为的现实与潜在的因素，如国际、国内的政治、经济、文化和社会环境等，从而识别企业可以利用的机遇（opportunities）及必须应对的威胁（treats）。内部环境分析的目的是认识和评价企业各方面的资源条件及潜力，如人力资源、物力资源、财力资源等，以确定企业的优势（strengths）和劣势（weakness）。这种环境分析的方法被称作SWOT分析法。

（3）战略的制定。在企业内外部环境分析的基础上，确定企业长远的发展方向、战略行动方案和战略重点，对拟订的战略方案进行具体的论证，对各个方案在技术上的可行性、经济上的合理性进行综合的评价，比较各个方案的优劣，选出最优的方案，付诸实施。

（4）战略的实施。战略的实施是实现战略目标的手段。为此，要将企业战略规定的目标分解为企业的各层次和各方面的战略目标，运用科学的方法和手段，利用合理的资源配置，分阶段、按步骤地贯彻落实。

（5）战略的控制。战略的控制伴随着战略管理的整个过程。所谓战略控制，就是将战略实施的结果与预期的目标进行比较，发现差异，查明原因，采取措施，予以纠正。

二、企业战略

组织采取企业战略、竞争战略和职能战略3种类型的战略。一般来说，高层管理者负责企业战略，中层管理者负责竞争战略，基层管理者负责职能战略。

（一）企业战略的定义

京东是中国目前重要的电商企业之一，2004年，京东是一个很小的公司，那么它是如何获得今天的成功的呢？京东最早专注于自营产品，主要包括手机、计算机等3C产品，后来推出了POP平台服务，吸引了大量的商家入驻及顾客，还发展了京东金融和京东物流两大业务，在2018年初提出了“京造”和“京选”两个新业务。2018年2月10日，京东集团2017年年会在京召开，京东集团CEO刘强东正式对外公布了京东集团未来12年的战略。刘强东表示，时代正在发生快速、剧烈的变化，未来10年科技的进步速度将超过过去100年，在以人工智能为代表的第四次商业革命来临之际，京东集团将坚定地朝着技术转型，用技术将第一个12年建立的所有商业模式进行改造，打造一个包括智能商业、智能金融、智能保险业务在内的全球领先的智能商业体，并在下一个12年结束之前，进入全球500强企业的前十位。

京东的成功离不开正确的企业战略。企业战略是什么？它是决定公司从事或想从事什么业务，以及如何从事这些业务的战略。它基于组织的使命和目标，如京东集团的使命是：让生活更美好。为了完成这一使命，京东采取的企业战略是经营京东平台、京东金融和京东物流等业务，对供应商、零售商及顾客提供服务。关于企业战略的另一方面是高层管理者决定如何从事这些业务：促进它们成长，保持稳定，实施更新。

（二）企业战略的类型

企业战略可以划分为成长型战略、稳定型战略和紧缩型战略3种类型。

1. 成长型战略

成长型战略是企业通过现有业务或新业务来扩大其所服务的市场数量或提供的产品数量的战略。常见的成长型战略有集中化战略、一体化战略和多元化战略3种。

（1）集中化战略。企业可以通过集中化战略进行成长：聚集于自己的主营业务，并在这些领域中增加产品数量或所服务的市场数量。

①市场渗透战略。市场渗透战略是指企业以现有产品渗透现有市场，扩大市场占有率，增加销量。在现有市场上如何扩大现有产品的销售主要取决于两个因素：产品使用人的数量和每个使用人的使用频率。因此，可以采用的经营策略主要有增加现有顾客、吸引竞争对手的顾客、开发潜在的顾客、增加产品的新用途、改进产品特性等。

②市场开发战略。市场开发战略是指企业用现有产品去开发新市场的战略。它是发展现有产品的新顾客群或新的地域市场，从而扩大产品销售量的战略。当现有产品在原有市场上已无进一步渗透的余地而新市场发展潜力大、竞争相对缓和时，企业可以实行市场开发战略。市场开发的主要途径包括扩大以前的市场范围、进入新的细分市场、增加新的销售渠道等。

③产品开发战略。产品开发战略是指企业开发出新产品来增加企业在原有市场上的销量以扩大市场占有率的发展战略。

（2）一体化战略。企业通过一体化战略进行成长。一体化战略是企业充分利用自己在产品、技术、市场上的优势，使其经营业务向纵向和横向发展的战略。一体化战略主要有以下两种类型。

①纵向一体化，也称为垂直一体化，是指企业的活动范围沿着价值链向前或向后延伸。其中，向供应源方向的延伸称为后向一体化，向靠近最终用户方向的延伸称为前向一体化。

②横向一体化，也称为水平一体化，是指与处于相同行业、生产同类产品或工艺相近的企业实现联合，其实质是资本在相同行业和部门内的集中，目的是扩大生产经营规模，降低产品成本，巩固市场地位。

实现一体化战略能带来多方面的战略利益。它有利于企业的技术开发，有利于企业进入高回报产业；提高产品差异化的能力；确保企业的供给和需求；可以实现范围经济，降低经营成本；提高进入障碍等。

（3）多元化战略。企业通过多元化战略进行成长。多元化战略也称为多样化战略，是指在现有业务领域基础之上增加新的产品或服务的战略。

根据现有业务领域和新业务领域之间的关联程度，可以把多元化战略分为相关多元化和不相关多元化两种类型。

①相关多元化。相关多元化是指虽然企业发展的业务具有新的特征，但与企业的现有业务具有战略上的适应性，技术、销售渠道、市场营销等方面具有共同的特点。

②不相关多元化，即企业通过收购兼并其他行业的业务，或者在其他行业中投资，把业务领域拓展到其他行业中，新产品、新业务与企业现有的业务、技术、市场毫无关系。这种战略是实力雄厚的大企业采用的一种经营战略。例如，海尔集团除了生产空调、洗衣机、电视等家电产品外，还涉足医药、软件开发等领域。

多元化的优势主要体现在以下4个方面：①增强企业的赢利能力。②分散经营风险。通过投资的多样化组合使各行业的风险变动相互抵消，降低企业的非系统风险。③获取范围经济的好处。范围经济是指由于企业经营范围的扩大而带来的经济性，其本质在于企业多项业务可以共享企业的资源，实现范围经济的主要形式为相关多元化。④获取市场力量。市场力量是指企业对市场的控制力或影响力。多元化可以通过增强市场力量来提高企业的竞争能力。

2.稳定型战略

稳定型战略是指受外部环境和内部条件的约束，企业在战略规划期内所期望达到的经营状况基本保持在战略起点的范围和水平上的战略。它是对产品、市场等方面采取以守为攻、以安全经营为宗旨，不冒较大风险的一种战略。

稳定型战略的经营风险相对较小，对于那些处于需求平稳上升的行业和稳定环境中的企业来说，是一种有效的战略。稳定型战略的优点主要表现在，企业可以充分利用原有的产品和市场领域中的各种资源，避免开发新产品和新市场的巨大资金投入与开发失败的巨大风险；能够保持战略的连续性，避免因改变战略而重新分配资源的成本；可以保持人员安排上的相对稳定，减少人员调整、安置所造成的各种矛盾及招聘、培训等费用，能保持企业经营规模和经营资源、能力的平衡、协调，防止因过快、过急而导致的重大损失等。

但是，稳定型战略也蕴含着一定的风险。如果企业因对外部环境判断失误而采用了这种战略，就很可能会错过良好的发展机遇，被竞争者超越或拉大距离。稳定型战略容易使企业的风险意识减弱，大大降低企业对风险的敏感性和适应性，也会导致管理者养成墨守成规、不求变革的惰性。因此，稳定型战略是企业在内外条件约束下，在一定时期内实施的阶段性战略，不能作为企业的长远选择。

3. 紧缩型战略

紧缩型战略是指企业从目前的战略经营领域和基础水平收缩和撤退，且偏离战略起点较大的一种经营战略。它是企业对没有发展前景或前景渺茫的业务单位所采用的战略，如放弃某些市场和某些产品线、削减各项费用支出等。

企业采用紧缩型战略的基本原因是，企业现有的经营状况、资源条件不能适应外部环境的变化，难以为企业带来较好的收益，以致威胁企业的生存，阻碍企业的发展。只有采取紧缩的措施，才能抵御对手的进攻，避开环境的威胁，保存企业的实力，抓住外部环境中有利的机会重新组合资源，进入新的经营领域，实现企业的长远发展。

根据紧缩的方式和程度，常见的紧缩型战略有以下3种类型：

（1）转变战略。转变战略是使企业经营由危机状态转变为正常状态的战略，其重点是改善经济效益。对于经营不善而又值得挽救的业务单位，企业可以实施转变战略。

（2）收获战略。收获战略是指企业在退出某项业务前尽可能多地从该项业务上获取收益，可以采取的方法有削减或取消新投资，减少设备的维修，减少产品型号，缩减销售渠道，减少价格折扣，在交货时间、售后服务等方面降低水准等。

（3）放弃战略。放弃战略就是企业将其下属的某个战略经营单位（如分公司）、某个生产部门转让、出卖或停止经营。当转变战略无效时，企业可以考虑实施放弃战略。实施放弃战略的目的是收回资金，集中资源，加强其他部门的经营实力，寻求其他发展机会。

（三）企业战略管理

波士顿矩阵是管理者进行企业战略管理的一种工具，可以帮助解决面临多种业务时企业的战略管理问题。它是由波士顿咨询集团开发的业务组合矩阵。该矩阵通过对组织中的各种业务进行评估，采用2×2矩阵进行业务划分，从而进行战略调整。横坐标表示市场份额，纵坐标表示预期的市场增长率，如图2-9所示。

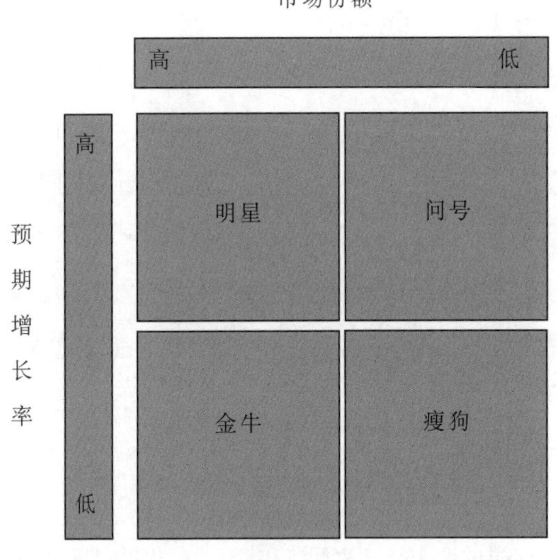

图2-9 波士顿矩阵

通过评估业务将其放入4个象限中：第一区为高增长、弱竞争的“问号”；第二区为高增长、强竞争的“明星”；第三区为低增长、强竞争的“金牛”；第四区为低增长、弱竞争的“瘦狗”。

（1）问号：位于第一象限的业务部门，在高速增长的产业中具有较低的相对市场份额地位。这类企业通常对资金的需求量大而资金创造能力小。它之所以被称为“问号”，是因为公司必须决定是通过采取加强型战略（市场渗透、市场开发或产品开发）来加强，还是将其出售。

（2）明星：位于第二象限的业务部门，是公司最佳长期增长和获利机会所在。处于高速增长的产业又有相对较高的市场份额的业务，应该得到大量投资以保持或加强其主导地位。这类部门可考虑采用的战略包括：前向、后向和横向一体化，市场渗透、市场开发、产品开发及合资经营等。

（3）金牛：位于第三象限的业务部门有相对较高的市场份额，但竞争于低增长产业。之所以被称为金牛，是因为其创造的资金超过其所需要的资金，因而要限制在“金牛”业务上的投资，应使“金牛”业务尽可能长时期地保持在优势地位。产品开发或集中多元化战略可能对强势“金牛”企业有吸引力。但是，当“金牛”业务变成弱势时，很适合采取收缩或剥离战略。

（4）瘦狗：位于第四象限的业务部门，相对市场份额低，而且竞争于低增长或零增长的产业。这类部门是公司业务组合中无用的“瘦狗”。由于其内部和外部地位的劣势，这类部门往往被结业清算、剥离或通过收缩而被削减。当业务开始沦为“瘦狗”时，首先应采用收缩战略，因为通过大规模的资产和成本削减，很多“瘦狗”往往能够起死回生，成为有活力的、盈利的业务。

波士顿矩阵是企业常用的战略管理方法，但是也存在一定的局限性：确定业务的增长率和相对市场份额比较困难；将业务看成“明星”“问号”“金牛”和“瘦狗”之一未免过于简单，很多位于波士顿矩阵中部的业务不易被明确归类；波士顿矩阵不能反映各业务部门或其所在产业一个时期是否增长，也就是说，该矩阵缺乏时间的特性；除相对市场份额和产业增长率之外的一些变量，如市场和竞争优势等，对公司业务部门决策的制定也是十分重要的，却被忽视了。

三、竞争战略

竞争战略是决定组织如何在每种业务上展开竞争的战略。常见的竞争战略有成本领先战略、差异化战略和聚焦战略3种。

（一）成本领先战略

成本领先战略是运用非常普遍的一种战略，其目标就是成为行业的低成本生产者，追求在所有运营领域中的高效率、制造费用保持在尽可能低的水平上且产品或服务在质量上必须不低于竞争对手。例如，零售行业中的巨头沃尔玛就是采取成本领先战略的典型。

（二）差异化战略

差异化战略也是通常采用的竞争战略之一，其内容是通过提供与众不同的产品得到顾客的广泛认同。通过质量、服务、产品设计、品牌形象等方面有别于竞争者、独树一帜来吸引顾客，而顾客愿意支付超过差异化所增成本的溢价。实现差异化有以下5种途径。

1. 产品差异化

产品包括核心产品、形式产品和附加产品3个层次。一般而言，同类竞争性产品的核心产品部分是基本一致的，形式产品和附加产品部分却给企业提供了一个很大的产品差异化空间。企业可以在产品特征、工作性能、一致性、耐用性、可靠性、样式等方面形成产品差异化。

2. 品牌差异化

企业有意识地通过建立功能性差异或情感性差异来形成与竞争品牌相区别的定位策略。差异化定位不是为了差异而建立差异，企业建立品牌差异化的最终目的不是仅仅与竞争品牌形成区别，而是通过这种与竞争品牌的区别来实现品牌的竞争优势。

3. 渠道差异化

渠道作为企业价值链中的一个价值创造活动环节，其实施差异化也可给企业带来竞争优势。渠道差异化通常要求有一个包括一定人员的组织机构来实施，具有长期性。渠道差异化建立在关系和人员的基础上，其成功实施直接依赖于各自岗位上的人员有效地通力协作。

4. 服务差异化

在难以突出有形产品的差异时，服务的数量和质量往往成为竞争取胜的关键：以服务为竞争手段有利于提高企业的形象；深入人心的服务理念能最大限度地统一企业内部相关人员的思想，增强组织的凝聚力；将服务作为保持差异化的手段可以最大限度地避免价格战等直接交锋的弊端；以服务为竞争手段可以培育企业新的利润增长点。服务的差异化可以通过服务人员差异化、消费过程差异化、服务质量差异化、服务流程差异化等途径得以实现。

5. 形象差异化

形象差异化往往致力于给顾客留下深刻的印象，在提高销售率的同时提升企业的形象。它通常表现在企业形象宣言上，如“海尔,真诚到永远”“农夫山泉有点甜”，都使顾客难忘;也可以通过与典型事件相结合，大力提升企业形象，使这些企业名利双收。

（三）聚焦战略

聚焦战略通过致力于某个狭窄的细分领域实现某种成本优势（成本聚焦）或差异化优势（差异化聚焦）。可以根据产品品种、顾客类型、流通渠道或地理位置来划分细分领域，它的主要特点是不试图服务于广阔的市场。其可行性取决于市场区隔的规模以及企业能否支撑聚焦战略所支出的成本。

快捷酒店（如7天、如家等）在近些年的兴起及成功就是应用聚焦战略的典型。与高星级酒店相比，快捷酒店的主要消费群体为中小商务旅行者、自助游群体等，消费群体偏低龄一些，针对偏年轻人群的消费喜好。酒店虽然没有高星级那般豪华的硬件设施，但是酒店个性、时尚、清新的风格恰恰吸引了这批年轻的消费群体。

最后，职能战略是组织各个职能部门支持竞争战略的战略，对于按职能划分部门的组织来说起到了适当的支持作用，如制造、营销、人力资源等部门。

思考题

（1）由于决策的有限理性，管理者应如何进行决策?

（2）传统的计划方法和目标管理各有优缺点，管理者在实践中应如何选择?

（3）3种竞争战略各适用于哪种企业?

第三章　组　织

第一节　组织的基本设计

典型案例 3-1

高森的挑战[①]

1999年3月的一天，卡洛斯·高森接到了一通电话，雷诺（Renault）公司的CEO路易斯·雷诺请求高森接受他一辈子管理生涯中最大的挑战——去管理日本的日产公司（Nissan）并且使其起死回生。雷诺公司刚刚和日产公司达成一项重要的联盟协议，但是能否成功则取决于是否可以将日产公司转变为一家盈利的企业。以前，卡洛斯·高森一直以“扭亏为盈的大师”而闻名于世，然而日产公司的情况则完全不同。这个一度风光的公司已经连续8年为争取盈利而苦苦奋斗，它的采购和制造成本很高，利润却少得可怜。即使在雷诺公司为其注入资本后，日产公司的债务仍然高达110亿美元。产品创新处于停顿状态，公司却试图用那些老旧和过时的车型展开竞争。当高森来到日产公司时，他发现了许多更深层次的问题，如公司盛行的是一种指责文化，没有一个人愿意为错误承担责任。之所以会这样，是因为日产公司的大多数经理都没有明确的责任和授权范围。另一个大问题是各个部门之间缺乏信任、沟通和协作精神。当某件事情出现问题后，各个部门就会相互指责，没完没了，结果什么问题都没解决。高森清楚，日产公司遇到的主要还是一些组织结构设计上的问题，他希望使用组织结构的措施来为经理规定明确的授权和责任范围，并改善部门之间的协作，从而加快日产公司推出新产品的速度，重新获得市场优势。

组织结构是指组织全体成员为实现组织目标而对组织资源加以配置。这种资源配置表现在如何将组织内的员工分配到各个岗位、如何形成指挥链条及如何确立协作机制来协调组织

① 作者自编案例。

内各种工作任务等。高森的行动说明设计或再设计一种帮助组织有效率、有效果地实现其目标的组织结构具有重要意义。本节将讨论如何设计组织结构。

一、纵向：组织设计的关键要素

（一）工作专门化

工作专门化是指将组织内的工作划分为各项单独的任务，有时也称为劳动分工，个体员工只完成与其专业有关的一项活动的某个部分，而不是整项活动，以提高工作效率。工作专门化能够高效利用各种工人的技能。以汽车制造行业为例，流水线上的员工不断地重复同样的工作，如果让一个员工单独去制造整辆汽车，或者让他去从事大量与其岗位无关的工作，那么都会是没有效率的。

但是，物极必反，一件好的事情也会过犹不及，超过某种程度后，工作专门化将不再带来高生产率，反而会带来枯燥、疲劳、压力、低生产率、较差的产品质量及更高的缺勤率和辞职率，超过它带来的经济优势，如图3-1所示。

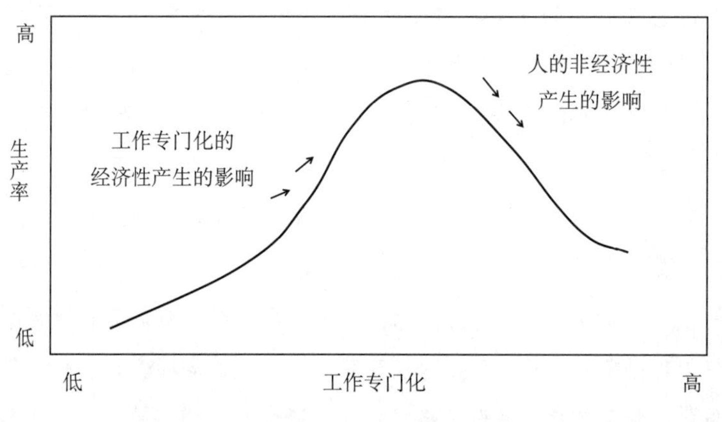

图3-1　工作专门化的经济性和非经济性

（二）部门化

在确定了每个人的工作任务之后，相同的工作活动必须结合在一起，从而使员工能够以一种协调的方式完成工作任务。例如，一家酒店可能有前台运营部、餐饮服务部、客房内务部、维修部等各个部门。部门化是指一种工作岗位组合在一起的方式。组织为了协调完成工作而按关键要素决定和划分组织的各个部门。在组织设计中常运用的部门化形式如下。

（1）职能部门。根据专业化的原则，以工作或任务的性质为基础来划分部门。

（2）地区部门化。根据地理区域来划分部门。

（3）产品部门化。根据组织向社会提供的产品来划分部门。

（4）顾客部门化。根据客户特定或独特的需求来划分部门。

除此之外，部门划分的标准还有人数、过程、设备、销售渠道等。组织也可以根据需要开发自己独特的划分方式。在实际工作中，组织通常不会根据唯一的标准来划分部门，但究竟采用哪种部门化或若干种部门化的组合往往取决于组织对各种部门化方式优劣的权衡。

（三）指挥链

假如你有一份工作，那么你在工作中会听从谁的指挥？你在处理某个事项过程中遇到了问题又会向谁求助？指挥链的主要内容就是你需要知道自己的上司是谁。指挥链是指将一个组织中的所有人联系在一起，从组织高层延伸到基层的一条持续的权力链条，指明了组织成员之间相互的请示汇报关系。

指挥链有两条基本原则：一是统一指挥原则，主张每个下属应当且只能向一个上级主管汇报工作。如果没有统一指挥原则，下属可能要面对来自不同上司的相互冲突或优先处理的要求，这会导致许多问题。二是等级原则，从事不同工作和任务的人，其权利和责任应该是有区别的。统一指挥原则涉及谁对谁有权力，等级原则涉及职责的范围。

（四）管理跨度和层级水平

管理跨度是指向同一位领导人请示汇报工作的下级员工的人数。层级水平是指从最高的直接主管到最低的基层具体工作人员之间所形成的层次，与组织规模成正比，当组织规模一定时，与管理跨度成反比。

管理跨度既不能过小也不能过大，最优的管理跨度可以使组织管理达到效率最大化。从成本方面来说，更大的管理跨度可以有效降低成本。假设有两个拥有约4 100名员工的组织，其中一个组织的管理跨度为4人，拥有7个组织层级，另一个组织的跨度为8人，拥有5个组织层级，那么跨度大的组织就可以减少2个管理层次，大约精简了800名管理人员。假如管理人员的平均年薪为4.2万美元，则加大管理跨度后将使组织在管理人员工资上每年节省330万美元。不过管理人员有效的监督、管理其直接下属的人数是有限的，当超过这个限度时，管理效率就会随之下降。最佳的管理跨度取决于若干因素，并不存在一个固定的数字。这些因素包括管理者的能力、下属所从事工作的相似性和复杂程度、下属工作地点的间隔距离等。

（五）集权和分权

集权和分权解决的是决策在组织中由哪个层级制定的问题。集权与分权并不是非此即彼的概念，这个划分是相对的，并不是绝对的。如果决策当局处于管理的顶层，高层管理者在做出决策时几乎不从组织低层获得输入，该组织就是更加集权化的。相反，如果决策权被分散到较低的层级上，低层组织成员提供的输入或做出的实际决策越多，该组织的分权程度就越高。

但是，这种趋势并不意味着组织要将所有的决策分散开来。管理者应当通过对自己组织情况的研究，找出最适合自己组织的决策层次。一般来说，影响组织采取集权或分权的因素有以下几个方面：首先，如果环境的变化越大和不确定性越高，那么通常采用更加分权化的做法；其次，集权或分权的程度应当与组织的战略相适应；最后，在组织正面临一个关乎生死存亡的重大危机时，应采用更加集权化的做法，或者直接由最高领导人独揽大权。

（六）正规化程度

正规化是指一个组织中各项工作的标准化程度及员工行为受规则约束和指导的程度。高度正规化的组织拥有清晰的工作描述、大量的规章制度，以及涵盖各方面工作内容的明确程序。员工对将从事什么任务、何时以及如何从事这些任务只拥有极少的自主权。当正规化程度较低时，员工对如何从事自己的工作拥有更多的自主权。

虽然某种程度的正规化对于保持一致性和控制是必不可少的，但考虑到许多时候规则可能是过于限制性的，因此组织可允许员工拥有某种程度的自由。这并不意味着抛弃所有的规章制度，因为必然还有大量的重要规定是员工必须遵守的，这些规定应当得到充分的解释和强调，从而使员工理解为何要严格遵守它们，对于其他规定，员工可以被赋予某种程度的灵活性。

二、横向：组织结构的方式

前面讨论了组织的纵向结构，给出了一个如何把处于不同层级的管理者和员工联系起来的方式。然而，各个要素需要同时工作，脱离横向差异化来讨论纵向差异化未免有些不足。由于组织被划分为不同的单位，因此会出现不同的部门分类和组合方式。组织结构的基本方式有职能型组织、事业部型组织、矩阵型组织、网状组织。

（一）职能型组织

职能型组织是指以相似的技能、专业知识、工作内容和资源使用为基础，将员工组合起来的一种组织结构。职能型组织可以看作组织资源的一种形式，因为每种职能工作，无论是财务、人力资源、工程还是制造，都代表了完成组织任务的特定资源，从事共同职能的人员、设备和其他资源，都被归属于统一的部门。图3-2所示为一个基本的职能型组织结构。

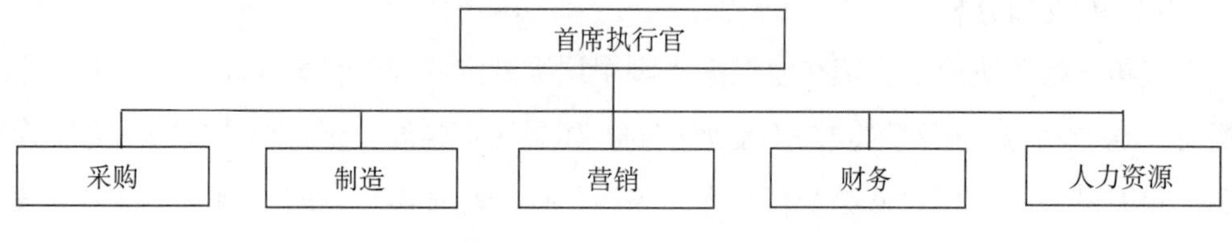

图3-2 职能型组织结构

职能型组织结构在大型和小型组织中都很常见。对于一个组织而言，职能型组织结构有许多优点：首先，当拥有类似技能的人被分在一起时，就可以更有效地购买设备，并在大量采购中获得折扣，实现规模经济；其次，每个职能群体在其自身发展领域内的联系更加紧密，使磨合变得更加容易，因此可以更有效地监测环境；具有类似培训经历和兴趣的人可能更容易形成对工作绩效的共同关注，从而更好地保持业绩标准。

然而这种职能型组织结构也有缺点，人们可能更关心自己的职能而非站在整个公司的角度去考虑他们所肩负的责任，若不同职能之间发生冲突，缺乏沟通和协调的情况就可能会凸显出来，它妨碍了必要的集中领导和统一指挥，形成了多头领导。另外，当上级行政领导与职能机构的指导、命令发生矛盾时，下级就会无所适从，影响工作的正常进行，容易造成纪律松弛，生产管理秩序混乱。职能型组织结构在相对简单、稳定的环境中可能是最合适的。

（二）事业部型组织

伴随着组织的发展及日益多样化，人们发现职能型组织结构很难对多种多样的产品、客户及地域进行有效管理。在这种情况下，企业可能重组职能，然后将其分组到单独的事业部中，并对各个事业部中的相关职能进行复制。图3-3所示为一个基本的事业部型组织结构。

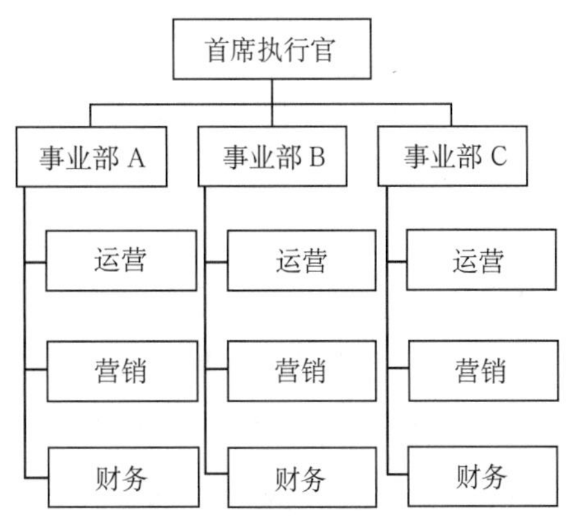

图3-3　事业部型组织结构

公司可以采用多种方式围绕产品、客户或地域等不同维度设立事业部型组织结构。下面以产品事业部型组织结构为例进行介绍。一个公司按产品类别分成若干个事业部，从产品的设计、原料采购、成本核算、产品制造，一直到产品销售，均由事业部及所属工厂负责，实行单独核算、独立经营，公司总部只保留人事决策、预算控制和监督大权，并通过利润等指标对事业部进行控制。

产品事业部型组织结构的优点：首先，因为人们在一个产品上紧密合作且不必担心其他产品，所以处理信息需求更容易；其次，工作职责明确，员工可以全身心地投入特定的产品线中。但是产品事业部型组织结构也有缺点，它使跨产品线和跨事业部的协调工作变得十分困难；除此之外，决策的制定也是分散的。由于事业部型组织结构比职能型组织结构更加灵活，最适合需要迅速适应变化的不稳定环境。

（三）矩阵型组织

矩阵型组织是一种职能型和事业部型相互重叠的混合型组织形式，管理者和员工个人需要向职能经理和事业部经理两个上级汇报，因此矩阵型组织结构具有双重而非单一的命令系统。在垂直型组织结构提供传统的职能控制的同时，水平型组织结构则提供了跨部门的横向协调。图3-4所示为一个基本的矩阵型组织结构。

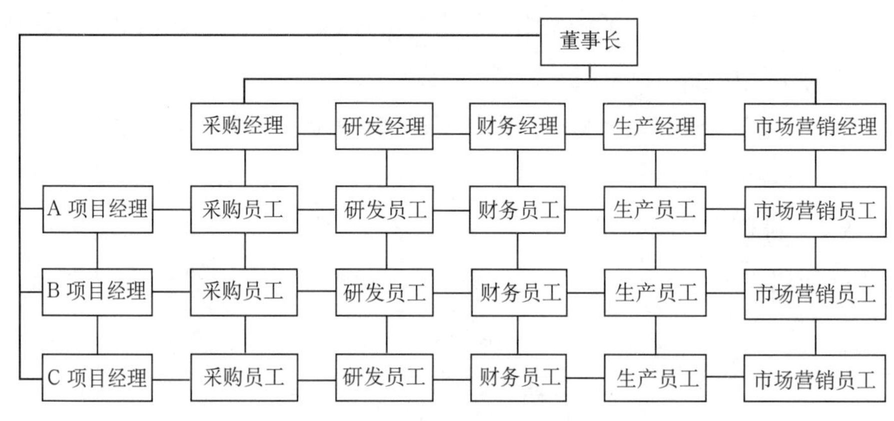

图3－4 矩阵型组织结构

与其他组织结构一样，矩阵型组织结构也有优点和缺点。首先，矩阵型组织结构为了公司的目标和战略可以联合各级员工和所有职能，并能够培养、交流，使更多的信息能够被跨职分享。最重要的是，矩阵型组织结构可以引发员工对整个组织，而不是对某个职能或部门的责任心与忠诚。但是矩阵型组织的缺点也很明了，那就是违反了统一指挥原则，这导致许多潜在问题的发生，如责任和竞争优先级不清晰，职责难以界定，而且员工必须进行双重报告，可能会带来冲突或形成压力。

矩阵型组织结构适用于一些重大攻关项目。企业可用来完成涉及面广的、临时性的、复杂的重大工程项目或管理改革任务。它特别适用于以开发与实验为主的单位，如科学研究，尤其是应用型研究单位等。在矩阵型组织中，高层管理者要注意平衡职能与各机构之间的权利和重点，职能部门经理和产品经理必须互相合作并处理好冲突，被双头领导的员工必须学会如何响应两位上级，并在多种指令中明确优先次序。

（四）网状组织

网状组织是一个独立的、只具备单一功能的、为生产一种商品或服务而展开合作的企业集合。网状组织结构描述的不是单个职能型组织，而是在设计者、供应商、分销商和客户之间的灵活安排，在这样的组织中，每个企业都能够追求自己独特的竞争力，还能与其他网络成员一起进行卓有成效的合作。网络成员常常通过电子设备进行交流和信息共享，以便能够快速响应客户需求。实际上，组织的正常边界正变得日益模糊，组织内部的管理者与组织外部成员密切合作。网络作为一个整体，可同时表现出职能型组织的技术专门化、事业部型组织的市场响应能力、矩阵型组织的平衡性和灵活性。图3-5所示为一个基本的网状组织结构。

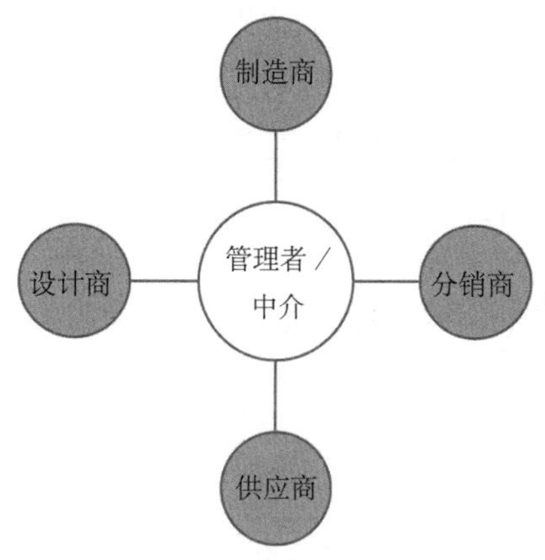

图3–5　网状组织结构

三、组织设计的原则

（一）均衡原则

企业组织结构的设计应力求均衡，不能因为企业现阶段没有要求而合并部门和职能，在企业运行一段时间后又要重新进行设计。牢记一句话：职能不能没有，岗位可以合并。

（二）有效管理跨度原则

有效管理跨度是指一个管理者能够直接有效管理下属的人数。一个上级直接领导与指挥下属的人数应该有一定的限制，并且应该是有效的，但是确切的数目则因情况与要求的不同而不同。影响管理跨度的因素是多方面的，管理幅度会因组织或个人的差异而不同。由于管理跨度的大小影响和决定着组织的管理层次以及主管人员的数量等一些重要的组织问题，因此，每个管理者应根据不同情况并结合工作的性质，以及被管理者的素质等特征来确定适合本组织的管理跨度，从而既能保证统一指挥，又有利于组织内信息的沟通。

（三）统一指挥原则

统一指挥原则是指组织中每个下级只接受一个上级的指挥，并向这个上级负责，也指组织中每个人只接受同一个命令。如果有两个或两个以上领导人同时指挥，那么必须在下达命令之前进行相互沟通，达成意见后再下达命令，以免下级无所适从。统一指挥原则避免了组织中更高级别的主管或其他部门的主管越级指挥或越权发布命令的现象发生，有利于组织的政令统一、高效率地贯彻执行各项决策。但是，在实践中，这一原则有时过于刻板，使组织缺乏必要的灵活性，同层次的不同部门之间的横向沟通困难，因此，在组织结构和沟通方式设计中应采取适当的措施予以弥补。

（四）稳定性和适应性相结合原则

稳定性与适应性相结合原则是指组织结构既要有相对的稳定性，又要与环境相适应，随环境的重大变化而调整。一方面，组织结构要相对稳定，不要轻易变动，以便提高组织的效率。但是组织结构的设计也要受到许多“权变”因素的影响。这些因素包括组织的战略、规模、技术、环境等。组织必须根据内外部环境的变化做相应的调整，以适应环境的变化。如果组织的战略有了重大调整，也需要修改组织结构以适应和支持这一调整变革。

四、影响组织结构设计的权变因素

典型案例 3-2

德怀特·D.艾森豪威尔号航空母舰[①]

在像德怀特·D.艾森豪威尔号这样的航空母舰上，突然的阵风、机械的失灵，或者哪怕是最轻微的通信失误，都可能会造成一场灾难。在这艘核动力航空母舰油渍斑斑的甲板上起降飞机，是一件需要高度技巧和密切配合的工作。但让人惊奇的是，飞行甲板上的工作十分顺畅，很少发生事故。其中的原因与其组织结构有很大关系。通常来说，如此庞大的一艘核动力航空母舰显然应该具有清楚而严格的指挥链和正规化的组织结构，要求下级迅速而毫不犹豫地执行上级的命令。就在这种情况下，却发生了一件有趣的事情，那就是在作战和平时训练过程中，飞机的起降并不按照这种严格的指挥链进行操作，而是形成了一种由水手和军官组成的松散的、相互协作的组织结构。人们通过讨论和协商产生最佳的操作方法，在每个特定的工作区域中，人们都自觉听从那个最有经验和知识的人的领导，而不管这个人的官职大小或岗位头衔是什么。在飞机起降期间，没有一个人考虑岗位说明、权力或指挥链，他们唯一所想的就是要保障安全。在每隔60秒就要降落一架飞机的情况下，根本来不及向上级请示，然后再等待上级下达命令。这就要求每个发现了问题的人都要即刻解决这个问题，如果出现了危险情况，那么团队中的每个人都有权力，当然也都有义务，立即停止飞机的起降。

① 作者自编案例。

从以上案例中可以发现，在复杂和高度不确定的环境下，最有效的组织结构就是那种具有松散的指挥链，使人们可以跨部门和跨层级进行合作的组织结构，因为这种组织结构最方便人们预测和避免问题的发生。除了环境以外，还有什么因素会影响组织结构的设计呢？高层管理者应该根据什么选择适合自身的组织结构形式呢？一个广泛的观点认为，这种合适的结构取决于组织的战略、规模、技术和环境4种权变变量。

（一）战略

一个组织的结构是其实施战略的主要工具，不同的战略要求不同的结构。著名管理学者艾尔弗雷德·钱德勒指出，公司战略的变化会导致支持该战略的组织结构也发生变化。例如，高度多样化的战略需要的就是更加分权化的结构，因为多样化经营战略意味着企业的经营内容涉及多方面，才能从总体上推进多样化战略的实施。单一经营战略则需要任务的专一化和一系列严格的管理来保证效益，可选择更加集权化的组织结构。

（二）规模

一个组织的规模也会影响它的结构。大型组织（通常是雇员数量在2 000人以上的组织）往往比小型组织拥有更高水平的专门化、部门化、集权化和更多的规章制度。这意味着一个组织在不同的发展阶段都会有一个与其匹配的不同的组织结构。

（三）技术

技术是指每个组织用来将输入化为产出时所使用的知识、工具、方法等，不同的组织所使用的技术也是不同的。关于技术与组织结构之间的关系，英国的工业社会学家琼·伍德沃德收集了英国100多家制造企业的资料，对它们基本的组织结构特征进行比较，如管理层的权限范围、组织正规化程度、组织中的等级情况等。她发现，可以根据技术复杂程度将企业分为三类：第一类是少量或单件生产，这类公司生产规模小，通常是根据客户的特殊要求生产一件或几件产品，每个客户所订购的产品各不相同，在整个生产过程中需要投入人员和技能；第二类是批量生产，这种生产技术用来制造大批量相同的标准化产品，所有的客户获得一样的产品；第三类是连续生产，这种技术要求生产线的完全机械化，具备周密、完备的生产技术，是最复杂、最综合性的生产方式，体现了连续的流程制造。表3-1简要总结了与每种技术配合的组织结构的特点。

表3-1　技术—结构关系

制造技术	少量生产	批量生产	连续生产
纵向差异	很低	中等程度	高
横向差异	很低	高	很低
正规化	很低	高	很低
组织结构形式	有机式结构	机械式结构	有机式结构

一般来说，所采用的技术越常规化和固定化，组织结构就会变得越机械化。如果组织采用更加非常规化的、灵活的技术，那么更有可能实行有机式组织结构。

（四）环境

某些组织面临稳定的、简单的、不确定性程度低的环境，有些组织则面临动态的、复杂的、不确定性程度高的环境。管理者通过调整组织的结构来适应环境的不确定性。在稳定、简单的环境中，机械式结构更加有效，这种组织结构通常更加严格、垂直、集权化，具有配套完善的各种规章制度和清楚的权力等级。相反，环境的不确定性程度越高，组织就越需要灵活的有机式结构，从而使之能够更好地适应外部环境的变化。

第二节　适应性强的组织设计

典型案例 3-3

皮克斯如何在一个不断变化的行业中发展[①]

如今有了便利的互联网，人们更愿意寻找免费的网上娱乐资源，电影票和录像制品的销量不断下滑。在这种环境下，很难出现有特色而且盈利的电影制作者，然而，皮克斯公司却能够反其道而行之。该公司推出的前11个故事片赢得了40余项奥斯卡奖和超过60万美元的盈利。诸如《玩具总动员》《海底总动员》《飞屋环游记》等作品在观众的心中始终都与皮克斯的名字联系着，而且每一部新的皮克斯作品的发行都受到观众的期待。

在埃德·卡特莫尔领导时期，皮克斯还是一个计算机硬件公司，最显著的成就是皮克斯图像计算机的研发。它为各种不同的应用提供了顶级的视觉成像技术，包括用于医疗诊断的核磁共振成像技术。事实证明，商业客户对高级视觉成像技术不是很感兴趣。1986年，苹果公司的前首席执行官史蒂夫·乔布斯收购了皮克斯，并成立了皮克斯计算机动画部。乔布斯试图将这项创新视频技术应用于制作视频，并授权皮克斯计算机动画部进行制作一些动画短片的尝试，然后利用这些样片去赢得一些电视公司的广告项目。广告的收入为动画部提供了资金，让他们能够进一步发展自己的能力，而且他们也确实做到了这一点。公司的动画短片《铁皮玩具》在1988年获得了奥斯卡最佳动画短片奖，为担任电影制作方的皮克斯公司赢得了声誉。

① 作者自编案例。

在这一基础之上，1995年，皮克斯发行了首部数字动画电影《玩具总动员》，它在带给观众惊喜的同时也让投资者获得了全球3.5亿美元的票房收入。但是皮克斯并没有停留在第一次的成功上，继续攻克了很多技术和市场营销上的障碍。皮克斯的团队做到了在《怪兽公司》中使皮毛看起来更加真实，在《海底总动员》中使水看起来更加灵动，在《料理鼠王》中使老鼠充满魅力等。电影爱好者和管理专家都试图了解是什么使皮克斯脱颖而出。他们得出的一个结论是，皮克斯授权给那些具有创造性的工作人员，让他们自由决策，并期望他们能从每个新项目中收获新的东西，为下一个项目设立更高的标准。

一个僵硬的、一成不变的公司，在面对竞争对手的新产品、客户的喜好等环境中其他因素的变化时，就会变得脆弱而且被动。相反，一个成功的公司不能依赖以往的成就而止步不前，应该不断寻求新的方法来保持灵活、创新和高效，为未来建立竞争优势。要实现这个目标重要的做法之一就是确保组织结构保持适应性和灵活性，为管理者不断面对复杂且多变的挑战做好准备。今天的皮克斯已经从电影行业的新人发展成这个行业的佼佼者。在这一过程中，它所面临的挑战是，保持现有的工作模式并做好迎接新模式的准备。

一、机械式组织与有机式组织

机械式组织是综合使用传统组织设计原则的自然产物。传统组织坚持统一指挥原则，产生了一条正式的职权层级链，使每个成员都只受一个上级的控制和监督。组织要保持窄的管理幅度，并随着组织层次的提高而缩小管理幅度，这样就形成了一种多层级、标准化的组织结构。随着组织高层与低层的距离日益扩大，高层无法通过直接监督对低层级的活动进行控制，就会使用越来越多的规则条例，并确保低层使用标准的行为规范。机械式组织适用以下一些条件：环境相对稳定和确定；任务明确且持久，决策可以程序化；技术相对统一而稳定；常规活动以效率为主要目标；企业规模相对较大。

有机式组织也称为适应性组织，是一种松散的、灵活的、具有高度适应性的组织形式。有机式组织不具有标准化的工作和规则条例，是一种松散的结构，使得它能根据需求迅速地做出调整。有机式组织也进行了劳动分工，但员工所做的工作并不是标准化的。员工往往是职业化的，具有熟练的技巧，并接受过培训，能处理多种多样的问题。他们所受的教育已经使他们把职业行为的标准作为习惯，所以不需要正式的规则和直接监督。例如，给计算机工程师分配一项任务，就无须告诉他如何做。对于大多数的问题，他都能够自行解决或通过征询同事后得到解决。这是依靠职业标准来指导他的行为。有机式组织的集权化程度较低，就是为了使职业人员能对问题做出迅速的反应；另外，人们并不能期望高层管理者拥有做出必要决策所需的各种技能。有机式组织适用以下一些条件：环境相对不稳定和不确定；任务多样化且不断变化，使用探索式决策过程；技术复杂而多变；有许多非常规活动，需要较强的创造和革新能力；企业规模相对较小。

二、当代的组织设计

如今，许多管理者发现传统的组织设计并不适合当今越来越动态和复杂的外部环境，组织需要变得简约、灵活和创新。也就是说，它们需要变得更加有机化。因此，管理者正在寻找新的方法来构建和组织工作。这些当代的组织设计包括团队结构、矩阵结构与项目结构、无边界组织及学习型组织。

（一）团队结构

团队结构是指整个组织由工作小组或工作团队构成并完成工作任务的一种组织结构。在这种结构中，由于不存在从组织最高层延伸到最低层的管理职权链，员工授权就显得非常重要。员工团队以他们认为最佳的方式来设计和从事工作，同时各个团队也需要为自己的工作绩效承担责任。

（二）矩阵结构与项目结构

矩阵结构是指把按职能划分的部门和按产品（项目、服务等）划分的部门结合起来组成一个矩阵，使同一名员工既与原职能部门保持组织与业务上的联系，又参加产品或项目小组的工作的一种结构。虽然这种矩阵设计违反了统一指挥原则，但是如果两位上级能够定期沟通、共同协调对员工的工作要求并共同解决分歧，那么这种设计是行之有效的。

在项目结构中，员工持续不断地从事各种工作项目，一切工作都围绕项目进行，每个成员始终都了解团队的工作并为之负责。与矩阵结构不一样的是，在项目结构中，并不具有员工在完成一个工作项目后就可以返回的正式部门。项目结构往往是更加灵活的组织设计，不存在部门化或僵化的、能够延缓决策或行动的组织层级。在这种结构中，管理者充当的是协调者和导师的角色，消除或尽量减少组织中的障碍，并且确保工作团队拥有所需要的资源从而有效率、有效果地完成工作任务。

（三）无边界组织

边界有两种类型：一是内部边界，包括由工作专门化和部门化导致的横向边界及把员工划分为不同组织层级和级别的纵向边界；二是把组织与其客户、供应商及其他利益相关者区别开的外部边界。无边界组织是指其横向的、纵向的或外部的边界不被某种预先设定的结构所限定或定义的一种组织设计。在今天的环境中要最有效地运营，就必须保持灵活性和非结构化。无边界组织是相对于有边界组织而言的。有边界组织要保留边界，完全是为了保证组织的稳定与秩序。无边界组织也需要稳定，所以它绝不是要完全否定企业组织必要的控制手段，包括工作分析、岗位定级、职责权力等的设定，只是不能把它们僵化。

（四）学习型组织

想要反应灵敏，企业需要持续变革和学习新的行动方式。一些专家表示，唯一能够保持持续领先的方法是具备比竞争对手更强的学习能力。除此之外，在新的经济背景下，企业要持续发展，必须增强企业的整体能力，提高整体素质，也就是说，企业的发展不能再只靠像福特、斯隆、沃森那样卓越的领导者一夫当关、运筹帷幄、指挥全局，未来真正出色的企业将是能够设法使各阶层人员全新投入并有能力不断学习的组织——学习型组织。学习型组织是指通过培养弥漫于整个组织的学习气氛、充分发挥员工的创造性思维能力而建立起来的一种有机的、高度柔性的、适应性强、能持续发展的组织。在一个学习型组织中，员工持续不断地获得和分享新知识，并把这些知识应用于工作或决策，具有高于个人绩效总和的综合绩效的效应。

三、灵活的工作安排与就业队伍

随着科技不断地发展，人们如今能够随时随地工作。组织不断调整它们的结构以适应这些新的情况，越来越多的组织正在采用灵活的工作安排，拥有灵活的就业队伍，如远程办公、弹性工作制、工作岗位分享及灵活的就业人员。这样的安排不仅充分利用了先进的科技，而且为组织提供了灵活性，即能够在任何必要的时间和地方调派和部署员工进行工作。

（一）远程办公

远程办公是一种允许员工在家办公并通过计算机与公司办公场所相连的工作安排，能让员工享有灵活的工作时间和地点。从传统的集中办公到远程办公，这种过渡需要时间。不可否认，一直强调低碳经济的今天，那些最先领悟到这一点的公司可以拥有更强的竞争力——更低的办公室租金、更加身心健康的员工、更加积极向上的气氛，尤其是更低的离职率。公司要做的，无非是在远程办公的管理模式上，多一些细节的考虑。作为远程办公的个人，也能自由选择办公的环境。

现今一家领秀网络提供了远程办公服务，通过专业化的远程工作技术，以低廉的价格为各企业与个人提供工作服务。经过统一的专业化培训的员工进行远程工作，大大降低了各大企业运营成本，将来会实现一个人即可开一家规模庞大的网商服务，不管是在家里还是在外面，通过手机或计算机等通信设备便监督了工作进度，避免因为请人工作而带来的不便。

在推动员工进行远程办公时，对远程办公者的管理就成为如何使员工始终拥有参与感和归属感的关键。

（二）弹性工作制

一项市场调查显示，随着现代社会工作方式的快速变化和生活节奏的加快，国内有超过半数以上的白领工作者认为，现代工作、生活节奏过于紧张，必须有更灵活的工作方式来激起他们的工作热情，帮助他们将生物钟调整到最适合自己的作息习惯，以保证有充足的休息时间来“降压”“解压”，让他们的头脑时刻保持高度的清醒。弹性工作制应运而生。它是指在完成规定的工作任务或固定的工作时间长度的前提下，员工可以灵活地、自主地选择工作的具体时间安排，以代替统一、固定的上下班时间制度。与传统的固定工作时间制度相比，弹性工作制可以减少缺勤率、迟到率和员工的流失，从而增进员工的生产率。

（三）工作岗位分享制

工作岗位分享制，即让两个人或更多的人分担一份工作，通过对现有工作进行不同形式的分割和重组，从而创造出更多的工作岗位，使就业机会增加并降低员工缺勤率。例如，美国的某个快餐店正在试验一项名为家庭合同的工作岗位分享制，根据这种家庭合同，来自同一个直系家庭的员工可以代替彼此的任何工作轮班，这大大降低了餐厅员工的缺勤率和辞职率。

（四）灵活就业人员

灵活就业人员是指以非全日制、临时性和弹性工作等灵活形式就业的人员，其工作岗位取决于雇主对其服务的需要。例如，在电影业中，从业人员根据雇主对他们的要求发挥自己的技能，如导演、服装、布景设计等，他们彼此组合来拍摄一部电影，在完成这部电影后就会解散，转而投身于下一部电影。在项目组织中，这种类型的灵活就业人员十分常见，他们还可以是被雇主聘用以解决特殊需要的临时工。

四、技术和战略的敏捷性

（一）柔性生产

柔性生产是针对大规模生产的弊端而提出的新型生产模式，也就是通过系统结构、人员组织、运作方式和市场营销等方面的改革，使生产系统能对市场需求变化做出快速的适应，同时消除冗余无用的损耗，使企业获得更大的效益。计算机及自动化技术是柔性生产的物质技术基础。例如，柔性制造系统是以统一的信息控制系统和自动物料储运系统连接起来的一组加工设备，能在不停机的情况下实现多品种工件的加工，并具有一定的管理功能。柔性生产是全面的，不仅是设备的柔性，还包括管理、人员和软件的综合柔性。

柔性生产模式认为，只有适应不断变化的市场需求，才能提高企业的竞争力，价格与质量不是主要的竞争手段，而只是部分竞争手段，要不断地研发产品，创造产品的特殊使用价值来满足用户，根据订单来确定生产量及小批量品种，这就是柔性生产管理的基本出发点。

柔性生产根据市场的需求来生产，它的产品多、个性强、多样化。要满足这一生产需求，势必要建立多条流水生产线，由此带来不同的生产线经常停工，产品成本过高等问题。因此，必须建立弹性生产体系，在同一条生产线上通过设备调整来完成不同品种的批量生产任务，既满足多品种的多样化要求，又使设备流水线的停工时间达到最少，即“只在必要的时间内生产必要数量的必要产品”。

（二）战略联盟

全球经济一体化带来了更为激烈的国际竞争，科学技术的飞速发展使科研成果不断地将产品推向高科技化和复杂化，一种新产品的问世往往涉及越来越多的技术领域，经过越来越多的生产和经营环节。因此，无论是从技术还是成本上讲，单个公司依靠自身的有限能力是无法面对当今科技发展要求的。战略联盟就是为了达到共同的战略目标而建立的一种相互合作、共担风险、共享利益的合作关系。例如，航空公司之间本身存在激烈的竞争关系，但事实上它们会形成同盟，提供统一的地面服务来提高客户服务质量。良好的兼容性、具有企业所缺乏或重视的能力及共同的认识是合作伙伴的选择标准。

这种合作并不像传统的企业一样具有明确的层级和边界，而是一种“你中有我，我中有你”的局面。战略联盟组建过程也十分简单，无须大量附加投资，且合作者之间关系十分松散，解散十分方便，所以战略联盟在适应变化的环境时可迅速解散，具有很强的适应性和灵活性。

（三）高度参与

参与型管理作为一个创造竞争优势的途径越来越受到欢迎，尤其是在面对全球竞争的高科技公司中。它的目的是通过员工和管理者一起为实现组织目标工作来激发高忠诚度和高参与度。

在高参与度的组织内，管理层要确保公司全体员工已经对公司的奋斗目标达成共识。领导者努力让公司的高层管理团队及基层员工都参与进来。学习小组、任务分队及其他类型的方式都可以被用来鼓励员工参与到组织决策的过程中。对于高参与度的组织，还有一个基本要求是，不断地让参与者获得反馈，这可以使他们了解与竞争对手相比他们做得如何，以及他们完成战略议程的有效程度。

从结构上讲，这通常意味着即使是普通员工也可以与客户或供应商有直接的联系，从而获得反馈信息并对产品的交付或服务水平负有一定的责任。高参与度组织的组织形式是围绕顾客、产品或服务的扁平、分权的组织结构。当外界环境迅速变化、工作充满创造性、任务复杂而需要合作，以及企业在创新和速度上需要有较大突破时，员工参与显得尤其重要。换句话说，当公司需要更灵敏的反应时，员工参与是一个很重要的影响因素。

第三节 人力资源管理

一、人力资源管理的战略作用

典型案例 3-4

谷歌公司的人力资源管理[①]

谷歌公司在“世界最具吸引力雇主”排名榜中位居首位。拉斯洛·博克是谷歌公司的人力运营副总裁，承担谷歌公司的人力资源管理职能。博克对公司的员工及所负责的职位十分熟悉，在人力资源管理中进行了复杂的基础分析。博克的愿景是，生活平衡，使员工身心健康，培养更优秀的领导者，员工愿意长期为公司工作，提升员工的幸福感等。

（一）创造价值

人力资源是指一定范围内具有体力和智力劳动能力的劳动者的总称，能够推动社会与经济发展。随着组织结构的建立，人力资源管理需要发挥重要作用，管理者选择合适的人才填补岗位空缺并在市场经济竞争中解聘部分员工，使组织持续高效地运转。人力资源管理是指运用现代的科学方法，对与一定物力相结合的人力进行培训、组织和调配，使人力、物力保持最佳比例，对员工的思想、心理、行为进行诱导、控制和协调，充分发挥人的主观能动性，达到能力与岗位相匹配的程度。

人力资源管理是竞争优势的一种重要来源，聚焦于为组织创造财富与竞争优势的员工，并对他们进行管理。它以员工为基础，是组织最高层能够进行的一种决策性、战略性管理。

（二）提高生产力与效益

人力资源具有能动性，这是人力资源与其他资源的本质不同，在生产经营中，人力资源不会完全被动接受。人力资源有思想、有意识、有感情，容易受到其个性特征和外部环境因素的影响，自主调节与外部的关系是一种能动性资源。积极工作并创造性地劳动是人力资源能动性的最主要的体现，是发挥人力资源潜能的决定因素。

人力资源管理属于动态管理，强调整体开发，根据组织目标和员工情况，为员工做好职业生涯规划，不断进行横向与纵向的岗位调整，充分发挥个人才能，量才使用，人尽其能。人力资源管理需要所有员工共同参与，通过培训提高员工的技能水平，鼓励低绩效的员工离职的同时，留住高绩效员工。让每位员工各尽其能，在适合自己的岗位上创造价值，从而提

① 作者自编案例。

高组织的生产力与效益。

（三）保持员工的积极性

人力资源管理要求在实现组织目标的同时，也要满足员工的个人需要，包括物质层面与精神层面的需要，这样才能激发员工持久的积极性。只有在人力资源规划的条件下，员工对自己可满足的东西和满足水平才是可知的。人力资源管理以人为中心，将人作为一种重要的资源加以开发、利用和管理。人力资源管理需要对人力资源的获取、开发、保持和利用等方面进行计划、组织、指挥和控制，协调组织中人与事、人与人之间的关系，充分开发人力资源，挖掘人的潜力，调动人的积极性，提高工作效率。

（四）提高组织的竞争力

人是企业拥有的重要资源，更是企业的核心竞争力所在。随着企业对人力资源的利用和开发，企业的决策越来越多地受到人力资源管理的约束。目前，人力资源管理已经被纳入企业发展战略规划中，成为企业谋求发展壮大的核心因素，是企业在市场竞争中立于不败地位的重要因素。人力资源管理不仅关注当前，还着眼于未来，注重人力资源的整体开发、预测与规划，根据组织的长远目标，制订人力资源的开发战略措施。它属于战术性与战略性相结合的管理。

二、环境对人力资源管理的影响

典型案例 3-5

高能实业有限公司的困境①

高能实业有限公司成立于1986年，由最初的夫妻店经营模式发展为现在涉及化工化纤、食品、工厂、设备、医药等业务的综合性企业。公司致力于各类高新科技产品的进出口和国内代理，并通过贸易与投资等商业活动来配合企业的多元化、国际化经营，公司除了贸易之外，还逐步开拓新的领域，进入食品和食品设备制造业。

高能实业有限公司现有员工400多人，从公司的员工结构看，平均学历很高，目前博士、硕士共计20人，本科以上学历占公司总人数的60%以上。从公司员工的专业背景看，绝大多数员工都是理工科背景，如销售食品的员工以前是学食品的，销售化工产品的员工以前是学化工的。令人难以相信的是，公司所有员工没有市场营销专业毕业的。

高能实业有限公司曾在一段时间创造过奇迹，营业额达到十几亿元，但是目前情况不容乐观，销售额大幅度下降，大部分的销售额集中在少数几位懂销售知识和销售理念的员工身上，然而这些业绩突出的员工并不都是博士和硕士。

① 唐东方，张建武.高能的教训[J].企业管理，2003（03）：80-81.

整个人力资源管理过程在很大程度上会受到外部环境的影响，包括全球化、信息技术、法律环境等，都会直接影响人力资源管理的过程。

（一）全球化

全球化背景给组织的人力资源管理带来新的挑战。很多公司处于根据全球化的现状制定人力资源管理政策并建立相关结构的初级阶段。人力资源管理负责员工招聘、培训和绩效管理，在全球化背景下存在员工跨地区、跨技术和跨文化工作的情况，因此，全球经营战略的成败与组织的全球人力资源战略是密切相关的。国际人力资源管理需要管理者具有更高的文化敏感性和能力，以适应不同的文化、政策及惯例。

（二）信息技术

信息技术正在改变人力资源管理并帮助迎接全球化环境的挑战，互联网和信息技术已经对招聘、培训和绩效等战略产生了重大影响。人力资源管理系统是一个计算机集成系统，旨在提供人力资源计划和决策所需的数据与信息。人力资源管理系统最基本的用途是工资、福利和退休计划等行政事务的自动化处理，从而节省大量成本。有些组织正在逐步实现无纸化的人力资源管理体系，这样不仅可以节省时间与金钱，而且可以让人力资源从业者从烦琐的事务中摆脱出来，腾出精力去关注重要的战略性问题。通过简化大量的数据分析工作，人力资源信息系统可以极大地提高长期计划的有效性。

（三）法律环境

一个组织的人力资源管理实践受到国家法律法规的管辖，一旦逾越法律边界将会付出昂贵的成本，世界各国都制定了人力资源相关的法律法规。《中华人民共和国劳动法》维护劳动者的合法权益。

加拿大在人力资源管理实践方面的法律法规与美国相似。《加拿大人权法》禁止对种族、宗教、年龄、婚姻状况、性别、生理或心理疾病及国籍的歧视。加拿大的人力资源管理环境与美国存在一些不同。加拿大的立法权更多地下放到各省。美国人力资源相关法律法规如表3-2所示。

表3-2 美国人力资源相关法律法规

分类	法律或法规	年份	主要内容
平等就业机会与反歧视	《同工同酬法》	1963年	禁止不同性别间的同工不同酬
	《民权法》	1964年	禁止基于种族、肤色、宗教、国籍或性别的歧视
	《反就业年龄歧视法》	1967年	禁止歧视40岁及以上年龄的员工
	《职业康复法》	1973年	禁止歧视身体或心理疾病的人员
	《美国残疾人法》	1990年	禁止歧视残疾或有慢性疾病的人员，并要求雇主为这些人员提供合理的配套措施

（续表）

分类	法律或法规	年份	主要内容
薪酬福利	《工人调整和再培训通知法》	1990年	要求拥有超过100名员工的雇主在大量裁员或关闭工厂时提前60天发出公告
	《家庭与医疗休假法》	1993年	拥有50名或50名以上员工的组织允许员工以家庭或医疗为由最多享有12周的无薪休假
	《医疗保险可携性和责任法》	1996年	允许将员工的医疗保险从一个雇主转移到另一个雇主
	《患者保护与评价医疗法》	2009年	落实全面医疗保险改革立法
健康安全	《职业安全与卫生法》	1970年	制定强制性的安全与卫生标准
	《隐私权法》	1974年	向员工授予检查人事资料和推荐信的法定权利
	《综合预算协调法》	1985年	允许员工在离开公司后仍然可以继续购买雇主提供的医疗保险

三、人力资源的配置与开发

典型案例 3-6

上海通用汽车有限公司招聘的“九大门槛”[1]

上海通用汽车有限公司是上海汽车集团股份有限公司和美国通用汽车公司合资建立的轿车生产企业。上海通用汽车有限公司为了招聘到高素质的人才，设置了九大招聘环节，包括填表、筛选、笔试、目标面试、情景模拟、专业面试、体检、背景调查、审批录用。上海通用汽车有限公司的整个评估活动完全按照标准化、程序化的模式进行。每个程序和环节都有标准化的运作规范、科学化的选拔方法。其中，笔试主要测试应聘者的专业知识、相关知识、特殊能力和倾向；目标面试则由受过国际专业咨询机构培训的评估人员与应聘者进行面对面的问答式讨论，验证其登记表中已有的信息；专业面试则由用人部门完成；情景模拟是根据应聘者可能担任的职务，编制一套与该职务实际情况相仿的测试项目，将被测试者安排在模拟的、逼真的工作环境中，要求被试者处理可能出现的各种问题，用多种方法来测试其心理素质、潜在能力的一系列方法。上海通用汽车有限公司还把情景模拟推广到对技术工人的选拔上，如通过齿轮的装配联系来评估应聘者的动作灵巧性、质量意识、操作的条理性及行为习惯，并在实际操作过程中，观察应聘者的各种行为能力。

（一）人力资源规划

人力资源规划是指管理者用来保证正确数量、类型的合格人员在正确时间处于正确位置

① 资料来源：《人力资源管理经典案例研究分析：上海通用汽车SGM的招聘策略》（豆丁网），https://www.docin.com/p-1428304574.html。

的一个过程。人力资源规划有利于组织避免突如其来的人员短缺与过剩。人力资源规划有两大任务，即评估当前的人力资源与满足未来的人力资源需求，具体程序包括以下几个方面。

1. 收集有关信息资料

人力资源规划的信息包括组织内部信息和组织外部环境信息。组织内部信息主要包括企业的战略计划、战术计划、行动方案、本企业各部门的计划、人力资源现状等，组织外部环境信息主要包括宏观经济形势和行业经济形势、技术的发展情况、行业的竞争性、劳动力市场、人口和社会发展趋势、政府的有关政策等。

2. 预测人力资源需求

人力资源需求预测包括短期预测和长期预测、总量预测和各个岗位需求预测。人力资源需求预测的典型步骤如下：现实人力资源需求预测；未来人力资源需求预测；未来人力资源流失情况预测；得出人力资源需求预测结果。

3. 预测人力资源供给

人力资源供给预测包括组织内部供给预测和外部供给预测。人力资源供给预测的典型步骤如下：内部人力资源供给预测；外部人力资源供给预测；将组织内部人力资源供给预测数据与组织外部人力资源供给预测数据进行汇总，得出组织人力资源供给的总体数据。

4. 确定人力资源净需求

在员工未来的需求与供给预测数据的基础上，将本组织人力资源需求的预测数据与在同期内组织本身可供给的人力资源预测数据进行比对分析，从比较分析中可测算出各类人员的净需求数。净需求数包括人员的数量、质量和结构。

5. 编制人力资源规划

根据组织战略目标及本组织员工的净需求量，编制人力资源规划，包括总体规划和各项业务计划。同时要注意总体规划和各项业务计划以及各项业务计划之间的衔接与平衡，提出调整供给和需求的具体政策与措施。一个典型的人力资源规划应包括规划的时间段、计划达到的目标、情景分析、具体内容、制定者、制定时间。

（1）规划的时间段。确定规划时间的长短。列出规划时间的起始点，若是长期的人力资源规划，可以长达5年以上；若是短期的人力资源规划，如年度人力资源规划，则为1年。

（2）计划达到的目标。确定达到的目标与组织的目标紧密联系，最好有具体的数据，同时要简明扼要。

（3）情景分析。目前情景分析：主要是在收集信息的基础上，分析组织目前人力资源的供需状况，进一步指出制订该计划的依据。未来情景分析：在收集信息的基础上，在计划的时间段内，预测组织未来的人力资源供需状况，进一步指出制订该计划的依据。

（4）具体内容。这是人力资源规划的核心部分，主要包括项目内容、执行时间、负责人、检查人、检查日期、预算。

（5）制定者。规划制定者既可以是一个人，也可以是一个部门。

（6）制定时间。制定时间主要是指该规划正式确定的日期。

6. 实施人力资源规划

人力资源规划的实施是人力资源规划的实际操作过程，要注意协调好各部门、各环节之间的关系，在实施过程中要注意以下几点：必须要有专人负责既定方案的实施，要赋予负责人拥有保证人力资源规划方案实现的权利和资源；要确保不折不扣地按规划执行；在实施前要做好准备；实施时要全力以赴；要有关于实施进展状况的定期报告，以确保规划能够与环境、组织的目标保持一致。

7. 评估人力资源规划

在实施人力资源规划的同时，要进行定期与不定期的评估。从如下3个方面进行：是否忠实执行了本规划；人力资源规划本身是否合理；将实施的结果与人力资源规划进行比较，通过发现规划与现实之间的差距来知道以后的人力资源规划活动。

8. 反馈与修正人力资源规划

对人力资源规划实施后的反馈与修正是人力资源规划过程中不可缺少的步骤。评估结果出来以后，应进行及时反馈，进而对原规划的内容进行适时的修正，使其更符合实际，更好地促进组织目标的实现。

（二）招聘

招聘是组织人力资源管理的重要工作内容，是用人单位吸引人员到本组织应征并加以录用的过程。招聘工作的有效实施不仅对人力资源管理本身，而且对整个企业都有重要意义。招聘工作是人力资源输入的起点，在招聘过程中传递的信息真实与否，会影响应聘者进入企业以后的流动，引进优秀的人才能为企业节省培训费用，在招聘过程中也能够宣传企业的良好形象。

从人才来源角度，招聘分为内部招聘和外部招聘。内部招聘是在组织内部搜寻合格人才，通过晋升或调职来满足空缺岗位人力资源需求的活动，可以细分为内部提拔、工作调动、岗位轮换、重新聘用、公开招聘5个来源。公开招聘面向企业全体员工，内部提拔、工作调动、岗位轮换则在部分员工中开展，重新聘用则是面向那些因某些原因暂时未在岗的人员。内部招聘的优点有获取人员的准确性高、对员工有激励作用、有利于被聘者迅速展开工作等。当然也存在一定风险，如可能会导致组织内部形成小团体，不利于组织管理创新和管理水平的提高，也有可能会形成员工之间的恶意竞争。

外部招聘的途径很多，主要有就业市场、招聘广告、校园招聘、社会选拔、猎头公司、他人推荐和求职者自行上门求职等。外部招聘的优点：具有“外部竞争优势”；有利于平息并缓和内部竞争者之间的紧张关系；能够为组织输送新鲜的血液。外部招聘的缺点：外聘者对组织缺乏深入了解；组织对外聘者缺乏深入了解。

招聘分为招募与甄选两个阶段。招募是指通过各种渠道从组织内部或外部寻找可供选用的人力资源，这是招聘的前期阶段。甄选是对已经获得的可供任用的人选做出进一步甄别、比较，从而确定本单位最后录用的人员。它是招聘的最后阶段，也是招聘工作任务的最终完成阶段。

甄选又称为选拔录用，是企业招聘过程中最关键的环节。组织需以工作需要和岗位空缺为出发点，根据岗位对员工的任职要求来选用员工。每个岗位都有特定的工作内容、岗位规范和对从业者的素质要求，每个求职者也都有自身的文化、技能条件和生理、心理特征，有不同的个人意愿。组织在甄选时应尽量使两者匹配。组织应重视员工现有能力的有效利用并注意发掘人的潜在能力。

员工甄选的主要方法有笔试、面试、心理测试和情景模拟。笔试主要用于评估测评人的智力、知识、能力和发展倾向，适合大面积、大规模的测评。面试能使组织了解应聘者的业务知识水平、外貌风度、工作经验、求职动机等信息。面试的过程同样可以体现应聘者的语言表达能力、反应能力、个人修养、逻辑思维能力等。心理测试是指通过一系列的心理学方法来测量应聘者的智力水平和个性方面的差异。情景模拟是通过观察应聘者在特定情景下的行为，做出评价的一种甄选方法。

（三）培训与开发

人力资源培训与开发是指组织跟进组织目标，采用各种方式对员工实施的有目的、有计划的系统培养和训练，使员工能够按照预期的标准或水平完成本职工作或更高级别的工作，从而提高组织效率，实现组织目标。培训与开发的最终目的是通过提升员工的能力与企业共同成长。

人力资源培训与开发需要遵循一定的原则：理论联系实际原则、因材施教原则、心态原则、自发创造原则、启发性和激励性原则及全员培训和重点提高原则。

理论联系实际原则要求组织在开展培训时应根据组织经营与发展状况及员工特点进行，既讲授专业技能知识和一般原理，又解决企业在经营管理中存在的实际问题。

因材施教原则要求根据员工的不同状况，选择不同的培训内容，采取不同的培训方式。即使是对同一员工，在不同的发展阶段，其培训也应有所差异。

心态原则是指在培训过程中要关注员工的心态，员工对培训的心态会对培训效果产生很大影响，保持积极的心态有利于员工更快地提升自己的工作能力。

自发创造原则是指组织要充分调动员工的主动性、创造性，强调员工的参与和合作，使他们在每次培训的过程中都能自发地体验到创造的乐趣。

启发性和激励性原则要求在员工培训中，培训者要善于把培训的要求转化为员工的内在需求，运用激励手段，充分调动员工学习的积极性和主观能动性，启发员工进行观察、思考、探索和推断。

全员培训和重点提高原则要求对全体员工实施有计划、有步骤的全面培训，同时还应对技术骨干和管理骨干，特别是中高级管理员工和关键技术骨干进行重点培训，发挥他们领头雁的带动作用。

人力资源培训与开发的过程分为四步：首先进行培训需求分析，充分了解组织需求与员工需求，力求达到两者间的匹配；其次进行培训项目设计，设计是培训目标的具体操作化，即告诉人们应该做什么，如何做才能完成任务、达到目的；再次是培训项目的实施，这是员工培训系统的关键环节；最后是对培训效果的评估，它既是对整个培训活动实施成效的评价和总结，同时评估结果又是以后培训活动的重要依据，为下一次培训活动提供参考。

（四）解聘

解聘也是控制人员供给的方式。对于表现差、无法胜任工作的员工要及时解聘，否则会影响其他员工的工作积极性，造成工作效率下降，无法完成组织目标。由于经营不善、兼并等原因进行裁员时，组织应尽可能地为员工提供过渡期的帮助，一方面可以让裁员工作更加顺利，另一方面可以树立组织的良好形象。

四、保持高绩效的人力资源

典型案例 3-7

悲惨的移民[①]

这是历史上一个制度建设的著名例证。18世纪末期，英国政府决定把犯了罪的英国人统统发配到澳洲去。一些私人船主承包从英国往澳洲大规模地运送犯人的工作。英国政府实行的办法是以上船的犯人数支付船主费用。

当时那些运送犯人的船只大多是由一些很破旧的货船改装的，船上设备简陋，没有医疗药品，更没有医生，船主为了牟取暴利，尽可能地多装人，使船上条件十分恶劣。一旦船只离开了岸，船主按人数拿到了政府的钱，对于这些人能否远涉重洋活着到达澳洲就不管不问了。有些船主为了降低费用，甚至故意断水断食。3年以后，英国政府发现：运往澳洲的犯人在船上的死亡率达12%，其中最严重的一艘船上424个犯人死了158个，死亡率高达37%。英国政府花了大笔资金，却没能达到大批移民的目的。

英国政府想了很多办法。每一艘船上都派一名政府官员监督，再派一名医生负责犯人和医疗卫生，同时对犯人在船上的生活标准做了硬性的规定。但是，死亡率不仅没有降下来，而且有的船上的监督官员和医生竟然也不明不白地死了。原来一些船主

① 许晟.制度的力量[J].党政论坛，2005（10）：45.

因贪图暴利而贿赂官员，如果官员不同流合污就被扔到大海里喂鱼了。政府支出了监督费用，却照常死人。政府又采取新办法，把船主都召集起来进行教育培训，教育他们要珍惜生命，要理解去澳洲开发是为了英国的长远大计，不要把金钱看得比生命还重要，但是情况依然没有好转，死亡率一直居高不下。

一位英国议员认为是那些私人船主钻了制度的空子，而制度的缺陷在于政府给予船主报酬是以上船人数来计算的。他提出从改变制度开始：政府以到澳洲上岸的人数为准计算报酬，不论你在英国上船装多少人，到了澳洲上岸的时候再清点人数支付报酬。问题迎刃而解。船主主动请医生跟船，在船上准备药品，改善生活，尽可能地让每个上船的人都健康地到达澳洲。一个人就意味着一份收入。自从实行上岸计数的办法以后，船上的死亡率降到了1%以下。有些运载几百人的船只经过几个月的航行竟然没有一个人死亡。

（一）绩效管理的内容

绩效是指员工在工作过程中表现出来的与组织目标相关并且能够被评价的工作业绩、工作能力和工作态度。工作业绩就是工作结果，工作能力与工作态度就是工作行为。绩效管理是指管理者用来确保员工的工作活动和工作产出与组织的目标保持一致，通过不断改善其工作绩效，最终实现组织战略的手段及过程。

绩效管理强调组织目标和个人目标的一致性，强调组织和个人的共同成长，形成“多赢”局面；绩效管理体现了“以人为本”的思想，绩效管理的各个环节都需要管理者和员工的共同参与。绩效考核的导向作用很重要，组织的绩效导向决定了员工的行为方式，如果员工认为绩效考核是惩罚员工的工具，那么员工的行为就是避免犯错，而忽视创造性。忽视创造性，就不能给组织带来战略性增长，那么组织的目标就无法达成。如果组织的绩效导向是组织目标的达成，那么员工的行为就趋于与组织目标保持一致，分解组织目标，理解上级意图，并制订切实可行的计划，支持组织目标的达成。

绩效管理要求管理者与被管理者双方定期就其工作行为与结果进行沟通、评判、反馈、辅导，管理者要对被管理者的职业能力进行培训、开发，对其职业发展进行辅导与激励。绩效管理为管理者与被管理者之间提供了一个十分实用的平台。

（二）绩效评估方法

判断绩效管理的效果要通过一定的评估方法实现，不同的组织在进行员工绩效评估时会根据企业本身的状况采用不同的方法。

（1）直接排序法。直接排序法是指组织将员工按照某个评估因素上的表现从绩效最好的员工到绩效最差的员工进行排序，是一种定性评估方法。评估要素可以是整体绩效，也可以是某项特定的工作或体现绩效的某个方面。直接排序法容易识别好绩效和差绩效的员工，可以清晰地看到员工在某方面的不足，有利于绩效改进。由于排序工作比较烦琐，因此该方法只适用于人数较少的组织。

（2）对偶比较法。对偶比较法是指针对某一绩效评估要素，把每个员工与其他员工进行比较判断谁更好，记录每位员工被记录更好的次数，根据次数的高低给员工排序。对偶比较法是定性评估方法，通过两两比较，得到的评估更可靠、更有效，但是因操作麻烦，同样只适用于人数较少的组织。

（3）强制分配法。强制分配法只按照正态分布规律，先确定好各等级在总数中的占比，然后按照员工绩效的相对优劣程度，将员工分入不同等级。

（4）书面描述法。书面描述法是指评估者按照规范的格式记录员工的工作业绩、实际表现、优缺点、发展潜力等，然后提出改进建议的定性评价方法。书面描述法简单、快捷，适用于对管理要求不高的组织，评估结果带有管理者对员工的主观看法。

（5）关键事件法。关键事件法是指认定员工与职务有关的行为，并选择其中最重要、最关键的部分来评定其结果。关键事件法可以保存动态的关键事件记录，管理者在进行绩效考核时可以参考员工整个年度的表现。关键事件法需要花费大量时间收集关键事件并进行概括与分类，且对于什么是关键事件，管理者有不同的看法。

（6）要素评定法。要素评定法是把被考评岗位的工作内容划分为相互独立的几个考核要素，并把每个考核要素划分为若干等级，每个等级用明确定义描述，按照等级进行评估，最终得出总的评价。要素评定法容易操作，相对规范，但是也存在对定义的理解不同，主观性太强等缺点。

（7）行为定位评分法。行为定位评分法是指基于关键事件的一种量化评估方法。首先建立一个行为性的评定量表，然后对每个等级运用关键事件进行行为描述。因此，该方法结合了关键事件法和要素评定法的优点。

（8）360度考核法。360度考核法又称为全方位考核法，由与被评估者有密切关系的人（包括被评估者的上级、同事、下属和客户等）分别匿名对被评估者进行评估。

（三）设计薪酬体系

薪酬是员工为组织提供劳务而获得的各种货币及非货币形式的酬劳。狭义的薪酬是指货币或可以转换为货币的酬劳，广义的薪酬除了货币性报酬外，还包括非经济性报酬，指员工在心理上对工作本身、工作环境及企业的感受，如工作的挑战性、工作的成就感等。薪酬是员工有偿劳动的回报，薪酬设计的合理性关乎员工是否能够获得合理的回报。

薪酬体系的设计首先要在国家和地区相关劳动法律法规允许的范围内进行。薪酬设计应该按照承担责任的大小，需要知识能力的高低，以及工作性质要求的不同，在薪资上合理体现不同层级、不同职系、不同岗位在企业中的价值差异。薪酬设计必须与绩效的完成情况密切相关，不同的绩效考评结果应当在薪酬中准确体现，保证组织整体绩效目标的实现。薪酬以增强工资的激励性为导向，通过动态工资和奖金等激励性工资单元的设计激发员工工作的积极性，同时应设计和开放不同的薪酬通道，使不同岗位的员工有同等的晋升机会。组织的薪酬水平应与组织的经济效益和可承受能力保持一致。

薪酬设计的合理性是员工满意度的基础，薪酬设计的基本步骤如下。

1. 职位分析

进行薪酬设计的第一步是确定每个工作职位的具体内容。结合组织目标，在业务分析和人员分析的基础上，明确部门职能和职位关系，进行岗位职责调查分析，由岗位员工、员工上级和人力资源管理部门共同完成岗位说明书的编写。

2. 职位评价

职位评价重在解决薪酬对企业内部的公平性问题。通过比较企业内部各个职位的相对重要性，得出职位等级序列。职位评价以岗位说明书为依据，建立统一的职位评估标准，使不同职位之间有可比性。

3. 薪酬调查

薪酬调查是薪酬设计的重要环节，充分的薪酬调查有利于薪酬设计，对外具有竞争力，对内体现公平性，做到有的放矢。调查的内容包括企业薪酬现状、行业和地区的薪资状况、不同薪酬结构对比、国家宏观环境影响等。

4. 薪酬结构设计

薪酬结构反映组织目标，设计时要综合考虑各方面因素：一是职位等级；二是个人的技能和资历；三是个人的绩效。在工资结构上与其对应的分别是职位工资、技能工资、绩效工资。

第四节　组织文化与组织变革

一、组织文化

典型案例 3-8

张裕集团的企业文化[①]

1892年，爱国华侨张弼先生以张姓加上“丰裕兴隆”中的“裕”字，在烟台创建

① 作者自编案例。

了张裕集团前身——烟台张裕酿酒公司。以今天的眼光来看，张裕集团从其成立之日起，就蕴含了浓厚的历史和文化色彩，带有实业兴邦的企业理念，在当时就左右了百年张裕的经营之道。

在组织文化的创建过程中，组织创始人的价值观、性格特征、经营理念等对组织文化有着最主要的影响。组织创始人在创业阶段会开发并试图实施一个共同愿景和商业战略，如果在随后的实践中，这些愿景和战略被证明是成功的，组织成员就会在此基础上达成一致并以此来行动，这时他们也就分享了组织的知识和设想，进而组织文化就形成了。

（一）组织文化的概念与特征

组织文化是组织在长期的实践活动中所形成的，并且是组织成员普遍认可和遵循的具有本组织特征的价值观念、团体意识、工作作风、行为规范和思维方式的总和。组织文化的核心是组织价值观，它制约和支配着组织的宗旨、信念、行为规范和追求目的。组织文化是以人为主体的人本文化，只有充分重视人的价值，充分调动人的积极性，发挥人的主观能动性，使组织和成员成为真正的命运共同体和利益共同体，才能不断增强组织的内在活力和实现组织的既定目的。组织文化的管理方式以柔性管理为主，组织文化的重要任务是增强群体的凝聚力。

组织文化具有以下几个主要特征。

1. 独特性

每个组织都有其独特的组织文化，这是由不同的国家和民族、不同的地域、不同的时代背景及不同的行业特点形成的。不同的组织各有其特定的共享价值观、共同精神取向和群体意识。例如，美国的组织文化强调能力主义、个人奋斗和不断进取；日本的组织文化深受儒家文化影响，强调团队合作、家族精神。

2. 相对稳定性

组织文化是组织在长期的发展中逐渐积累形成的，具有较强的稳定性，不会因为组织结构的改变、战略的转移或产品与服务的调整而变化。在一个组织中，精神文化比物质文化具有更强的稳定性。

3. 融合继承性

每个组织都是在特定的文化背景之下形成的，必然会接受与继承这个国家和民族的文化传统与价值体系。但组织文化在发展过程中，也必须注意吸收其他组织的优秀文化，融合世界上最新的文明成果，不断地充实和发展自我。也正是这种融合继承性，使组织文化能够更加适应时代的要求，并且形成历史性与时代性相统一的组织文化。

4. 发展性

组织文化随着历史的积累、社会的进步、环境的变迁及组织变革逐步演进和发展。强势、健康的文化有助于组织适应外部环境和变革；弱势、不健康的文化则有可能导致组织的不良发展。改革现有的组织文化、重新设计和塑造健康的组织文化的过程，就是组织适应外部环境变化、改变员工价值观念的过程。

（二）组织文化的结构与内容

一般认为组织文化有3个层次的结构，即物质层、制度层和精神层。

物质层是指凝聚着组织文化抽象内容的物质体的外在显现，既包括组织整个物质的和精神的活动过程、组织行为、组织体产出等外在表现形式，也包括组织实体性的文化设备、设施等，如带有本组织色彩的工作环境、作业方式、图书馆、俱乐部等。

制度层是指体现组织的文化特色的各种规章制度、道德规范和员工行为准则的总和，也包括组织内的分工协作关系的组织结构。它是组织文化物质层与精神层的中间层，是由虚体文化向实体文化转化的中介。

精神层是组织文化的核心和主体，是广大员工共同潜在的意识形态，包括管理哲学、敬业精神、人本主义的价值观念、道德观念等。精神层文化是指导组织及其成员行为的最强烈的信念，涵盖了所有组织成员都共同信守的基本信念、管理哲学、价值标准、敬业精神和职业道德。因此，它是组织文化的灵魂和维系组织生存与发展的精神支柱。

从最能体现组织文化特征的内容看，组织文化包括组织的价值观、组织精神、伦理规范、组织素养及组织形象。组织的价值观是组织内部管理层和全体员工对该组织的生产、经营、服务等的活动，以及指导这些活动的一般看法或基本观点。组织精神是指组织经过共同努力奋斗和长期培养逐步形成的，认识和看待事物的共同心理趋势、价值取向和主导意识。伦理规范从道德意义上考虑，由社会向人们提出应当遵守的行为准则，它通过社会公众舆论规范人们的行为。组织素养包括组织中各层级员工的基本思想素养、科技和文化教育水平、工作能力、精力及身体状况。组织形象是社会公众和组织成员对组织、组织行为与组织活动成果的总体印象和总体评价，反映了社会公众对组织的认可程度，体现了组织的声誉和知名度。

（三）组织文化的功能与塑造途径

1. 组织文化的功能

组织文化的功能主要有以下几点。

（1）导向功能。组织文化的导向功能体现在对组织整体和组织成员的价值取向及行为取向所起的引导作用上，使之符合组织所确定的目标。组织文化的导向功能具体表现在两个方面：一是对组织成员个体的思想行为起导向作用；二是对企业整体的价值取向和行为起导向作用。企业文化所建立起的自身系统的价值和规范标准可以引导员工的行为心理，使人们在潜移默化中接受共同的价值观念，自觉自愿地把企业目标作为自己追求的目标。

（2）约束功能。组织文化的约束功能是指组织文化对每个组织成员的思想、心理和行为具有约束与规范的作用。组织文化对组织成员的约束是一种软约束，这种约束来自组织文化氛围、团队行为准则和道德规范。团队意识、社会舆论、共同的习俗和风尚等精神文化内容，会造成强大的使个体行为从众化的团队心理压力和动力，使组织成员产生共鸣，从而产生自我控制。

（3）凝聚功能。当一种价值观被组织成员共同认可后，组织文化成为组织成员的黏合剂，从各个方面把组织成员团结在一起，从而产生巨大的向心力和凝聚力，以及深刻的认同感，使组织成员乐于参与组织的事务，发挥各自的潜能，为组织目标做出贡献。

（4）激励功能。组织文化具有使组织成员从内心产生一种高昂情绪和奋发进取精神的效应。以人为中心的企业文化可以满足组织成员对尊重等高层需求的追求，从而激发组织成员从内心深处自觉产生为组织目标拼搏的精神；同时，企业文化通过软约束调整组织成员的不合理需要，形成积极向上的整体力量，使员工自我激励，产生持久的驱动力。

（5）辐射功能。良好的组织文化不仅会对内部成员产生影响，而且通过各种渠道向社会辐射和传播。一方面，可以树立组织在公众中的良好形象；另一方面，优秀的组织文化也可以在一定程度上推动社会文化的良性发展，起到以点带面的辐射作用。

2.组织文化的塑造途径

组织文化的塑造途径包括以下几点。

（1）选择合适的组织价值观标准。组织价值观是整个组织文化的核心，选择正确的组织价值观是塑造良好组织文化的首要战略问题。首先要立足于本组织的具体特点，根据自己的目的、环境要求和组织文化的组成方式等特点，选择适合自身发展的组织文化模式；其次要把握组织价值观与组织文化各要素的相互协调。

（2）强化员工的认同感。在选择并确立了组织价值观和组织文化模式之后，通过一定方法把方案灌输给员工。具体方法如下：充分利用一切宣传工具和手段，大张旗鼓地宣传组织文化；培养和树立典型模范；加强相关培训教育。

（3）提炼定格。在经过全员性的初步认同实践后，应当将反馈回来的意见加以剖析和评价，在系统分析的基础上，进行综合化的整理、归纳、总结和反思，取其精华，去其糟粕。最后把经过科学论证和实践检验的组织精神、组织价值观、组织伦理和行为予以条理化、完善化、格式化，经过必要的理论加工和文字处理，用精炼的语言表述出来。

（4）巩固落实。要巩固落实已提炼定格的组织文化，首先要建立必要的制度保障；其次，领导者在塑造组织文化过程中起着决定性作用，因此必须更新观念并能带领组织成员为建设优秀组织文化而共同努力。

（5）在发展中不断丰富和完善。当组织的内外条件发生变化时，组织必须不失时机地丰富、完善和发展组织文化。这既是不断追求新文化的过程，也是认识与实践不断丰富的过程。组织文化由此经过不断地循环往复达到更高的层次。

二、组织变革的原因

典型案例 3-9

乐凯胶卷与泊头火柴①

2012年9月4日，乐凯胶片股份有限公司发布公告称，由于数码影像对银盐影像产品的冲击，决定停止彩色胶卷的生产。同年9月6日，河北泊头火柴有限公司举行资产处置拍卖会，最后一批设备被拍卖，这标志着亚洲最大的火柴厂彻底成为历史。胶卷和火柴，不只是两种产品，它们已经化身为一个时代的符号、人们生活的记忆。

乐凯胶卷曾经扛起了民族感光工业的大旗，当之无愧地成为“中国胶卷之王”。泊头火柴改写了国人依赖“洋火”的历史，并凭借先进的技术在火柴行业长期领跑。再好的产品，再大的企业，一旦追赶不上时代发展的潮流，结果只有一个——出局。

胶卷退出了舞台，生产胶卷的企业并非一定没落；火柴淡出了生活，生产火柴的企业也并非注定破产。我们不禁想起了荷兰人引以为傲的飞利浦，这家世界上较大的电子公司之一。100多年前，它以生产碳丝灯泡起家。如今，碳丝灯泡早已成为博物馆里的展物，生产碳丝灯泡的飞利浦按说有无数个理由退出历史舞台。可贵的是，飞利浦没有把自己局限在传统的照明领域，而是在20世纪的科技巨变中不断超越自我，先后发明了第一台电视机、卡式录音机、CD机等。后来飞利浦成为全球第一大照明公司、全球第一大医疗系统公司、第一大电动剃须刀生产商等。

美国作家爱迪斯在《企业生命周期》中说：“所有的企业都是一次生命的历程，都会有诞生、成长、成熟、衰落的过程，不同的是，有些企业能够将其中的成长与成熟阶段无限延长。”在技术革命日新月异的时代，大者并非恒大，强者并非越强，欲求基业长青，唯有求新求变，不断超越自我。

柯达一度拥有世界胶卷市场2/3的份额，在很多企业绞尽脑汁调整乃至更替核心业务的时候，柯达却继续躺在胶卷丰厚的利润上睡觉，尘封了自己已经掌握的数码成像技术。当它被数字化浪潮拍醒时，已经时过境迁、大势已去。

身处一个转型的时代，唯有“变”是永远不变的，正如现代管理学之父彼得·德鲁克所言：“没有人能够左右变化，唯有走在变化之前。”乐凯胶卷停产，泊头火柴破产，我们期待更多的企业从中得到警示，并努力走在变化之前。

① 李忠志，张博.唯有走在变化之前——从乐凯胶卷停产泊头火柴破产说开去[N].河北日报，2012-9-15.

（一）外部环境的变化

外部环境的变化主要包括以下几方面。

1. 技术进步快

目前各国重视科技发展，科技成果在各个领域得到快速转化和应用。在组织中，先进技术的引用会影响组织的各个层面。计算机和机器人在很大程度上替代了中层管理者承担常规性工作，相应缩减或模糊了中层管理者的职位权利，要求他们不断学习和掌握创新与变革等管理技能。先进技术的应用使组织成员越来越多地负责非常规工作，增加了员工参与组织决策的机会。

2. 全球经济格局变化

全球化使跨国经营趋势不断增强，全球范围内的竞争更加激烈，并购浪潮下涌现了各种战略联盟。经济危机后，全球经济增长乏力，世界经济格局正在发生变化，美国、德国、日本等国家实施重振制造业的战略，中国的“一带一路”倡议等为世界经济带来新的机遇。全球跨区域经营及虚拟经营增加了管理控制的难度，随着互联网和信息技术的快速发展，电子商务正在猛烈冲击传统业态，甚至倒逼实体经营开展网络营销。

3. 消费观念改变

人们的消费更加追求产品和服务的个性化，注重生活的品质，追求多样化和绿色消费，支持讲求商业道德和勇于承担社会责任的企业。消费者的消费观念对组织决策提出了新的要求。

4. 新的制度结构

随着时代的变革与创新，新的体制、制度、政策、组织形式、管理理论等都会不断出现，为组织变革提供理论与制度支持，同时也向组织提出了冲破管理局限和组织架构制约的新要求。

（二）内部环境的变化

引发组织变革的内部动因是影响组织的内部因素的变化，主要包括以下3个方面。

1. 战略、策略调整

组织在市场竞争中需要不断调整策略适应竞争的要求。组织需要以科学的环境分析为基础，制定正确、有前瞻性的战略决策，这将决定组织的生存与发展。当组织做出战略调整时，组织变革也要随之实施。

2. 组织成员的变化

组织成员的变化包括价值观念变化与成员结构变化。组织成员越来越强调个性化发展，关注工作与自身职业规划的契合程度，看重生活与工作的平衡等。员工新的价值观对组织的结构设置、人力资源管理、激励机制和组织文化管理提出了新的要求。组织成员的结构逐渐呈现多元化，不同国家、不同文化背景的员工构成新的员工结构，人力资源政策与组织制度需要进行相应调整，才能留住多元化人才。

3. 创新驱动

在大众创业、万众创新的新时代，创新是组织的法宝，能让组织在激烈的市场竞争中脱颖而出，保持动力。创新更是组织变革的动力，开发新的产品、服务或技术，管理创新等都需要组织进行自我再造。

（三）组织成长的要求

组织生存与发展的前提是适应环境。当组织内外环境发生重大变化时，组织需要随之进行相应改变和调整。组织变革就是以对环境变化的正确认识和评估为基础，通过建立健全组织运行机制，改造组织结构和流程，以增强组织的灵活性和对环境的适应性，这是组织变革的基础目标。组织变革是在增强组织适应环境能力的基础上，使组织目标任务更加明确，采用技术更加先进，组织结构更加合理，决策更加科学。组织绩效持续提升和组织健康发展是组织变革的核心目标。

三、组织变革的内容

典型案例 3–10

斯隆的联邦式分散管理制[①]

当A.P.斯隆接手通用汽车公司时，幼稚的汽车市场完全处于福特公司的统治之下。亨利·福特带领他的公司率先掌握了大规模生产技术。在1920年，福特公司每一分钟便造出一辆车，著名的黑色T型车占据了60%的市场份额，通用公司仅仅占有12%。在这种情况下，人们普遍认为，与福特公司竞争的唯一出路就是规模很小的豪华车市场；斯隆则另辟蹊径，将注意力集中在当时尚未形成的中间市场。斯隆的目标就是为“各种钱包和各种目的”供应汽车。

当时，通用汽车公司极难控制，这家由多个公司组成的集合体生产8种型号的汽车，彼此相争的激烈程度绝对不亚于总公司和福特公司之间的竞争。斯隆下定决心要把这个成分杂乱的集合体改造成联系紧密的组织。1920年，斯隆将公司按8个事业部的形式组织起来——5个汽车事业部和3个配件事业部。每个事业部都为它全部的商业活动负责，拥有自己的工程部、生产部和销售部，但是必须接受负责全面政策和财务的总部机关监督。营业单位有半自治权，但应负责保持它在特定市场的市场份额和盈利率。钱德勒这样描述这个系统：“每个营业单位负责人所负的责任都十分广泛。每个由负责人所领导的单位拥有各种必要的职能，完全有能力充分发挥积极性和进行合理发展。”

① 牛三平，杨斌.管理学基础[M].人民邮电出版社，2012：264.

这项被斯隆称为"联邦式分散管理制"政策的实施标志着这种分散管理制、多事业部制组织的诞生。

（一）结构变革

组织结构变革可以分为6个维度：工作专门化、部门化、指挥链、管理跨度、集权与分权、正规化。管理者可以对这些结构要素的一个或多个进行变化。例如，精简层次、拓宽管理跨度、使组织扁平化等。组织结构变革实际上是组织权力的结构变革。组织权力是组织对工作行为与技术的控制能力，组织权力在两个层次上发挥组织结构变革的效力：一是制定适应性策略，以应对外部环境的变化；二是运用组织权力制定发展战略，协调组织内部各种关系，确保组织灵活应对外部环境。

（二）技术变革

技术水平是组织活力的标志性因素，在很大程度上代表着组织将输入转变为产出的整个过程的能力。技术变革是指组织生产过程的变革，包括保证组织差异化竞争的知识库、技能库等的变革。变革的目的是提高生产效率，增加产量。技术变革涉及产品与服务的制造技术，包括工作方法、设备、工作过程。在信息社会，信息技术成为重要的变革领域之一，当代的大多数组织几乎随时都在基于信息技术创新和系统化，通过安装和使用复杂的软件即ERP信息系统来实施技术和运营变革。

（三）人员变革

人员变革是指改变员工的态度、期望、认知和行为。现代企业组织强调尊重员工人格，重视员工需要，给予员工信任与支持，开放、参与。组织发展就是侧重改变人员及工作关系，包括为了提高组织成员的绩效水平，组织设计新的激励体系或基于绩效的培训；通过改变组织成员的价值观、态度、信念、行为准则及其行为，提高其工作意向，激励其做好工作，并接受组织变革目标，把个人目标与组织目标紧密结合。

（四）文化变革

组织文化是由不同国家和民族、不同的地域、不同的时代背景及不同的行业特点所形成的。组织文化随着历史的积累、社会的进步、环境的变迁及组织变革逐步演进和发展。强势、健康的文化有助于组织适应外部环境。文化变革是指对价值、态度、期望、信念、能力、员工行为的改变。改革现有的组织文化，重新设计和塑造健康的组织文化过程就是组织适应外部环境变化、改变员工价值观念的过程。文化变革涉及员工思考方式的改变，是头脑变革。

（五）产品与服务变革

产品与服务变革是指组织输出的产品与服务的改变。新的产品包括对现有产品的小调整或新的产品线。开发新产品或服务的目标通常是提高市场份额或开发新市场、新顾客。

四、阻力管理

典型案例 3-11

海尔对并购企业的变革[①]

1997年，海尔兼并了拥有4 000名职工的安徽黄山电视机厂。次年6月，因为员工不能接受海尔的严格管理，工厂发生罢工。张瑞敏决定进行无限期停产讨论，向员工说明过去的企业文化不能适应激烈的市场竞争，海尔的严格管理反映了市场对企业的要求。如果员工不能接受海尔的企业文化，那么这家企业将被市场淘汰。两天后，职工大会接受了海尔的企业文化。文化变革的成功促进了企业绩效的增长，兼并两年后，这家公司的月产量就相当于兼并前的一年半产量。张瑞敏说："我们兼并了18家企业，最困难的就是转变职工原有的观念。"

（一）个人层面

个体组织变革的阻力主要来自人类本身的一些固有特性，如对稳定性和安全感的偏好，对既得利益的认识及其差异性等。员工由于担心组织变革的后果会抵制变革。

一是职业认同与安全感。在组织变革中，人们需要从熟悉、稳定的工作转向不确定性高的变革，其"职业认同感"受到影响，从而产生对组织变革的抵制。变革不仅意味着要打破原有的平衡系统，要求成员调整已经习惯的工作方式，而且意味着要承担风险。对未来不确定性的担忧、对失败风险的恐惧、对绩效差距拉大的恐慌及对公平竞争环境的担忧，都有可能造成人们心理上的倾斜，进而产生心理上的变革压力。

二是地位与经济的考虑。员工担心组织变革会影响自己在组织中的地位、收入，从而产生对组织变革的抵制。变革从结果上看可能会影响部分人的利益，如机构的撤并、管理层级的扁平等，都会给组织成员造成压力。以前熟悉的职业环境已经形成，而变革要求人们调整不合理的组织结构，更新过去的管理理念、工作方式等，这些新要求都可能会使员工面临失去权利和既得利益的威胁。

（二）团队层面

对组织变革形成阻力的团队因素主要是团队规范和团队凝聚力等。团队规范有层次性，边缘规范容易改变，核心规范由于包括团队的认同，所以难以变化。凝聚力高的团队不容易接受组织变革，当推动团队变革的力与抑制团队变革的力之间的平衡被打破，就形成了组织变革。组织变革可能会打破过去固有的管理层级和职能机构，并采取新的措施对责权利重新

① 作者自编案例。

做出调整和安排，这就必然触及某些团队的利益和权利。如果变革与这些团队的目标不一致，团队就会采取抵制和不合作的态度，以维持原状。

（三）组织层面

组织惰性是影响组织变革的重要因素，组织在面临变革形势时表现得刻板、不灵活，难以适应环境的要求或内部的变革需要。组织惰性的形成原因有组织内部体制不顺、决策程序不良、职能焦点狭窄、陈旧文化等。组织文化、奖励制度和变革时机等也会影响组织变革的进程。组织变革意味着组织固有的关系结构的改变，组织成员之间的关系也会随之改变。非正式团体的存在使得这种新旧关系的调整需要有一个较长的过程。在新的关系结构未被确立之前，组织成员之间很难磨合一致，一旦发生利益冲突，就会对变革的目标和结果产生怀疑和动摇。特别是一部分能力有限的员工，将在变革中处于不利地位，随着利益差异的拉大，这些人会对组织变革产生抵触情绪。

（四）克服阻力

组织变革是一个破旧立新的过程，必然会遇到各种抵制和阻力。阻力有来自个人的，也有来自群体的，可以是公开的、即时的，也可以是潜在的、延后的。为了确保组织变革的顺利开展，要提前进行阻力研究。

组织一旦意识到变革阻力就应及时采取克服阻力的应对方法。沟通有利于信息的分享，让员工减少对其个人利益、社会关系及不确定性的担忧。让员工有机会参与变革方案的讨论与决策，员工会产生心理满足感，员工的意见可以及时反馈，有利于管理者进一步改进。在组织变革过程中应该合理安排变革时间和进程，循序渐进，切忌急于求成。当遇到组织中的某些部门或较关键的人物对变革进行较强烈的抵制，而变革又要进行时，可以通过谈判协商，求得共识，争取获得更多力量的支持。必要时可以采用强制措施推进变革，但是强制措施可能一时奏效，也可能会加剧阻力，因此要慎重使用。

思考题

（1）本章指出，组织结构的设计应当与战略保持一致。有些学者认为，应当根据组织结构来设计战略。你同意哪种看法？为什么？

（2）在已经介绍过的组织结构中，选出你在实际生活中见到过的，详细描述一下它们是怎样运行的。

（3）讨论与灵活就业的员工队伍相关的各种组织事项。

（4）内部招聘与外部招聘各有什么优越性和局限性？

（5）人力资源管理受到哪些环境的影响？

（6）组织文化的功能与特征有哪些？

第四章　领　导

第一节　领导概述

典型案例 4-1

1985年海尔集团砸冰箱事件[①]

1985年4月，海尔集团负责人张瑞敏收到一封用户的投诉信，投诉冰箱质量问题。于是张瑞敏命人对库存的400台冰箱进行全面检查，发现有70多台不合格冰箱，有员工建议内部消化处理算了，但是张瑞敏回复道："如果这样，就是说还允许以后再生产这样的不合格冰箱。"于是，他让下属专门搞了一个劣质产品展览会，通知全厂职工都来参观，当着所有人的面将一台冰箱用大锤砸碎，然后转手将大锤交给了责任者，剩余的70多台冰箱也都被砸得粉碎。当时一台冰箱需要800多元，大部分职工一个月的收入才40多元，看着被砸碎的冰箱都很心疼，但是大家明白领导这样做的用意。领导者在遇到问题时并不是第一时间追责，而是从以身作则、严厉反对劣质产品出发，为下属做了好的带头作用。

一、领导的含义及影响力

（一）领导的含义

什么是领导？对于这样一个众所周知的名词，管理学者有着许多不同的解释。例如：

领导是对组织内群体或个人施加影响的活动过程。

领导是一门促使下属充满信心、满怀热情地完成他们任务的艺术。

领导是影响人们为达成群体目标而努力的一种行为。

领导是一种说服他人热心于一定目标的能力。

领导是一种影响过程，即领导者和被领导者的个人作用与特定环境的互相作用的动态过程。

…………

① 资料来源：《海尔张瑞敏再谈砸冰箱事件：要扭转质量观念》（腾讯企鹅号观察者）https://new.qq.com/omn/20200116/20200116A0HSGH00.html。

把上面各种表述归纳起来，可对领导的实质进行如下表述：领导是引导和影响个体、群体或组织，在一定条件下实现所期望目标的活动过程；领导是一门科学，是探索领导者、被领导者、环境三要素如何相互作用的科学；领导又是一门艺术，是寻求如何达到领导者、被领导者、环境三要素和谐统一的艺术。

（二）领导者与管理者

1. 领导者与管理者的内涵

在人们日常的汉语用语习惯上，对领导和领导者的概念是不加以区分的，但事实上，领导和领导者是两个不同的概念。领导者是指担任某项职务、扮演某个角色、实施领导过程的个人或集团。领导者可以是任命的，也可以是一个群体中产生出来的。领导者可以不运用正式权力影响他人的活动。

管理者是指通过别人来完成工作，做决策，分配资源，指导别人的行为以达到工作目标的一类人。管理者是被任命的，他们拥有合法的权力进行奖励和处罚，其影响力来自他们所在的职位所赋予的正式影响力。管理者在组织中正式的管理职位上完成他们的工作，监督他人的活动，并对达到组织目标负有责任。

2. 领导者与管理者的异同

所有的管理者都是领导者吗？或相反，所有的领导者都是管理者吗？答案显然是否定的。并不是所有的领导者必然具备完成其他管理职能的潜能，一个人能够影响别人并不代表他同样也能够很好地在组织中实施计划、组织和控制等职能。这里重点讨论管理者和领导者的异同点。

（1）管理者与领导者的区别。领导是影响一个群体实现目标的能力。领导者主要是创造影响，这种影响可能来自组织中正式的管理职位，也可能来自组织的正式结构之外。管理者主要是指导别人的行为以达到工作目标，监督别人的活动，并对达到组织目标负有责任。领导者的核心就是“影响”，就是通过他自己的思考和行动影响组织中的其他人。管理者的核心就是“指导和监督”，以维持组织的正常运转，达到组织的目标。

（2）领导者和管理者的相同点。两者都在为实现组织的共同目标而努力工作，为了确定和达成目标，领导者和管理者都需要计划和决策。领导者进行组织的长远规划，宏观决策，对管理者进行人员的安排。管理者进行组织的具体的中短期计划，微观决策，对下属的员工进行人员的安排。两者总的目的是实现组织长远的整体目标。管理者和领导者都从事4类管理活动，即传统的管理、沟通活动、人力资源活动、社会交往活动。只是相对而言，领导者在处理组织中的大事，把握全局性的事情；管理者在处理日常琐碎的小事，需要掌握战术上的技巧。管理者和领导者都在扮演3个重要的角色，即人际角色、信息传递的角色和决策的角色，只是各有侧重。领导者更加侧重人际角色和决策的角色，管理者更加侧重信息传递的角色。

（三）领导的能力

领导者在群体中起关键作用，一个有效的领导者必须同时将工作领袖和情绪领袖两种角色集于一身。领导者的主要能力有如下4个方面。

1. 组织功能

组织功能属于一般管理的研究范围。领导者领导群体成员采取一定的手段实现组织目标，就是组织功能。具体内容包括：领导者遵循科学的决策程序，根据组织的需要和内外条件确立组织目标；建立科学的管理系统，以提高管理的科学性与有效性；合理地组织和利用人力、物力、财力，以保证组织目标的实现。

2. 激励功能

激励功能是管理心理学研究的核心内容之一。一个领导如果仅缺乏技术性知识与能力，还不足以影响他能否继续担任领导岗位，因为只要他能够充分发挥激励功能，调动全体员工的聪明才智来实现领导的组织功能，就可实现企业的组织目标。但激励功能必须由领导者自身来完成，不能借助他人的能力来完成。

3. 指挥功能

在一个组织内部，需要有头脑清晰、胸怀全局、面对困难和危机能够运筹帷幄的领导者帮助员工认清企业组织当前所面临的处境和形势，为员工指引工作的目标和实现组织目标的途径。领导者只有站在被领导者的前面，做好带头作用，才能真正起到指挥的作用。

4. 协调功能

在许多集体工作中，即使有了明确的组织目标，但由于组织中每个人的才能、工作态度、理解能力、性格等不同，加上外界因素的干扰，人们之间很容易产生分歧，行动上出现偏离目标的情况。这时组织中就需要领导者来协调大家的工作活动，让大家团结起来，使组织内部的分歧和矛盾最小化，从而促进组织目标的实现。

（四）领导的影响力

1. 影响力的类型

一个领导者要实现领导的功能及作用，关键在于领导的影响力。影响力是一个人在与他人交往中，影响与改变他人心理和行为的能力。影响力人人都有，但一般人与领导者的影响力是有差别的，领导者的影响力有着举足轻重的作用。从影响性质来看，可将其分为强制性影响力和自然性影响力。

强制性影响力也称为权力影响力，是由社会赋予个人的地位、职位、权力等构成的。构成权力影响力的要素有传统因素、职位因素、资历因素等。以上影响力都不是领导者实际行为造就的，而是外界赋予的，它们的核心是权力。

自然性影响力也称为非权力影响力，这种影响力没有正式规范，没有上级授予形式，是自然产生的影响力，强调的是顺从与依赖。影响自然性影响力的因素有品格因素、能力因素、知识因素和感情因素。

2. 如何提高领导的影响力

对于一个领导者来说，提高自己的影响力应从如下几个方面着手。

一是合理、合法地运用组织赋予的能力。权力是领导的象征，拥有了权力，就拥有了一定的影响力。但是一个领导者如果不是为了组织的利益使用权力，而是以权谋私、滥用权力，其非权利影响力必然建立不起来，并且其权力影响力也会大打折扣。

二是注重修养、以身作则。在领导者的非权利影响力形成的过程中，品格是第一位的因素。一个领导者只有具备了优秀的品格才能为下属所敬仰、尊重。

三是努力学习、丰富知识、提高能力。在现代社会中，领导者必须具有丰富的知识和高超的能力，否则就完成不了管理任务。

四是密切联系群众、与群众打成一片。一个人权力再大，能力再强，如果高高在上，脱离群体，也会成为孤家寡人，得不到组织中他人的支持和拥戴。这样就难以带领被领导者一起完成组织目标，也难以形成强大的非权利影响力。

二、领导体制

典型案例 4-2

受贿近2 000万元，副市长被判刑①

××市原副市长因犯受贿罪，被判处无期徒刑。在成为××市副市长后，他接受了将近2 000万元的贿赂。城市搞建设固然是好，但是由于权力过于集中，分管领导因此“踩红线”，接受房地产商的“好处”之后，擅自改变容积率等，直接被拉下马。在成为××市副市长后，他接受了将近2 000万元的贿赂，经不住金钱的诱惑，最终走上歧途。这说明领导者必须在领导体制内处事，不能做出自己责权之外的违法事项。

（一）领导体制的类型

领导体制，简单地说，就是关于组织内领导层的职责分工、权力划分、机构设置等的制度和规定的总称。领导体制是决定组织效率的重要因素。合理的领导体制不仅能够提高领导效率，创造性地实现领导功能，还能够使整个组织显得生机勃勃、欣欣向荣。领导体制不合理，领导层内部权责不清晰，甚至争权夺利，必然降低领导效率，最终导致组织失去效率，

① 资料来源：杨永强，王晓丽，刘德华.一位副市长的堕落之路：原宜宾副市长陈光礼日前被判死缓[J].四川党的建设(城市版)，2011(12):50-51.

甚至走向衰亡。领导体制可以分为如下几种类型。

1. 一长制

一长制又称为独任制、首长制、个人专责制，其特征是领导权力，特别是决策和控制权力都集中在一个最高领导者手中，由其对一切负责。一长制在资本主义初期阶段的工业企业中比较常见。一长制的优点：权力集中，责任明确，领导程序简单，决策迅速。一长制的缺点：一个领导者，即使是精心遴选出的领导者，其能力、知识、经验和精力都是有限的，面对过于复杂的情况，难免因考虑不周或精力不足而导致决策失误。

一般而言，规模较小的企业适合采用一长制的领导方式。

2. 委员会制

委员会制又称为合议制、集体领导制，其特点是组织的领导权，特别是法定决策权和控制权交给两个以上的领导者行使，按少数服从多数的原则进行决策。委员会制下的领导者实际上是一个领导者集团。在我国，委员会是大量存在的，这是因为使用委员会制的领导方式有很多优点，如委员会制可以综合各种意见，提高决策的正确性；协调各种职能，代表各方利益，加强部门间的合作；组织参与管理，调动执行者的积极性等。当然，委员会领导体制也存在一些缺陷：一是容易造成时间的延误；二是决策的折中性；三是权力和责任的分离。这说明委员会制虽然是一种有效的领导体制，但是如果使用不当，就有可能影响决策的速度和质量，增加决策的成本。因此，要不断探索，改进这些缺点，提高委员会的工作效率。

3. 双轨制

双轨制是将一长制和委员会制相结合的领导体制，这种领导体制兼有一长制与委员会制的特点。其具体形式是将决策划分为一般性决策和重大战略性决策。一般性决策由组织最高行政领导人负责，类似于一长制；重大战略性决策则由作为领导集团的委员会讨论决定。最高行政领导人此时只是一个组织者和召集人，以及形成最终决策的执行人，这又类似于委员会制。

显然，合适的双轨制能集一长制和委员会制两种领导体制之长，克服两者之短，可以说是一种较理想的领导体制。然而，在现实生活中，一项组织决策是属于重大战略性决策还是一般性决策，界限并不是那么清楚。因此，组织高层行政领导人与组织集团领导委员会的职责界限也就难以划分，委员会不合时宜地干涉组织最高行政领导人的工作，或者组织最高行政领导人凌驾于委员会之上等现象同样难以避免。

4. 参谋制

参谋制是在一长制的基础上，设置决策参谋机构，协助最高行政领导人进行决策的领导体制，这是现代组织领导体制发展的方向之一。参谋制的优点：保持了一长制中的最高行政领导人的决策权，权责对等，责任明确，有助于调动领导者的积极性并约束其权力，防止双轨制中委员会领导集团与最高行政领导人互相干涉的矛盾产生；决策十分迅速，有利于提高领导效率；通过设置参谋机构，在决策中集中集体的智慧。

参谋制的缺点：作为决策参谋的机构，没有参与决策的法定权力，其提出的意见是否能对决策起作用，完全取决于最高行政领导人的意志。这种体制要求组织的最高行政领导人有良好的民主管理的工作作风，并有鉴别各种意见的能力。

从上述讨论中可以看到，没有哪一种领导体制是十全十美的，合理的领导体制总是要依赖于组织的具体情况而定。

（二）影响领导体制选择的因素

1. 组织的规模

组织的规模又称为组织的大小。规模是决定管理复杂性和幅度的基本因素。规模越大，领导者所面临的问题就会越复杂，所要掌握、分析的信息量就越大，决策的压力也就越大。在这种情况下，大多数个人的能力和知识是难以胜任的。例如，大型或特大型组织常常拥有较多的员工数量，实行一长制的领导体制，往往会使决策考虑不周，或者因领导人个人精力有限，心有余而力不足，以致出现失误。一般来说，组织的规模越大，越有必要实行集体领导，或者是委员会制，或者是双轨制。

2. 组织的性质

不同的组织具有不同的功能，所承担的任务也不同。企业的目的是盈利，政府部门的任务是对社会经济活动进行管理。组织的差别决定了组织机构、行为模式、管理方式的差别。因此，所要求的领导体制也就不可能完全相同。例如，企业在综合考虑其他制约因素的条件下，可以执行一长制或参谋制；在政府部门中，则实行委员会制或委员会制的改进形式比较合适；各自政党组织更是需要实行典型的委员会制。

3. 国情政策和法律

不同的国家对不同的组织有着不一样的政策。在我国这样一个以公有制为基础的社会主义国家中更是如此。我国政策和法律明确规定了大多数组织的领导体制，或者选择领导体制的基本原则。从目前来看，为了搞活国有企业，虽然对国有企业的领导体制做出了原则上的规定，但是选择的余地很大，这是为了保证企业的自主权。

三、领导理论

典型案例 4-3

最初的“军事训练营”[①]

马克是一家大型医院的粉刷部领导，其手下有20名雇员。在来医院工作之前，

① 资料来源：《领导行为理论案例》（百度文库），https://wenku.baidu.com/view/aa7bb2a5767f5acfa0c7cd5c?fr=step_zhidao。

他是一名独立承包人。他在医院的这一职位是新设立的，因为医院觉得进行粉刷事务的方式应该有所改变。在马克开始其新工作时，他先进行了一项为期4个月的关于粉刷事务的直接和间接花费的分析。分析结果与他的上司得出的粉刷服务效率低下而又花费昂贵的看法完全符合。因此，马克对整个部门进行了重组，制定出了一套新的进度计划程序，重新确立了评估绩效的标准。马克说他刚开始新工作时的准则是“唯任务论”，就像一个军事训练官一样根本不理会下属反映的情况。在他看来，医院这一工作环境决定了工作中不允许出现任何差错，所以他应该严格要求员工使他们在医院的环境约束下努力工作。随着时间的推移，马克逐渐改变了他的领导模式，变得比较宽松，而不是只会通过下命令来领导了。他把部分责任交给了两位向他负责和报告的组长，但同时还保持与每个员工的近距离交流。每周他都会带些员工去当地的一个体育休闲酒吧里吃点东西。他还喜欢和员工们开玩笑。他在“索取”的同时也注意“付出”。

马克为他的部门感到骄傲。他说他总是希望自己能够成为一名教练，这也是他对于管理这一部门的想法。他喜欢和人们一起工作，尤其喜欢看见他们漂亮地完成工作，并且还是依靠自身力量完成时兴奋的目光。因为马克成功的领导，粉刷部的工作成绩有了显著的提高，被其他部门视为维护部中最具效率的部门。

管理心理学家对领导的有效性问题进行了长期的研究，按其发展阶段形成了3种理论，即领导特质理论、领导行为理论和领导权变理论。

（一）领导特质理论与风格

领导特质理论认为，有一组能用来识别领导者是否有成效的个人特质和特征。这种特质和特征主要是指领导者个人所具有的品德、能力、知识、修养和领导艺术等。心理学家和管理学家对于领导者应具备哪些特质有较多的表述，这里介绍有代表性的两种。

1. 六大类特质理论

有学者认为，领导者的特质可分为下列六大类：体质特征、社会背景、智力、性格、与工作相关的特征和社会特征，如表4-1所示。

表4-1　领导者的特质

体质特征	年龄、体重、身高、外貌
社会背景	教育背景、灵活性、社会地位、同事关系
智力	判断力、果断性、说话流利、进取性
性格	独立性、自信、支配或依赖、进取性、急性或慢性
与工作相关的特征	成就的需要、创造性、坚持、责任的需要、对人的关心、对成果的关心、安全的需要
社会特征	领导能力、合作精神、与人共事的技巧、正直、诚实、权力的需要

2. 十大条件理论

这是美国普林斯顿大学鲍莫尔教授提出的，他认为企业领导者应该具备下列十大条件。

（1）合作精神。愿意与他人共事，能够赢得别人的合作，不是用权势使人服从，而是说服和感服。

（2）决策才能。能根据客观实际情况而不凭主观想象做出决策，具有高瞻远瞩的能力。

（3）组织能力。善于发现下级才智，善于组织人力、物力和财力。

（4）恰当授权。能把握方向，抓住大事，把小事分散给下级去做。

（5）善于应变。能随机应变，不墨守成规。

（6）勇于负责。对国家、员工、消费者及整个社会都有高度的责任心。

（7）勇于创新。对新事物、新环境、新技术、新观念都有敏锐的感受力。

（8）敢于冒险、有雄心。敢于承担对企业发展不利的风险，能开创新局面。

（9）尊重他人意见。能听取别人的意见，并能吸取合理的意见，不狂妄自大，能器重下级。

（10）品德超人。品德为社会和企业内部的人所敬仰。

然而，经过多年的调查研究，人们对成功领导者的性格、品质特征难以取得统一的意见。其原因有：用来表述性格、心理特征的一些概念内涵不清，有时在语义上相互交叉和矛盾。而且根据这些特征，在实践中还是难以挑选领导人，甚至难以区别领导者与被领导者。德鲁克说过："有效的管理者，他们之间的差别就像医生、教师和音乐家一样各有不同的类型。至于缺乏有效性的管理者，也同样有着各种各样的类型。因此，有效的管理者与无效的管理者在类型、性格及才智方面是难以区别的。"

（二）领导行为理论与风格

领导行为理论是一种着重研究领导者如何以自己的不同行为和作风来影响被领导者，以及分析判断领导是否有效的理论。从20世纪40年代起，心理学家和行为学家对领导者在领导过程中所采取的领导行为，以及不同领导行为对员工的影响进行研究，以寻求最佳的领导方式。最终，形成了以下3种具有代表性的领导行为理论。

1. 领导行为四分法

1945年，美国俄亥俄州立大学首先开创了从领导方式来探讨领导行为模式的研究，对1 000多个描述领导行为的特征不断进行提炼、概括，最终归纳为"抓组织"与"关心人"两大类。"抓组织"就是以工作为中心，领导者为实现工作目标，规定了下级应完成的任务。它包括组织机构的设置、明确职责和相互关系、确定工作目标、建立信息网络。"关心人"就是以人际关系为中心。它包括建立互相信任的气氛、尊重下级意见、注重下属的感情和问题等。用这两个标准进行划分，将其设计成领导行为四分图，如图4-1所示。

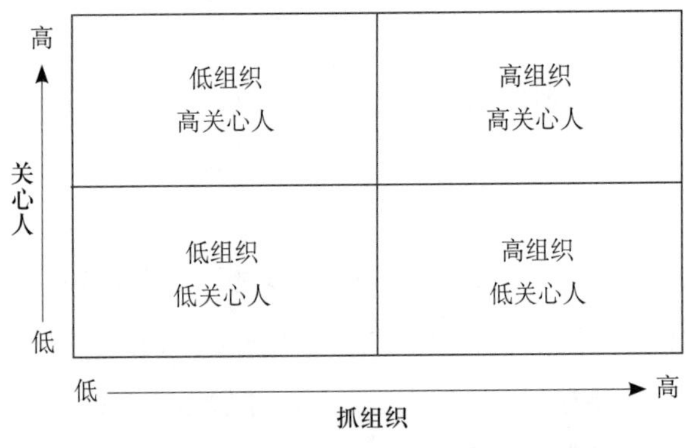

图4-1　领导行为四分图

这项研究发现，“高组织、高关心人”的领导行为能得到最佳效果。后来，一些学者补充修正了这一理论。他们以无故旷工、事故、过失记录、营业额、流动率为指标，考察企业11个月后发现，生产部门抓组织与效率有明显的正比关系，“关心人”与效率有着反比关系；而非生产部门恰好相反。从指标整体来看，“关心人”是更有效的领导方式。

2.管理方格理论

1964年，美国得克萨斯州立大学的两位管理学家罗伯特·布莱克和简·穆顿在《管理方格》一书中提出领导管理方格图，又称为管理方格坐标图。

在两个维度基础上，管理方格坐标图将横坐标作为组织关心生产要素，纵坐标作为关心人要素，画坐标图且每个坐标轴细分为9个刻度，用坐标轴画出9×9=81种方格组合。该理论认为，任何一个领导者的行为都或多或少地体现在两个要素上，相应地，都会投射到坐标图上，如图4-2所示。

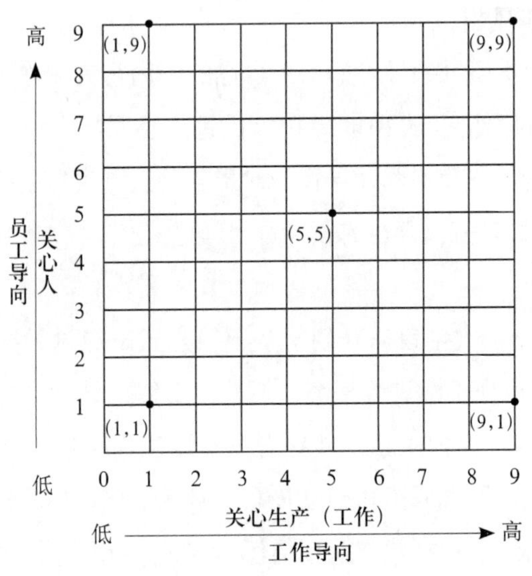

图4-2　领导管理方格图

如果要评价领导者，就按其关心人与关心工作的程度找到其交叉点。例如，某领导者关心工作的程度为1，关心人的程度为9，那么他就是（1，9）型领导者。

在管理方格坐标图的基础上，他们提出了5种领导方式的类型。

第一，（1，1）型领导方式。这种领导方式又称为贫乏管理型或虚弱管理型。这种类型的领导者不关心人，也不关心生产，他们的特征是在其位，不谋其事。他们宁可熬时间也不做有益于同事和组织的贡献；他们所求不多，但所给甚微。“我不是决策人，只是工作在这里”是这种类型领导者推卸责任的一种说法。（1，1）型领导者能胜任单调、重复又没有挑战性的工作。他们的下属可能将其对自己的忽视视为认可，但一旦看清一切之后，就可能会失望离去。在竞争激烈的情况下，可能会导致生产效率一蹶不振。

第二，（9，1）型领导方式。这种领导方式又称为任务管理型。这种类型的领导者只关心生产，不关心人。他们追求成功，把提高生产效率放在第一位，喜欢运用控制、监督、统治等权力行事；他们意志坚强，做出决策后绝不改变，在管理中表现得独断专行。（9，1）型领导者的问题很明显，他们使被领导者变得冷漠、疲劳，公开或暗地里反对领导者，在激励竞争的有限时间里可能取得高生产效率，但由于不关心人，不能提高员工士气，最终会导致生产效率下降。

第三，（1，9）型领导方式。这种领导方式又称为乡村俱乐部式管理。这种类型的领导者只关心人，不关心生产。其最大的特点是重视下级的态度和情感，渴望被认可、被拥戴，不将自己的意愿强加于人，对下级过多赞扬，并且能够容忍下级的各种行为；他们鼓励下级之间的交往，从而在组织中形成了一种慵懒的“乡村俱乐部式”的气氛。（1，9）型领导的优点是可以提高员工的满意度，但他们不重视生产效率，随便为员工减压，生产效率无论从长期或短期来看都不可能提高。

第四，（5，5）型领导方式。这是一种管理上的“中庸之道”，这种类型的领导者追求问题“平衡”解决，在对待组织目标上，寻求员工与组织都能妥协的目标，但不一定是最佳目标；在关心人上，他们注意听取下级意见，并能采纳，但采纳的目的是分散责任，搞好关系。

（5，5）型领导者比（1，9）和（9，1）型领导者好一些，适用于一些日常事务较多、规则方法比较健全的企业，但易使下属变得圆滑，看上级眼色行事。从长远来看，这种领导方式是无法立足于竞争社会的。

第五，（9，9）型领导方式。这种领导方式即“团队管理型”。这种类型的领导既关心人，也关心生产，能切合实际地分析问题，善于将组织需求与个人需求统一起来，使员工积极、高效地完成生产任务。他们乐于学习、掌握新知识和有效方法，被认为是处在自我实现层次的人。（9，9）型领导方式是最完善的领导方式，能激发员工的创造热情，发挥个人能力，进而更好地实现组织目标，是组织共同追求的领导方式。

3. 领导连续流理论

美国学者坦南鲍姆和施密特认为，领导方式是多种多样的，从专权型到放任型，存在着多种过渡类型。根据这种认识，他们提出了“领导方式的连续统一体理论”。图4-3概括描述了他们这种理论的基本内容和观点，列出了7种典型的领导方式。

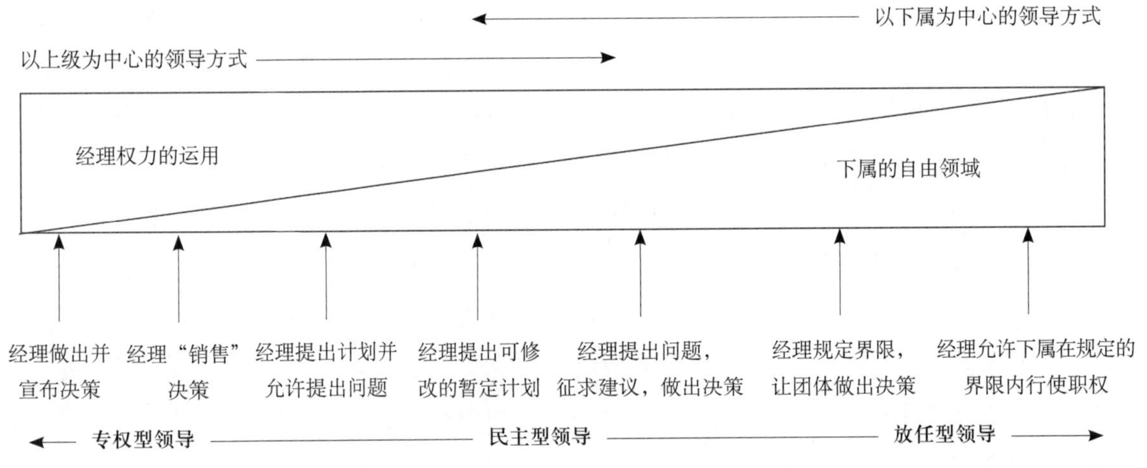

图4-3 领导连续流理论图

（1）经理做出并宣布决策。在这种方式中，上级确认一个问题，考虑各种可供选择的解决方式，从中选择一个，然后向下属宣布，以便执行。他可能考虑，也可能不考虑下属对他决策的想法。但不管怎样，他不给下属参与决策的机会，下属只能服从他的决定。

（2）经理“销售”决策。在这种方式中，如同前一种方式，经理承担确认问题和做出决定的责任，但他不是简单地宣布这个决策，而是说服下属接受他的决策。这样做表明他意识到下属可能有反对意见，他企图通过阐明这种决定给下属带来的利益以消除这种反对。

（3）经理提出计划并允许提出问题。在这种方式中，经理做出了决策，并期望下属接受这个决策，但他向下属提供一个有关他的想法和意图的详细说明，并允许提出问题。这样，他的下属就可以更好地了解他的意图和计划。这个过程使经理及其下属能深入探讨这个决策的意义和影响。

（4）经理提出可修改的暂定计划。在这种方式中，允许下属对决策发挥某些影响作用，但确认问题和决策的主动权操纵在经理手中。他先对问题进行考虑并提出一个计划，但只是暂定的计划，然后把这个计划交给有关人员征求意见。

（5）经理提出问题，征求建议，做出决策。在这种方式中，虽然确认问题和进行决策仍由经理来进行，但下属有建议权。下属可以在经理提出问题后，提出各种解决问题的方案，经理从他自己和下属提出的方案中选择满意者。这样做的目的是充分利用下属的知识和经验。

（6）经理规定界限，让团体做出决策。在这种方式中，经理把决策权交给团队。在这样做之前，他解释需要解决的问题，并给要做的决策规定界限。

（7）经理允许下属在规定的界限内行使职权。在这种方式中，团体有极度的自由，唯一的界限是上级所做的规定。如果上级参与了决策过程，也往往以普通成员的身份出现，并执行团体所做的决定。

坦南鲍姆和施密特认为，上述方式孰优孰劣没有绝对的标准，成功的经理不一定是专权的人，也不一定是放任的人，而是在具体情况下采取恰当行动的人。当需要果断指挥时，他善于指挥；当需要员工参与决策时，他能提供这种可能。只有这样，才能取得理想的领导效果。

（三）领导权变理论与风格

领导权变理论又称为情景或环境理论。领导行为研究成果表明，领导的有效性与领导者的行为和素质有关，与领导者所处的环境的关系更大。领导权变理论正是研究领导者行为在一定环境下成为有效的那些环境变量的理论，它指明有效的领导依环境变化而变化。这里主要介绍费德勒模式、途径—目标理论和生命周期理论。

1. 费德勒模式

费德勒是第一个把人格测量与情景分类联系起来研究领导绩效的心理学家。他经过大量的调查和长达15年的研究，提出了一个“有效领导的权变模式”，通常也称为费德勒模式。他认为，领导的好坏受3种情景因素的影响：一是领导者与被领导者的关系；二是工作任务是否明确；三是领导人所处的地位的固有权力及取得各方面支持的程度（地位权力）。费德勒认为，对于领导效果来说，如果这3种环境因素都是好的，那么就是最有利的条件；反之，3种因素都不好，那么就是最不利的条件。

根据上述3种环境因素条件的变化和互相不同的搭配，可以有以下领导方式，如表4-2所示。

表4-2　8种领导方式

顺序号	1	2	3	4	5	6	7	8
领导者与被领导者的关系	好	好	好	好	差	差	差	差
工作任务是否明确	明确		不明确		明确		不明确	
领导所处地位的固有权力及取得各方面支持的程度	强	弱	强	弱	强	弱	强	弱
领导者的领导方式	以工作为主	以工作为主	以工作为主	以人为主	以人为主	无资料	未发现关系	以工作为主

从这几种领导方式可以看出，环境因素决定领导方式。例如，1号，在领导者与被领导者关系较好、任务较明确、职权较强的环境下，应采用以工作为主的专制的领导方式。又如，8号，在领导者与被领导者关系不好、任务不明确、职权较弱的环境下，也应采用以工作为主的领导方式。再如，4号，在领导者与被领导者关系好、任务不明确、职权较弱的环境下，则应采用以人为主的领导方式。

2. 途径—目标理论

途径—目标理论是由加拿大多伦多大学教授埃文斯和豪斯提出的。这种理论认为，领导者的有效性取决于其激励员工达到组织目标的能力，以及使员工在工作中得到满足的能力。这要求领导帮助员工排除达到目标的障碍，在领导过程中提供或创造各种满足员工需要的机会。

途径—目标理论认为，最有效的领导方式必须考虑到情景因素，如下级的特点和任务的性质等。因为“高组织、高关心人”的组合并不一定就是最有效的领导方式。例如，当下级觉得他有能力完成任务且很需要荣誉和交往时，就应选择支持性的领导方式；当工作任务模糊不清、员工无所适从时，他们希望指令性的领导方式，帮助他们对工作做出明确的规定和安排；当工作内容已经明确或是进行一些比较熟悉的例行性工作时，领导者仍然不断地发出指令，就会使员工感到厌烦，引起员工的不满。所以，这时领导者最好采取支持性的领导方式。

3. 生命周期理论

心理学家卡曼把美国俄亥俄州立大学的领导行为四分法与阿吉里斯的“不成熟—成熟”理论结合起来，创造了三度空间领导效率模型。

这个理论认为，领导者的行为要与被领导者的成熟度相适应，随着被领导者的成熟度不断提高，领导的方式也要做出相应的变化。这里所说的成熟度，主要是指有成就感，有负责任的意愿和能力，有工作经验和受过一定的教育等。其中，年龄是一个成熟的因素，但不是唯一的因素。因为这里的成熟度是指心理的成熟度，而不是生理的成熟度。

卡曼指出，随着员工年龄的增长、技术的提高，由不成熟逐渐向成熟发展，因而领导行为应该按照下列顺序逐渐推移：高工作低关系→高工作高关系→低工作高关系→低工作低关系，如图4-4所示。

图4-4中，横坐标表示以工作为主的工作行为，纵坐标表示以员工为主的关系行为。同时引进了第三个因素——成熟度。工作行为表示领导者用单向沟通模式来指示下属干什么、怎么干等。关系行为表示领导者用双向沟通方式来指导下属并给予其福利。也就是说，当被领导者的成熟度处于不成熟阶段时，可以采用高工作、低关系的专制领导方式。

当被领导者的成熟度进入初步成熟阶段时，采取工作行为和关系行为都略高的方式，即说服式最为有效。领导者与下属通过双向沟通方式，相互交流信息，互相支持。因此，领导者应该采用高工作、高关系的领导方式。

当被领导者的成熟度发展到成熟阶段时，采取低工作、低关系的领导方式，即授权式最为有效。领导者给下属权力，自己起监督作用，通过充分授权、高度信任来调动下属的积极性。

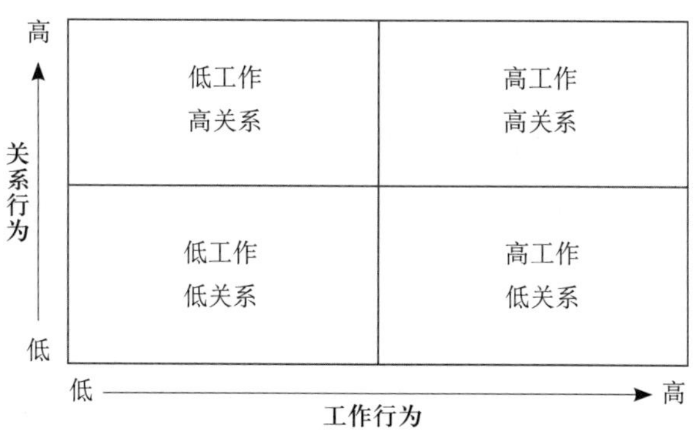

图4-4　生命周期理论模式图

四、领导艺术

典型案例 4-4

子发的用人之道[①]

用人之道，最重要的是要善于发现、发掘下属的一技之长。用人得当，事半功倍。战国时期，楚国将军子发喜欢结交有一技之长的人，并把他们招揽到麾下。有个其貌不扬、号称“神偷”的人，也被子发待为上宾。有一次，齐国进犯楚国，子发率军迎敌。交战三次，楚军三次败北。子发旗下不乏智谋之士、勇悍之将，但在强大的齐军面前，简直无计可施。这时“神偷”请战，在夜幕的掩护下，他将齐军主帅的睡帐偷了回来。第二天，子发派使者将睡帐送还给齐军主帅，并对他说：“我们出去打柴的士兵捡到您的睡帐，特地赶来奉还。”当天晚上，“神偷”又去将齐军主帅的枕头偷来，次日再由子发派人送还。第三天晚上，“神偷”又将齐军主帅的发簪偷来了，子发照样派人送还。齐军上下听说此事，甚为恐慌，主帅惊骇地对幕僚们说：“如果再不撤退，恐怕子发要派人来取我的人头了。”于是，齐军不战而退。

人不可能每一方面都出色，但也不可能每一方面都差劲，因此作为领导者要了解每个下属的性格特点，有针对性地进行领导，这样才能体现作为一名领导者应该具备的领导艺术。

① 资料来源：Serena.领导者必看：选人用人都是智慧，你做对了吗？[EB/OL].https://www.sohu.com/a/383867099_728331，2020-03-28.

（一）领导艺术的含义和特征

领导工作的实质是做人的工作，人性的复杂决定了领导工作既是一门科学，也是一门艺术。领导艺术是领导者在履行领导职能的过程中，运用自己的智慧和经验，创造性地解决某些问题的技巧。通过运用领导艺术，许多难题将迎刃而解。领导艺术来自领导者个人知识、阅历和经验的积累，具有个人魅力。

领导艺术有以下比较突出的特征。

（1）创造性。领导艺术构思独特，风格各异，凝聚着领导者的智慧和能力，没有一定的模式，令人耳目一新。

（2）经验性。领导艺术建立在领导者个人的经验、素养和洞察力的基础上，因而是丰富的阅历和工作经验的升华。

（3）灵活性。领导艺术都是针对复杂环境下比较棘手的问题做出的随机性、应变性的决策，其解决方式打破常规，因而表现出很大的灵活性。

（4）可学习，忌模仿。领导艺术总是因为特定的环境条件而引发，一般情况下，很难出现同样的环境条件，因而照搬别人的领导艺术难以有效地解决问题，从而使领导艺术失去其艺术色彩。

（二）领导艺术的分类

1. 授权的艺术

领导者有条不紊地处事是一种艺术。在组织中，经常可以看到这样一些领导者，整体忙忙碌碌，超时工作，没有娱乐、休息和学习的功夫，还总是感到时间不够用。作为一个领导者，当发现自己忙不过来时，就应该考虑自己是否影响了下属的职权，做了本应由下属去完成的任务。领导者必须明白，凡是下属可以做的事情，都应授权让他们去做，领导者只做领导应做的事情。

2. 用人的艺术

领导的对象就是人，没有人际之间的联系与沟通交流，就不可能有领导。领导者在实施指挥和协调的职能时，必须把自己的设想及决策等传递给被领导者，以影响被领导者的行为，不断激励他们为实现组织目标而努力；同时，还要善于用人，让其在适当的职位上发挥有利的作用。因此，领导者必须掌握用人的方法和艺术，激励下属、影响下属，并且做到知人善任。

3. 交谈和倾听的艺术

善于与下属交谈是一种领导艺术。有些领导者在与下属谈话时，往往同时批阅文件，左顾右盼，精力不集中，其结果不仅不能了解对方的思想，反而还会伤害对方的自尊，失去下属对自己的尊重和信任，甚至还会造成冲突和隔阂。所以，领导者必须掌握善于与下属交谈、倾听意见的艺术。

4. 争取信任与合作的艺术

有些新踏上领导岗位的人，往往只会自己埋头苦干，不善于争取别人的信任与合作；也有个别人只想利用手中的权力来使下属听从命令，较少考虑如何赢取他们的信任和友谊。领导者和被领导者之间的关系不应当只是一种刻板的、冷漠的上下级关系，而应当是建立在真诚合作基础上的同事关系，领导者不能只依靠自己手中的权力，还必须争取同事和下属的信任与合作。

5. 利用时间的艺术

创造财富都要耗费时间，做任何事情都需要占用时间。时间似乎是一种用之不竭的资源，但是就个人来说，时间又是有限的。因此“时间就是金钱”“时间就是生命”，这是实实在在的真理。领导者要做时间的主人。除了要科学、合理地进行组织管理、合理地分层授权之外，还需要合理地利用时间。

第二节　激　励

一、激励概述

典型案例 4-5

激励与忠诚[①]

有一家炼油公司位于美国宾夕法尼亚州的一个小镇。有一天，公司新上任的CEO赫布·鲍姆与小镇居民聊天（该镇居民几乎都是公司的基层员工），发现他们过着非常节俭的生活，即使买最基本的生活必需品——哪怕是孩子的鞋子，都要货比三家。这位CEO听到后，马上把公司分配给自己的专车退掉，然后向董事会申请，从自己的奖金中分给公司收入最低的155名员工每人1 000美元。这位CEO说，公司最底层的员工每年收入不过5万美元，而且还要供养一家人，他们去年的奖金只有区区500美元，而公司高级管理人员的奖金是他们的许多倍。自己拿出十几万美元分给他们不算什么，但是对于这100多名员工来说，要供养孩子上学或负担父母医药费，这是很有帮助的一大笔钱。最后他还认为，如果作为公司的领导能克制自己对金钱的欲望，而且能让

① 资料来源：《外国员工激励小案例带给我们的启示》（案例网），http://www.hrsee.com/?id=635。

员工们看到这一点，他们就会对公司非常忠诚，工作将会非常努力。果然这件事情之后，该炼油公司的人员离职率降到了11年来的最低点。

（一）激励的含义

什么是激励？美国管理学家贝雷尔森和斯坦尼尔给激励下了如下定义：“一切内心要争取的条件、希望、愿望、动力都构成了对人的激励。它是人类活动的一种内心状态。”人的一切行动都是由某种动机引起的，动机是一种精神状态，对人的行动起激发、推动、加强的作用。美国管理学家罗宾斯把动机定义为个体通过高水平的努力而实现组织目标的愿望，而这种努力又能满足组织个体的需要。一般而言，动机是指诱发、活跃、推动并引导行为指向一定目标的心理过程。

（二）激励的模式

人的行为是由一系列的活动构成的，对激励的研究是为了了解人类行为。如果能够了解人类行为的原因，就有可能把人们的活动引向所希望的方向。

1.激励过程的简单模式

心理学家认为，人的行为通常是由某种动机引起的，人类有目的的行为动机都是出于对某种需要的追求。动机的根源是人内心的紧张感，这种紧张感是因人的一项或多项重要需求没有得到满足而引起的。动力驱使人们向满足需求的目标前进，以消除或减轻内心的紧张感。

从图4-5中可以看出，激励过程实际上是一个由需要开始到需要得到满足为止的连锁反应过程。首先是感觉到有需要，由此产生需求（要达到的目标），引起紧张感（未满足的欲望），于是进行行动以达到目标，最后是需要得到了满足。这是激励过程的简单模式，实际上，激励是一个非常复杂的过程。

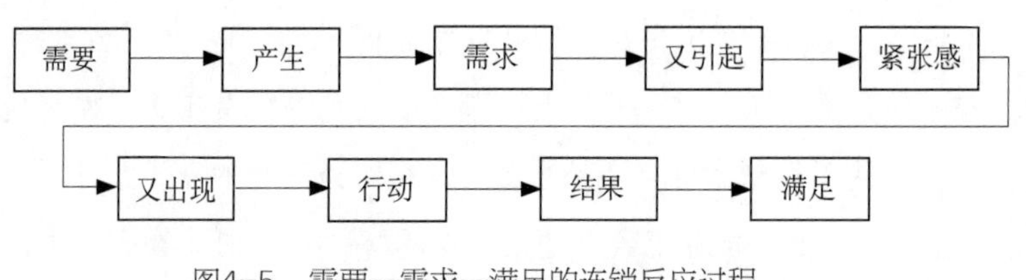

图4-5　需要—需求—满足的连锁反应过程

2.激励过程的复杂性

（1）人的需要并不全都是生理需求，有些需要是基本的需要，如水、食物、空气、睡眠等生理需要，其他的需要则是第二位的，如自尊、地位、归属感、成就等。

（2）需要引起行为，但是行为也可能引起需要。满足了一个需要，可能引起满足更多需要的愿望。例如，一个人追求对成就的需要，可能在他所追求的目标实现之后变得更强烈了。

（3）从激励与行为的关系来看，激励是引发行为的原因，但激励并不是行为结果的唯一解释因素。事实上，激励与人的个性和心理过程是相互作用、彼此影响的。客观环境、社会规范等也会影响人的行为。

（4）人们在力求满足需求时，并非每次都能成功，很多时候是达不到目标的，在需求得不到满足、目标没有达到的情况下，人的行为又会怎样呢？心理学家认为，当人的需求得不到满足时，就会产生挫折感。

（三）影响激励的因素

了解组织中的人的行为是进行激励的前提。影响激励行为的因素主要有以下几点。

1.认知因素

每个人都是根据感官传送来的刺激而做出反应与行动的。但如何认知这些刺激，要视过去的经验与现在的需求和价值观而定。换句话说，人的行为并非仅仅由实际存在的外界刺激所激发，也是由人对这些刺激的认知所激发，而人的认知又常常被过去的经验、价值观、环境和需求所曲解。也就是说，一个人所认知到的未必就是事物的本来面目，人的认知会因许多不同的因素的影响而失真。了解人们在认知方面的常见错误，可以促进我们对人的认识，进而有助于我们把管理工作做得更好。常见的认知曲解有选择性认知、定型化、光环效应和投射。

2.个人因素

在个人因素中，最重要的一个差异是每个人的个性差异。组织成员彼此在智力、能力及个性方面均存在差异。显然，对于在许多方面存在着显著差异的个人，对激励的反应是不同的。

3.群体因素

组织中的成员并不是以独立的个体发挥作用的，而是以集体的一员的身份来工作的。这些群体会影响群体成员的认知作用和行为。有些群体是正式的，是由组织正式成立的；有些群体是非正式的，是由一些互相之间友好的成员组成的。但无论是正式的还是非正式的，群体必然会发展出共同的情趣、态度和规范。这些情趣、态度和规范会影响群体成员的行为。

二、激励理论

典型案例 4-6

职场心境就像过山车①

李强已经在一家软件开发公司工作了6年。在这期间，他工作勤恳、负责，技术能力强，多次受到公司的表扬，领导很赏识他，并赋予他更多的工作和责任。几年

① 资料来源：管理学案例分析（自考生网），https://www.zikaosw.cn/daan/1022324.html。

中，他从普通的程序员晋升到了资深的系统分析员。虽然他的工资不是很高，住房也不宽敞，但他对自己所在的公司还是比较满意的，并经常被工作中的创造性要求所激励。公司经理经常在外来的客人面前赞扬他："李强是我们公司的技术骨干，是一个具有创新能力的人才……"

2018年7月，公司有申报职称指标，李强属于有条件申报之列，但名额却给了一个学历比他低、工作业绩平平的老同志。他想问一下领导，谁知领导却先来找他："李强，你年轻，机会有的是。"最近李强在和同事们的聊天中了解到他所在的部门新聘用了一位刚从大学毕业的程序分析员，但工资仅比他少50元。尽管李强平时是个不太计较的人，但对此还是感到迷惑不解，甚至很生气，他觉得这里可能有什么问题。

在这之后的一天下午，李强找到了人力资源部宫主任，问他此事是不是真的。宫主任说："李强，我们现在非常需要增加一名程序分析员，而程序分析员在人才市场上很紧俏，为了使公司能吸引到合格人才，我们不得不提供较高的起薪。为了公司的整体利益，请你理解。"李强问能否相应提高他的工资。宫主任回答："你的工作表现很好，领导很赏识你，我相信到时会给你提薪的。"李强向宫主任说了声"知道了"便离开了他的办公室，开始为自己在公司的前途感到忧虑。

从双因素理论来看，引起人们工作动机的因素主要有两个：一是保健因素；二是激励因素。只有激励因素才能够带给人们满意感，保健因素只能消除人们的不满，不会带来满意感。

（一）激励的需要理论

1. 需要层次理论

需要层次理论是由亚伯拉罕·马斯洛（1908—1970年）提出的。在马斯洛看来，人类价值体系存在两类不同的需要：一类是沿生物谱系上升方向逐渐变弱的本能或冲动，称为低级需要和生理需要；另一类是随生物进化而逐渐显现的潜能或需要，称为高级需要。

马斯洛理论把人的需要分成生理需要、安全需要、社会需要（情感需要）、尊重需要和自我实现需要5个层次，各层次需要的基本含义如下。

（1）生理需要。这是人类维持自身生存的最基本要求，包括食、衣、住、行等方面的要求。

（2）安全需要。这是人类要求保障自身安全、摆脱丧失财产威胁、避免职业病的侵袭等方面的需要。

（3）社会需要。这一层次的需要包括两个方面的内容，即友爱的需要和归属的需要。

（4）尊重需要。人人都希望自己有稳定的社会地位，要求个人的能力和成就得到社会的承认。

（5）自我实现需要。这是最高层次的需要，是指实现个人理想、抱负，发挥个人的能力到最大程度，完成与自己的能力相称的一切事情的需要。

马斯洛的需要层次理论在一定程度上反映了人类行为和心理活动的共同规律。马斯洛从人的需要出发探索人的激励因素和研究人的行为，抓住了问题的关键；马斯洛指出了人的需要是由低级向高级不断发展的，这一趋势基本上符合需要发展规律。因此，需要层次理论对企业管理者如何有效地调动人的积极性有启发作用。

但是，马斯洛是离开社会条件、离开人的历史发展及人的社会实践来考察人的需要及其结构的。其理论基础是存在主义的人本主义学说，即人的本质是超越社会历史的抽象的"自然人"，由此得出的一些观点就难以适应其他国家的情况。

2. 双因素理论

20世纪围绕两个问题：在工作中，哪些事项是让他们感到满意的，并估计这种积极情绪持续多长时间；哪些事项是让他们感到不满意的，并估计这种消极情绪持续多长时间。赫茨伯格以对这些问题的回答为材料，着手研究哪些事情使人们在工作中感到快乐和满足，哪些事情造成不愉快和不满足。结果他发现，使职工感到满意的都是属于工作本身或工作内容方面的；使职工感到不满的，都是属于工作环境或工作关系方面的。他把前者称为激励因素，后者称为保健因素。

保健因素的满足对职工产生的效果类似于卫生保健对身体健康所起的作用。保健从人的环境中消除有害于健康的事物，不能直接提高健康水平，但有预防疾病的效果；它不是治疗性的，而是预防性的。保健因素包括公司政策、管理措施、监督、人际关系、物质工作条件、工资、福利等。当这些因素恶化到人们认为可以接受的水平以下时，就会产生对工作的不满意。但是，当人们认为这些因素很好时，它只是消除了不满意，并不会导致积极的态度，这就形成了某种既不是满意又不是不满意的中性状态。

那些能带来积极态度、满意和激励作用的因素，即那些能满足个人自我实现需要的因素称为激励因素，包括成就、赏识、挑战性的工作、增加的工作责任，以及成长和发展的机会。如果具备了这些因素，就能对人们产生更大的激励。从这个意义出发，赫茨伯格认为传统的激励假设，如工资刺激、人际关系的改善、提供良好的工作条件等，都不会产生更大的激励了，它们能消除不满意，防止产生问题，但这些传统的激励因素即使达到最佳程度，也不会产生积极的激励。按照赫茨伯格的意见，管理当局应认识到保健因素是必需的，不过它一旦使不满意中和以后，就不能产生更积极的效果了。只有激励因素才能使人们有更好的工作成绩。

3. 成就动机理论

成就动机理论是美国哈佛大学教授戴维·麦克利兰通过对人的需求和动机进行研究，于20世纪50年代在一系列文章中提出的。戴维·麦克利兰把人的高层次需求归纳为对成就、权力和亲和的需求。他对这3种需求，特别是成就需求做了深入的研究。

（1）成就需求（ need for achievement）：争取成功，希望做得最好的需求。戴维·麦克利兰认为，具有强烈的成就需求的人渴望将事情做得更为完美，提高工作效率，获得更大的成功，他们追求的是在争取成功的过程中克服困难、解决难题、努力奋斗的乐趣，以及成功之后的个人成就感，并不看重成功所带来的物质奖励。个体的成就需求与他们所处的经济、文化、社会、政府的发展程度有关，社会风气也制约着人们的成就需求。

（2）权力需求（need for power）：影响或控制他人且不受他人控制的需求。权力需求是指影响或控制别人的一种愿望或驱动力。不同人对权力的渴望程度也有所不同。权力需求较高的人对影响和控制别人表现出很大的兴趣，喜欢对别人“发号施令”，注重争取地位和影响力。他们常常表现出喜欢争辩、健谈、直率和头脑冷静的特质；善于提出问题和要求；喜欢教训别人，并乐于演讲。他们喜欢具有竞争性和能体现较高地位的场合或情境，也会追求出色的成绩，但他们这样做并不像高成就需求的人那样是为了个人的成就感，而是为了获得地位和权力或与自己已具有的权力和地位相称。权力需求是管理成功的基本要素之一。

（3）亲和需求（need for affiliation）：建立友好亲密的人际关系的需求。亲和需求就是寻求被他人喜爱和接纳的一种愿望。高亲和动机的人更倾向于与他人进行交往，至少是为他人着想，这种交往会给他带来愉快。高亲和需求者渴望亲和，喜欢合作而不是竞争的工作环境，希望彼此之间能够沟通与理解，对环境中的人际关系更为敏感。有时，亲和需求也表现为对失去某些亲密关系的恐惧和对人际冲突的回避。亲和需求是保持社会交往和人际关系和谐的重要条件。

成就动机有利于心理健康和社会经济的发展，但是并不是所有的成就动机都能推动社会经济的发展。戴维·麦克利兰不仅强调了成就动机的作用，还指出成就动机是在一定的社会气氛下形成的。成就动机有个人取向的成就动机和社会取向的成就动机之分。个人取向的成就动机的特点如下：成就目标和评价标准主要由个人自己来决定；选择什么样的行为达到成就目标也由个人自己来做主；成就行为的效果也由个人自己来评价，评价标准也由个人自己来制定；个人对成就的价值观念的内化程度较高，成就的功能自主性较强，即追求成就本身是一种目的。社会取向的成就动机的特点如下：强调个人的成就目标和评价标准主要由他人或所属的团体来决定；选择什么样的行为达到目标也由他人或团体来决定；成就行为的效果由他人或团体来评价，评价标准也是由他人或团体不定期制定；个人对成就的价值观念的内化程度较弱，成就的社会工具性较强，即追求成就是一种手段，是为了让他人或团体高兴。

4. X理论和Y理论

X理论和Y理论（Theory X and Theory Y）是管理学中关于人们工作源动力的理论，由美国心理学家道格拉斯·麦格雷戈于1960年在其所著《企业中人的方面》一书中提出。这是一对基于两种完全相反假设的理论，X理论认为人们有消极的工作原动力，Y理论则认为人们有积极的工作原动力，即麦格雷戈的人性假设与管理方式理论。

X理论是麦格雷戈把人的工作动机视为获得经济报酬的“实利人”的人性假设理论的命名。X理论把人的行为视为机器，需要外力作用才能产生；Y理论把人视为一个有机的系统，其行为不但受外力影响，而且也受内力影响。这是两种截然不同的世界观、价值观。X理论反映的是经理人对员工的不信任，主张对员工严加看管；Y理论却认为员工都是善良的，完全可以通过激励的方式使其自觉地为企业工作。属于X理论的经理认为，企业目标和员工个人目标不可能是统一的，企业要求员工刻苦工作，而人在公司上班都容易讨厌工作，尤其是逃避艰苦、困难的工作。因此，要想企业各项工作得以完成，唯有对员工制定严格的纪律，采取强制、监管、惩罚等措施。在这种氛围中，俯首帖耳、老实工作的员工便是好员工。信奉X理论的管理者对下属的行动非常警觉，对他们的一言一行都非常敏感。他们更倾向于采取军队的管理方法，要求下属对上级的指令一味地服从，否则就要对他们实行责罚。Y理论与中国古代认为“人之初，性本善”的观点很相似，认为人都是有良心和自觉性的，只要条件合适，员工一般会卖力地工作。要求员工很好地工作，不能仅靠苛刻的管理制度和惩罚措施。如果企业能够采取正确的激励措施，那么员工不仅能够在工作中约束自己，自觉地完成所分配的工作任务，而且还会发挥自己的潜能。持有这种信念的管理者往往采用松散、诱导的管理方式，通过与员工一起制定目标的方式，促使员工参与管理，从而达到完成工作任务的目的。

（二）激励的过程理论

1. 公平理论

公平理论又称为社会比较理论，由美国心理学家约翰·斯塔希·亚当斯于1965年提出：员工的激励程度来源于对自己和参照对象（referent）的报酬和投入的比例的主观比较感觉。公平理论的基本观点如下：当一个人做出了成绩并取得了报酬以后，他不仅关心自己所得报酬的绝对量，而且关心自己所得报酬的相对量。因此，他要进行种种比较来确定自己所获报酬是否合理，比较的结果将直接影响今后工作的积极性。

公平理论研究的成果之一在于公平感的维度及各个维度影响的差异性。对于公平感的内在结构研究，有单因素理论、双因素理论、三因素理论和四因素理论。其中，双因素理论认为，公平感存在分配公平和程序公平两个维度。三因素理论认为，公平由分配公平、程序公平和互动公平组成。四因素理论把公平的维度拓展成分配公平、程序公平、人际公平和信息公平。分配公平主要影响具体、以个人为参照的效果变量，程序公平主要影响与组织有关的效果变量，互动公平主要影响与上级有关的效果变量。

然而公平理论也有很多不足之处，其一就是忽视了个体差异性。例如，研究指出，管理人员倾向于大公无私，而大公无私的员工对内在公平（如成长需要、工作丰富化）更敏感，自私自利的员工对外在结果更在意。忽视个体差异性的研究使得公平理论的研究对管理实践的作用大打折扣。不同的个体差异，如自尊、核心自我评价、自我概念的清晰性，会对公平的感知造成什么差异？这些差别对管理实践的应用价值如何？这些将是有价值的研究。亚当斯的公平理论关于这些个体差异的研究成果较多，公平理论可以借鉴这些关于个体特征的研究。

2. 期望理论

期望理论（expectancy theory）又称为效价—手段—期望理论，是美国著名心理学家和行为科学家维克托·弗鲁姆于1964年在《工作与激励》中提出来的激励理论。期望理论是以3个因素反映需要与目标之间的关系的，要激励员工，就必须让员工明确：工作能够提供给他们真正需要的东西；他们想要的东西与绩效联系在一起；只要努力工作，就能提高他们的绩效。

维克托·弗鲁姆认为，人总是渴求满足一定的需要并设法达到一定的目标。这个目标在尚未实现时，表现为一种期望，这时目标反过来对个人的动机又是一种激发的力量，这个激发力量的大小取决于目标价值（效价）和期望概率（期望值）的乘积，可用公式表示：

$$M=\sum V\cdot E$$

（1）M 表示激发力量，是指调动一个人的积极性，激发人内部潜力的强度。

（2）V 表示目标价值（效价），是一个心理学概念，是指达到目标对于满足他个人需要的价值。同一目标，由于每个人所处的环境、需求不同，其需要的目标价值也就不同。同一个目标对每个人可能有3种效价：正、零、负。效价越高，激励力量就越大。某一客体如金钱、地位、汽车等，如果个体不喜欢、不愿意获取，目标效价就低，对人的行为的拉动力量就小。

（3）E 是期望值，是人们根据过去经验判断自己达到某种目标的可能性是大还是小，即能够达到目标的概率。目标价值大小直接反映人的需要动机的强弱，期望概率反映人实现需要和动机的信心强弱。如果个体相信通过努力肯定会取得优秀成绩，期望值就高。

这个公式说明：假如一个人把某种目标的价值看得很大，估计能实现的概率也很高，那么这个目标激发动机的力量就越强烈。经发展后，期望公式表示为，动机=效价×期望值×工具性。其中，工具性是指能帮助个人实现的非个人因素，如环境、快捷方式、任务工具等。例如，在战争环境下，效价和期望值再高，也无法正常提高人的动机性。又如，外资企业良好的办公环境、设备、文化制度都是吸引人才的重要因素。

期望理论对于有效地调动人的积极性，做好人的思想政治工作，具有一定的启发和借鉴意义。因为期望理论是在目标尚未实现的情况下研究目标对人的动机的影响。一个好的管理者应当研究在什么情况下使期望大于现实，在什么情况下使期望等于现实，以更好地调动人的积极性。管理者应该同时注意提高期望概率和效价。仅仅重视激励是片面的，应该注意提高工作人员的素质，包括提高他们的思想素质和业务能力，通过提高他们对自身的期望概率提高激励水平，创造较高的绩效目标。管理者应该提高对绩效与报酬关联性的认识，将绩效与报酬紧密结合起来。

3. 目标设置理论

美国马里兰大学管理学兼心理学教授埃德温·洛克在研究中发现，外来的刺激（如奖励、工作反馈、监督的压力）都是通过目标来影响动机的。目标能引导活动指向与目标有关的行为，使人们根据难度的大小来调整努力的程度，并影响行为的持久性。于是，在一系列科学研究的基础上，洛克于1967年最先提出“目标设置理论”（goal setting theory），认为目标本身就具有激励作用，能把人的需要转变为动机，使人们朝着一定的方向努力，并将自己的行为结果与既定的目标相对照，及时进行调整和修正，从而实现目标。这种使需要转化为动机，再由动机支配行动以达成目标的过程就是目标激励。目标激励的效果受目标本身的性质和周围变量的影响。

影响目标设定的因素有如下几个。

（1）承诺。承诺是指个体被目标所吸引，认为目标重要，持之以恒地为达到目标而努力的程度。个体在最强烈地想解决一个问题的时候，最能产生对目标的承诺，并随后真正解决问题。

（2）目标与反馈结合在一起更能提高绩效。目标为人们指出应达到什么样的目的或结果，同时它也是个体评价自己绩效的标准。反馈则告诉人们这些标准满足得怎么样，哪些地方做得好，哪些地方尚有待改进。

（3）自我效能感。自我效能感的概念是由班杜拉提出的，目标激励的效果与个体自我效能感的关系也是目标设定理论中研究得比较多的内容。自我效能感就是个体在处理某种问题时能做得多好的一种自我判断，它是以对个体全部资源的评估为基础的，包括能力、经验、训练、过去的绩效、关于任务的信息等。

（4）任务策略。目标本身有助于个体直接实现目标。首先，目标引导活动指向与目标有关的行为，而不是与目标无关的行为。其次，目标会引导人们根据难度的大小来调整努力的程度。最后，目标会影响行为的持久性，使人们在遇到挫折时也不放弃，直到实现目标。当这些直接的方式还不能够实现目标时，个体就需要寻找一种有效的任务策略。尤其是当面临困难任务时，仅有努力、注意力和持久性是不够的，还需要有适当的任务策略。任务策略是指个体在面对复杂问题时使用的有效的解决方法。

（5）满意感。当个体经过种种努力终于达到目标后，如果能得到他所需要的报酬和奖赏，就会感到满意；如果没有得到预料中的奖赏，就会感到不满意。同时，满意感还受到另一个因素的影响，即个体对他所得报酬是否公平的理解。如果说，通过与同事相比、与朋友相比、与自己的过去相比、与自己的投入相比，他感到所得的报酬是公平的，就会感到满意；反之，则会不满意。

（三）激励的强化理论

强化理论是美国的心理学家和行为科学家斯金纳、赫西、布兰查德等提出的一种理论。他们提出了一种“操作条件反射”理论，认为人或动物为了达到某种目的，会采取一定的行为作用于环境。当这种行为的结果对他有利时，这种行为就会在以后重复出现；当这种行为的结果对他不利时，这种行为就会减弱或消失。人们可以用这种正强化或负强化的方法来影响行为的结果，从而修正其行为，这就是强化理论，也称为行为修正理论。

一般来说，强化有两种：正强化和负强化。通过某种强化物，能使管理者期望的行为发生概率增大，行为者受到这种强化物的激励，其积极性会得到提高，这就是正强化。相反，通过某种强化物，能使管理者期望的行为发生概率减小，行为者受到这种强化物的激励，其积极性会消退甚至丧失，这就是负强化。由此出发，斯金纳把强化物分为两种：正强化物（positive reinforcer）和负强化物（negative reinforcer）。

1. 正强化

对正强化物的效用可以从两个层面来理解：一是某一行为如果会为行为者带来愉快和满足，如给予食物、金钱、赞誉和关爱等，行为者就会倾向于重复该行为；二是某一行为如果能减少和消除行为者的不快和厌恶，如减少噪声、严寒、酷热和责骂等，那么行为者也会倾向于重复该行为。

2. 负强化

负强化物分为惩罚性强化物和消退性强化物。惩罚性强化物是指会给行为者带来不快的东西，能使行为者的行为倾向减弱；消退性强化物是指减少或取消令行为者愉快的东西，也能使行为者倾向于终止或避免重复该行为。对正强化物与负强化物的区分，不能想当然，而要以其效果确定。

强化理论对管理实践的指导作用主要有以下几点。

（1）奖励与惩罚相结合。对于正确的行为，以及有成绩的个人或群体给予适当的奖励；同时，对于不良行为，以及一切不利于组织工作的行为则要给予处罚。大量实践证明，奖惩结合的方法优于只奖不罚或只罚不奖的方法。

（2）以奖为主，以罚为辅。强调奖励与惩罚并用，并不等于奖励与惩罚并重，而是应以奖为主，以罚为辅，因为过多运用惩罚的方法，会带来许多消极的作用，在运用时必须慎重。

（3）及时而正确强化。及时强化是指让人们尽快知道其行为结果的好坏或进展情况，并尽量地予以相应的奖励。正确强化就是要"赏罚分明"，即当出现良好行为时就给予适当的奖励，出现不良行为时就给予适当的惩罚。及时强化能给人们以鼓励，使其增强信心并迅速地激发其工作热情，但这种积极性的效果是以正确强化为前提的；相反，乱赏乱罚绝不会产生激励效果。

（4）奖人所需，形式多样。要使奖励成为真正的强化因素，就必须因人制宜地进行奖励。每个人都有自己的特点和个性，其需要也各不相同，因而他们对具体奖励的反应也会大不一样。所以奖励应尽量不搞一刀切，应该奖人之所需，形式多样化，只有这样才能起到奖励的效果。

三、激励实务

典型案例 4-7

宝洁公司员工激励案例①

星期四下班时，宝洁中国人力资源部高级经理周艳玲将一张卡片放在办公桌上，这张卡片将提示每个来找自己的同事，周五她在家工作。同样具有提示效果的，是她在内部邮件和沟通平台上的留言——如果需要，可以直接打住宅电话找到她。大多数公司完全无法容忍员工如此"自由散漫"。

但宝洁并非如此，这家全球领先的快速消费品制造和零售商，正在将跨国公司推行的"弹性工作制"带入中国职场。这项名为"工作与生活平衡"（better work better life）的计划，旨在改变几十年来约定俗成的中国商业信条——出勤等同于工作，以至于需要上下班打卡。周艳玲这个周五所做的，正是这个计划的核心部分之一——允许员工每周自由选择一个工作日在家工作。这项计划的其他部分还包括：员工有特殊需求，最多可以只工作60％时间的"非全职工作"；公司工作1年以上的员工，每3年

① 资料来源：《宝洁公司员工激励案例描述与分析》（豆丁网），https://www.docin.com/p-2159477207.html。

可以要求一个月个人假期；上午10时才赶到公司的员工并不算迟到，而工作时间去做半小时推拿也不会被上司指责。宝洁位于广州天河的30层办公室里，非工作设施一应俱全，随时去做运动、推拿、吃新鲜水果和躺在床上小睡片刻都是被鼓励的。

当代企业的竞争由“资本主义”向“人本主义”和“知本主义”转变，“得人才者得天下”，一个企业只有在人才上占尽优势，才能在愈演愈烈的竞争中无往不胜。真正的员工激励不仅仅关乎钱。甚至可以肯定地说，那些真正能够激励员工自发自愿、竭尽全力把自己的全部潜能发挥出来的东西，一定不是钱。那它们是什么呢？它们是意义、责任、自豪、荣誉、习惯、团队的群体动力等。

（一）激励的原则

1.目标合理化原则

在整个激励过程中，目标的设置是一个重要环节。目标合理化原则包括以下两方面含义：其一，目标的设置要与个体能力相适应、相符合，即个体通过自身的努力可以实现或达到组织所设定的目标，否则目标过高，会使组织成员产生挫败感，从而产生消极的态度和行为，违背了激励的目标。其二，目标的设置要将组织目标与个人目标相结合，首先目标设置必须体现组织目标宗旨，否则激励将会偏离组织目标的方向；其次目标设置还必须考虑员工个人目标，否则达不到满意的奖励强度。

2.公平原则

激励往往是通过奖励或惩罚来实现的，公平原则就是在激励过程中要赏罚分明，这是最基本的一个原则。如果激励不能做到公平，不仅不能达到预期的效果，反而会造成许多消极的影响。

3.适度原则

适度原则是指激励的措施要适度。要根据所实现目标本身的价值大小确定激励的程度，过大或过小都会产生不良的影响。

4.明确性原则

激励的明确性原则，首先要明确组织成员的努力方向和方法；其次要在激励过程中，明确各项激励措施所对应的行为结果，即不同的行为结果应有不同的奖惩措施。

5.时效性原则

时效性原则是提高激励强度的重要原则。组织成员付出劳动并取得相应行为结果时，就会期望得到社会或组织对其自身价值的承认和评价。激励越及时，越有利于提高激励强度，从而进一步推动组织成员的行为。

（二）激励的方法

1. 物质激励

物质并不是唯一能够激励人的力量，但是物质作为一种激励因素是永远都不可忽视的。物质有多种形式，如工资、奖金、股权等都是重要的激励因素。物质的经济价值使其成为满足人们的生理需要和安全需要的一种手段；物质的心理价值对于人来说又是满足较高的归属需要和尊重需要的一种手段，它象征着成功、成就和地位等。

2. 精神激励

精神激励是相对于物质激励而言的。精神激励是指通过一系列非物质方式来满足个体的心理需要，改变其意识形态，激发其工作活力。可以通过以下几种方式进行精神激励。

（1）事业激励。事业激励是指人所从事的具有一定目标、规模并对社会发展具有一定影响的经营活动。

（2）荣誉激励。荣誉激励是通过满足人们的自尊需要而达到激励的目的，如对优秀员工授予劳动模范、先进人物等荣誉称号。

（3）学习激励。随着知识经济的到来，当今世界日趋数字化、信息化，知识更新速度更快，员工队伍存在的知识结构不合理和知识老化的现象越来越突出。因此，给员工提供各种学习、锻炼的机会也是一种有效的奖励方式。

在使用上述激励方法的同时，必须注意，激励和约束是一个问题的两个方面，两者缺一不可，如同汽车的发动机和刹车装置，必须同时具备才能让企业这辆列车一直保持良好的运行状态。

第三节　沟　通

典型案例 4-8

企业成功源于沟通[①]

美国沃尔玛公司的总裁萨姆·沃尔顿曾经在接受采访时说过：“你问我沃尔玛成功的原因，我想是很复杂的，但是如果必须回答的话，我认为是沟通。它是沃尔玛取得成功的关键因素之一。”

沃尔玛公司总部设立在美国阿肯色州本顿维尔市，总部的行政管理人员每周都

① 资料来源：《沃尔玛的制度》（百度文库），https://wenku.baidu.com/view/4c19616f011ca300a6c39037.html。

要花费大量时间去往沃尔玛设在各地的商店，向所有员工通报公司的经营及业务状况，以便让全体员工共同知晓公司的业务指标。不仅如此，在沃尔玛的任何一家商店里，都会定时公布该商店的经营状况，包括进货、销售和利润等情况，不仅方便经理和管理者制定新的销售策略，还能鼓励一线员工有目标地进行推销，从而争取更好的业绩。

值得一提的是，沃尔玛公司的股东大会是美国规模最大的股东大会。沃尔玛公司的股东大会之所以大，不是因为公司股东人数众多，而是因为每一次大会，公司都会尽可能让更多的商店经理和员工参加，尽可能让每一家商店的员工都能看到公司的全貌，了解公司的现状，做到心中有数。每次股东大会结束后，萨姆·沃尔顿都会和妻子一起邀请所有出席会议的人到自己家里进行聚会，在野餐会上尽可能多地与各个层级的员工聊天，大家一起讨论公司的未来和前进方向，为公司的发展出谋划策。

萨姆·沃尔顿认为，让每个员工都了解公司经营及业务情况，并且与各个岗位的员工进行信息共享，是让员工更有目标和积极性的根本途径，也是与员工交流和沟通的绝佳方式。同时，沃尔玛公司在与其员工沟通的过程中，也借助信息共享和责任分担，达到了企业的目的，即强化员工对公司的归属感及公司事务的参与度，使员工感受到被尊重和受重视，从而进一步激发了员工的工作积极性，力争取得更加出色的成绩。

众多管理实践已经证明，沟通是激发员工积极性的有效手段，更是企业管理中不可缺少的重要环节。作为一名企业管理者，学会如何与员工沟通是必备的管理素质之一。频繁与及时的沟通可以使员工明白公司的经营状况，领会领导意图，以便员工及时调整工作重心。沟通还可以使员工明确自己岗位应该承担的责任，有效避免推卸责任。在知道公司发展情况后，员工会自觉把自己归为公司的一分子，从而爆发出巨大的工作热情，提高工作效率，促进企业的健康发展。

一、沟通的含义及过程

（一）沟通的含义

关于沟通的定义，《大英百科全书》认为，沟通就是通过任何一种或多种方法，达到彼此交换信息的目的。换言之，沟通即一个人与另一个人之间以视觉、符号、电话、书信、收音机、电视、网络或其他工具为媒介，进而交换信息。

管理学家斯蒂芬对沟通下的定义是，沟通是意思的传递与理解。如果存在完美的沟通，应是经过传递之后被接收者感知到的信息与发送者发出的信息完全一致。

斯通纳认为，沟通是人通过传递符号信息来分享意思的过程。它包含3个基本要素：①沟通是人与人之间的事情，所以要理解沟通，就必须尽力去理解人与人之间的关系；②沟通的实质是意思分享，它表明人们为了进行沟通，必须在所使用语汇意义方面取得一致；③沟通要使用不同符号，如姿势、声音、文字、数字和表情等，它们能表达或接近表达所要传递的意义。

综合各种有关沟通的定义，可以把沟通定义为，沟通是指意思、信息或思想在两个或两个以上人群中传递或交换的动态过程。从某种意义上说，沟通贯穿于整个管理工作，甚至可以说管理的过程就是信息、思想、情感在人与人之间或群体之间交换传递的过程。有效沟通是指相关信息被及时、正确地传递和了解。

（二）沟通的过程

沟通的过程就是信息发送者通过采取某种方式或渠道把可理解的信息传递给接收者的过程。一个完整的沟通过程如图4-6所示。

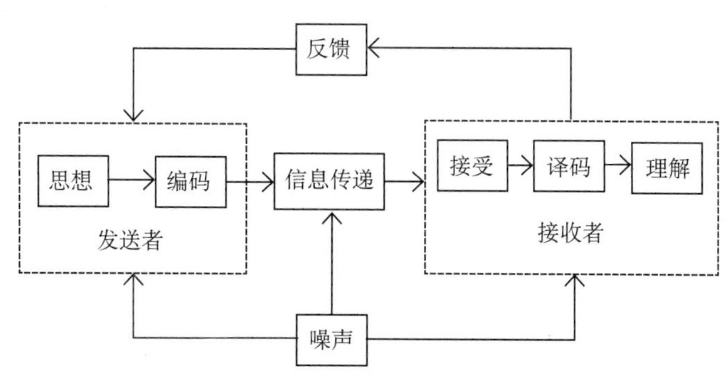

图4-6 沟通过程

沟通过程包括以下环节：

（1）形成思想。信息的发送者首先要明确准备将要进行沟通的信息内容。此处的信息可以是想法、观点、意思和文件等。

（2）编码。信息发送者将这些信息表达为某种或某些能够被接收者接收并且理解的一系列符号，包括语言、文字、手势、表情、图表等。没有编码，信息就没有载体，也就无法进行传递。

（3）沟通渠道。通过某种媒介或渠道把信息传递给对方，包括交谈、打电话、写信、邮箱留言、写报告、演讲等。由于想要传递信息的种类不同，因此信息传递者选择的传递方式也不同，通常重要或复杂的信息需要运用多种方法和渠道进行传递。

（4）接受。接收者接收并接受这些符号之后，将这些符号通过特定编码译码为具有特定含义的信息，其中包括接受、译码和理解等步骤。译码的正确与否决定了信息接收者能否准确理解信息发送者所要传递的信息，从而直接影响沟通效果。

（5）反馈。信息接收者把所收到的或理解之后的信息再返回信息发送者那里，供信息发送者核查该信息是否被正确理解。若没有理解，则可以进一步纠正可能发生的一些偏差。反馈的过程可以通过交谈、电话、写信、语音、邮件和写报告等方式来完成。

整个沟通过程都可能受到噪声的影响。噪声是指信息在传递过程中所受到的干扰因素，其中既有内部干扰因素，又有外部干扰因素，在沟通的任何环节都有可能造成噪声，从而破坏信息的完整性和准确性，进一步影响沟通的有效性。

以上所述的沟通过程既适用于人与人之间的沟通，也适用于非人际的沟通，如电话、传真机、计算机等通信工具之间的沟通。

二、沟通的目的及作用

（一）沟通的目的

沟通是管理中必不可少的活动，良好的沟通可以提高效率、促进变革，主要表现在以下几方面。

（1）设置并传播组织目标。组织需要拥有共同的整体目标，目标的内容需要通过沟通传达到组织内的每个成员，使其知道并理解，这样才能明确每个组织成员的工作方向、工作重点和工作目标。

（2）以最有效的方式来组织人力资源及其他资源。人力资源组织大致包括人力资源的指挥、引导、调动、激励，这些活动主要依靠领导者通过沟通的手段来实施。领导者要通过良好、有效的人际沟通，增强组织成员的凝聚力和向心力，在明确组织成员任务和目标的同时，使组织成员感受到领导者的关心和重视。

（3）控制组织目标的实现。组织目标的实现程度及效果是通过具体的逐级的沟通来反馈的。如果组织内部缺乏沟通，管理者便无法准确掌握各部门工作进度和具体情况，也就无法及时根据现状来调整整体的工作计划和目标，进而导致组织目标的无法实现。

（二）沟通的作用

组织内进行沟通的目的是组织内部成员通过沟通的方式来了解相关部门或个人的工作进度及方向，从而根据整体情况及时调整自己的工作方向和节奏，以保证与组织前进方向一致，组织内员工形成最大合力，从而实现组织既定目标。因此，从沟通的根本目的可以看出，沟通实际上可以起到如下作用。

（1）创造一个和谐的氛围。组织内成员具有广大的个人理想及详细的职业规划，一个组织的工作氛围是否和谐，直接影响了组织内成员能否在其中健康、快乐地工作，并且甘愿为组织奋斗。和谐的人际氛围是指组织成员之间友好相处，彼此尊重，彼此合作，即便在工作过程中产生了一些矛盾，各方也一定会通过积极的沟通解释各自的考虑，妥善地当面处理，而不是剑拔弩张，破坏组织整体工作氛围。

（2）使行为协调。组织内成员在各自的岗位上往往是严格按照分工要求来不偏离地工作，但是组织的环境是一直在变化的，组织成员的思想、心理、思考方式也都在变化，因此，组织成员的行为就有可能发生一定变异。组织内成员之间若想保持行为及目标的协调性，就必须清楚地知道自己工作的进度、其他成员正在做什么、大家应该如何合作，这些情况和信息都必须通过沟通来实现。沟通可以使组织内各成员清楚地明白自己的工作相对于组织整体的进度，以便进一步调整自己的工作方向，明白自己与其他成员的差异，从而更好地完成组织任务，达到组织目标。

（3）上行下达，使管理有效率。管理是在行政机制的框架下对资源进行合理配置的活动过程，对于资源的整合效率体现在此种行政机制的有效性上。在现实的管理活动中，行政机制是否有效取决于：①组织规模和管理层级的多寡；②信息沟通渠道设置的合理性与能否正常运作。组织内管理层级越多，内部的指示、请示、反馈等信息就需要经过越多的层级才能到达信息接收者。这样的管理层级会导致信息传递的失真，且信息在传递过程中会耗费大量时间，使所传递信息失去时效性，进而使组织机制运转效率低下，上、下级沟通不畅。信息沟通需要渠道，若没有渠道，则信息无法被传递，沟通也无法发生。所以，有畅通的沟通渠道及沟通渠道合理是行政机制有效性的重要保证。当沟通渠道某个环节堵塞导致整个渠道不通畅或者渠道不够宽时，高层领导的指示或命令就无法及时传递至下级；同样，如果基层员工的工作行为发生错误或偏差，上级领导也无法迅速得知，这样就会使整个机制无法正常运转，极大地降低了工作效率。

哈罗德·孔茨教授曾指出，组织的沟通主要具有以下作用：①设置并传播一个企业的目标；②制订计划以实现目标；③将组织拥有的人力资源及其他资源发挥最大效用；④选拔、培养、评价组织中心成员；⑤领导、指挥和激励员工，并设法营造协调的工作环境；⑥对实际情况进行实时把控以便实现组织目标。在哈罗德·孔茨看来，信息沟通的目的和职能可用图4-7表示。

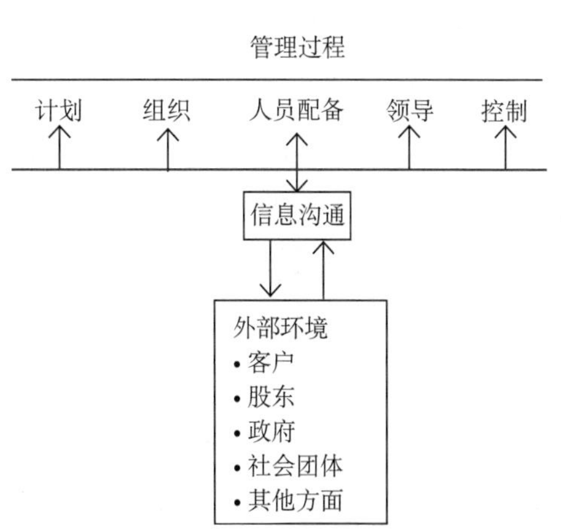

图4-7　信息沟通的目的和职能

典型案例 4-9

与众不同的管理者[①]

史蒂夫·乔布斯是苹果公司的联合创始人之一，为我们带来了许多高科技产品。当乔布斯在Macworld大会上介绍苹果公司的新产品时，你不会看到他像绝大多数首席执行官出席他们最重要的年度盛事那样西装革履。通过始终选择黑色毛衣及黑色或蓝色的牛仔裤，乔布斯创造了他自己的独特形象。这种形象生动展现了苹果公司的形象：不同寻常、睿智、时尚。许多人说，这是一种与新时代消费者进行沟通的明智的方式，因为这一时代崇尚透明、创造性及个人选择。此外，乔布斯还具有一种幽默感。在Macworld大会上介绍苹果公司新推出的iPhone 4时，乔布斯幽默地评价了一位科技类杂志撰稿人在一家咖啡馆中发现的样机。当他展示这款手机时，他说道："如果你们之前看到过这款产品，那么可以让我闭嘴。"这位领导者了解并且能够利用非言语沟通的威力，而且善于与听众建立紧密联系并加以充分利用。

三、沟通的形式及类型

（一）沟通的形式

1. 口头沟通

口头沟通是管理沟通中最常用的方式，如面对面交谈、讲座、会议、打电话等。口头沟通的优点是快速传递、快速反馈、信息量大、及时性好；缺点是信息传递经过的层级越多，信息失真越严重，信息意思表达越不准确，信息核实越困难。

2. 书面沟通

书面沟通是以文字为载体的信息传递，主要形式有文件、报告、信件、书面合同等。书面沟通在管理活动中通常会显得较正式、规范，并且便于保存，有据可查，信息传递的范围较广，准确性较高。以书信作为媒介的沟通方式的优点是有形、可保存、可核实、准确性高；缺点是传递速度相对较慢，因此造成沟通效率低下，并且缺乏反馈。

3. 非言语沟通

非言语沟通即以非口头和书面语言的形式所进行的信息传递，如利用声、光信号（图片、旗语、警报、服装、颜色），体态（手势、表情、肢体动作），语调（疑问、肯定）等。以非语言的形式进行沟通的优点是，含义较隐藏，信息表达意思明确、较灵活；缺点是，信息传递

① 作者自编案例。

距离有限，信息表达的意思只能意会，难以言传。这种利用信号、动作和语调的沟通方式往往作为组织内人际沟通的一种辅助交流手段，适当使用可以提高沟通的效率，改善沟通的效果。

4. 电子媒介沟通

电子媒介沟通是指以电子符号的形式通过电子媒体的渠道进行的沟通，如录音录像、可视电话、短信、计算机网络等。以电子符号为媒介的沟通方式的优点是传输速度快、信息容量大、传输距离不受限制、廉价；缺点是形式比较单一，并且可信度不高。随着现代科学技术和互联网技术的高速发展，电子媒介沟通在管理活动中所占的比重越来越大。

（二）人际沟通的障碍

信息在人际沟通过程中存在着失真的潜在可能性。导致信息失真的因素如下。

（1）过滤。过滤是指人为地故意操纵信息，使信息呈现出信息发送者想要其呈现的内容。例如，下属在向领导汇报工作时，告诉上司的往往都是他想要领导知道的信息，此时这位员工就是在过滤信息。信息过滤的程度与组织层级的多少和组织内部文化有很大程度的联系。在组织中，纵向层级越多，信息在传递的过程中被过滤的次数就越多，相应地信息被过滤掉的内容也就越多。

（2）选择性知觉。在沟通过程中，信息接收者会根据自己的动机、需要选择性地接收信息，并且这种选择性往往与信息接收者的背景、个人经验和性格等有不可分割的关系，甚至在对信息进行译码时往往会加入自己的期望去理解信息。如果一名面试官有女性求职者总是把家庭置于工作之上的惯常思维，那么无论女性求职者有没有这种想法，该面试官都会有这种想法。

（3）情绪。信息接收者在接收信息时的情绪也会影响到他对于所接收到的信息的理解。对于同样的信息，同一个信息接收者在不同情绪下接收到时理解也会有所不同，并且极端的情绪（如狂喜、大悲）还会在一定程度上阻碍信息的有效传递。因为当信息接收者的情绪处于较极端的情况时，往往无法进行理性的思维活动，并且极有可能对信息进行情绪化判断。所以，组织成员应尽量避免在极端情绪下做决定，因为此时无法理智、冷静地分析问题。

（4）语言。同样内容的信息对于不同的人来说理解到的含义是不同的。多种因素会影响人对于信息内容的理解，其中年龄、受教育程度和所处文化背景是3个最明显的影响因素。这些因素影响着一个人的语言习惯及对于词语含义的理解。在一个庞大的组织中，员工往往有着不同的背景。另外，具体工作的专门化也使相应的专业人员形成了各自的专业术语甚至行业惯常思维。来自不同国家、不同地区的员工都会受到其文化背景的影响，并且都有各自的习惯用语，同时语言问题也会给员工之间的沟通带来阻碍。

（5）非言语提示。非语言的沟通往往与口头沟通相伴发生。口头沟通和非语言沟通协调一致时，沟通效果会被强化。例如，经理在说到上月的业绩不达标时很生气，说话声音也很大，由此可以判断出经理此时很恼火，这基本上是一个正确的判断。但是，当非语言沟通所传达的信息和口头信息不一致，甚至表达意思相反时，不但会使信息接收者感到困惑，而且信息本身的清晰程度也会受到影响。

（三）沟通的类型

在一个组织中，成员之间无时无刻不在进行着沟通。这些沟通可以根据途径分为正式沟通和非正式沟通。正式沟通是指通过组织正式确定的结构进行沟通，如已经发展起来的信息系统；非正式沟通是指通过组织正式确定的结构以外的渠道进行的个人之间的沟通。

1. 正式沟通

正式沟通一般指在组织系统内，依据组织明文规定的原则在组织确定的结构中进行的信息传递与交流，如组织与组织之间的公函来往，组织内部的文件传达、召开会议，部门与部门之间的文件往来，以及上下级之间的定期工作汇报等。

（1）沟通的流向。正式沟通按照信息的流向可分为下行沟通、上行沟通、横向沟通和外向流通，如图4-8所示。

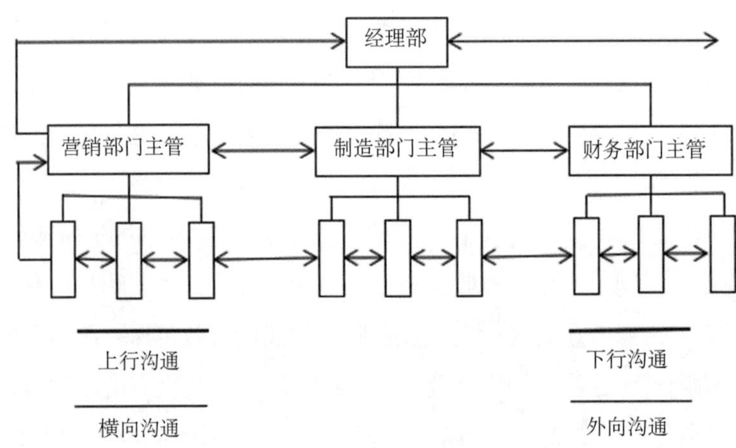

图4-8 组织正式沟通的流向

下行沟通是组织内运用较广泛、使用频率较高的沟通流向之一，主要是指以命令或者指示的方式向下级传达上级所做的决策、所制定的规定与计划等信息。如果组织规模较大、层级数目过多，那么信息在下向流通时极有可能发生失真，包括信息的部分丢失和扭曲等，而且过多的层级会使信息传递过于缓慢。

上行沟通是指下属或低级别的员工依据组织规定向所属上级做工作汇报，这种工作汇报既可以是口头的，也可以是书面的。除此之外，许多组织越来越意识到沟通的重要性，会采取很多措施来鼓励员工进行上向沟通，如意见箱、员工意见匿名问卷调查及定期举办员工座谈会等。

横向沟通是指同一层级中不同部门之间的沟通。由于受到传统组织结构和职能分工的影响，不同业务部门之间的横向沟通不是很多。如果采取定期会议的方式，往往会在耗费大量时间的同时造成沟通效率不高的后果，沟通效果往往也不尽人意。因此，如果组织间想进行有效的横向沟通，必须采用正式沟通与非正式沟通相结合的沟通方式。

外向沟通是指组织与组织外部所发生的沟通，可以由组织指定的代表或组织授权的组织成员代表组织与外部组织进行沟通。从一定角度来讲，外向沟通属于组织对外联系的范畴，不属于组织内部沟通的内容。

正式沟通的优点有沟通效率高、较严肃、方便保存、约束力强、沟通效果较好等。一般在组织内部，重要的消息或文件的传达、严肃的决策、计划等往往都会采用正式的沟通方式。同时，正式沟通的缺点在于，由于消息的传递需要经过许多层级，因此信息传递较慢，并且可能在传递过程中造成信息的丢失和扭曲。

（2）正式沟通的形态。组织内部成员在沟通时会形成复杂多样的沟通网络，这些沟通网络又由不同的形态组成。正式沟通的主要形态有链式沟通、轮式沟通和全通道式沟通。

链式沟通形态是控制型结构的一种，指的是居于链式沟通形态两端的人只能与内部的一个组织成员联系，内部的一个组织成员则可以分别与两端的成员进行沟通。这种沟通形态是一个平行网络，相当于一个纵向沟通网络。信息在其中需要通过不同的层级，自上而下或自下而上地进行传递。在这种形态的沟通网络中，信息经过层层传递、过滤，极有可能会造成信息的不完整和失真，所以各个层级接收到的信息都不一样，会造成一定程度的沟通障碍，从而降低沟通的整体满意度。

轮式沟通形态是控制型沟通网络的一种，在这种沟通网络下，只有一个组织内成员是各种信息的汇集点和传递中心。在实际组织中，大致相当于一个主管领导控制管理的几个部门的管理系统。此种沟通网络集中程度很高，信息传递速度很快，解决问题的效率也很高；但是沟通渠道很少，并且不是很宽阔，相应地降低了组织成员的总体满意度，工作士气低落。由于采用轮式沟通网络信息传递速度快、控制集中，因此组织在处理紧急情况时，可以采用这种沟通网络来进行联络、沟通。

全通道式沟通也称为星式沟通，在这种沟通网络中，每个组织内成员都可以与任何一个成员进行沟通、联系，这是一个开放式的网络。此网络中组织信息集中程度和管理人员对情况的预测准确度都很低，由于沟通渠道过于多样，组织内成员的平均满意度较一致并且很高，因此组织内工作氛围良好，合作气氛浓厚。这种沟通网络对于提升组织士气、增强合作精神具有很大的作用（见图4-9）。

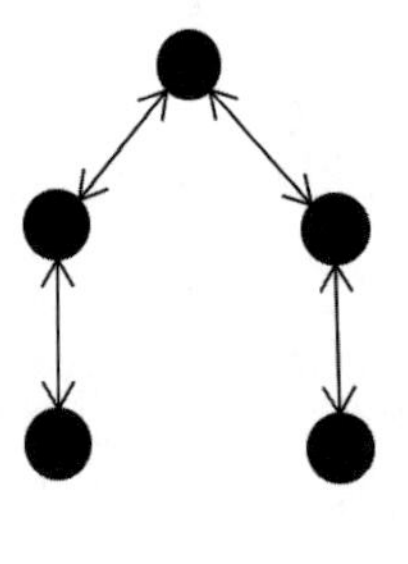

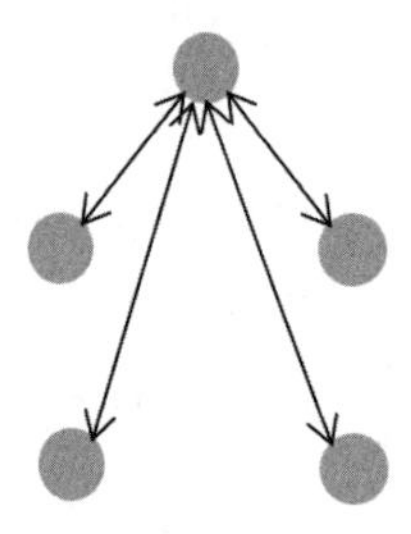

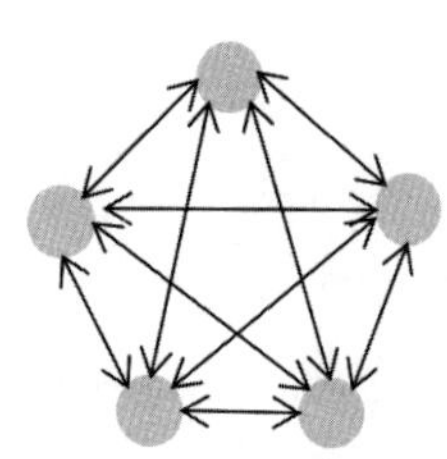

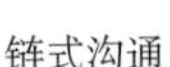

轮式沟通

全通道式沟通

图4-9 组织沟通网络

（3）正式沟通的方法。沟通方法有很多，在组织沟通的过程中，经常用到的正式沟通方法有发布指示、请示、汇报、会议、个别交谈等。

在组织中，上级管理者向所属下级发布命令或指示是上下级进行沟通的一种常见的方式。上级管理者通常是把想传达给下属的信息通过组织变成命令或指示，并且通过组织内严格的层级制度和已经建立好的沟通网络将信息传递给下级，从而达到沟通的目的。在这种情况下，上级管理者就要注意信息内容的准确性、可理解程度，同时还要注意沟通渠道和方式的选择。

请示是相对于指示来说的，主要是由下级员工向上级领导传达信息的一种沟通方法，一般组织成员会采用口头汇报或书面形式来进行沟通。内容简单或时间紧急的信息多采用口头形式，内容严肃、复杂或需要保存的信息往往会采用书面形式。

汇报和请示一样，都是由下级员工发起的，指向上级管理者信息传递的过程。不同的是，汇报主要发生在某项具体任务操作过程中，如下级将在工作过程中遇到的问题、发现的隐患、建议改进的流程等向上级管理者反映。汇报同样可以采用口头沟通和书面沟通两种形式。

会议沟通，顾名思义，就是通过召开会议（座谈会、股东大会、讨论会等）进行信息的交流和沟通。会议作为一种传统的组织沟通方式存在已久，人们可以通过开会的形式，发表观点，交流思想，并最终达成统一意见。

个别交谈是指在组织中，人们通过正式或非正式的沟通方式与被沟通对象进行的直接交流。这种沟通方式由于参与人员极少，因此称为个别交谈。个别交谈往往是沟通双方进行面对面的联系交流，所以比较直接，比较容易达到沟通的目的。采用这种沟通方式应该注意不要在交流中过多地加入个人情绪和情感，营造一个和谐的谈话环境，会使沟通效果更佳。

2. 非正式沟通

非正式沟通是指通过组织正式沟通渠道之外的信息流通渠道进行沟通，这种沟通方式的渠道非常多并且往往具有很大的不确定性。例如，组织内成员之间的随意交流、工作之后的交谈都是非正式沟通。

非正式沟通和正式沟通有着很大的区别，如沟通对象、沟通时间、交流地点，甚至沟通的内容都是未经准备和难以确定的。非正式组织是组织内成员在工作过程中由于情感和动机的需要逐渐发展起来的，在非正式组织中，成员之间进行沟通的渠道非常多，并且组织内成员的关系往往超越了部门和层级的限制。在许多情况下，相较于正式沟通渠道，上级管理者往往更加信任来自非正式沟通渠道的信息。但是，非正式沟通也存在一定的缺点，由于它往往以口头形式进行，因此不易留存证据。

四、沟通的障碍及克服

（一）沟通障碍的类型

在沟通过程中，被传递的信息往往由于客观或主观原因被丢失或被曲解，因此导致信息的传递往往无法取得预期效果甚至不能正常传递，这种现象称为沟通障碍。

1. 信息发送方面的障碍

如果想要进行沟通，第一件事就是对想要传递的信息进行编码。换言之，也就是信息发送者将心中的想法通过适当的编码，使之变为可以进行传递的信息。编码的质量是影响信息能否有效传递的关键因素之一。一般来看，影响信息编码质量的因素有以下3个。

（1）表达能力。信息发送者良好的表达能力是沟通顺畅、有效的重要保障。如果信息发送者不能准确地表达出自己想要发出的信息内容，就会在信息传递之初为信息有效传递埋下隐患。一份内容含糊、主题不清楚、意思不准确的信息几乎无法准确表达信息发送者的意图。由此可见，如果信息发送者不能准确、清晰地对信息进行编码，那么在信息传递的第一个环节就会出现问题，从而使最终信息接收者准确接收到信息内容的可能性大大降低。

（2）知识经验。任何人都没有办法传递自己一无所知的信息内容。因为人在成长过程中个人性格、兴趣爱好和所接受的教育都有很大的差异性，所以每个人掌握的技能都有限，并不是对所有类型的信息都能准确传递，因而可能影响被传递信息的质量。当然，如果信息传递者与信息发送者有相似的经验，那么此时信息传递的成功率将大大提高。

（3）发送者的信誉。沟通中往往会存在这样一个现象，在沟通方式、沟通对象和沟通内容都相同的情况下，如果是由不同的信息发送者发送的，那么最后的信息传递的结果和效果可能存在很大的差异。这说明了信息发送者的信誉对于信息能否有效传递起到了关键作用。如果信息接收者对于信息发送者是信任的，那么沟通的质量和效果都会达到预期。相反，如果信息发送者由于能力不足、态度差、人品不好，导致信息接收者对他的好感度下降，那么信息接收者在收到信息后首先从感情上来说是拒绝的，因此会对信息产生不信任感。

2. 信息传递渠道的障碍

（1）信息传递手段的障碍。随着科学技术的快速发展，组织中可使用的沟通手段也越来越多，其中包括许多现代化信息技术，这些技术也在很大程度上提高了沟通的效率。但是，沟通设备有时也会出现故障，给组织内沟通带来障碍。例如，在使用对讲机进行沟通时，如果对讲机发生故障，就会影响信息发收双方的沟通效果，甚至给组织带来不好的影响。

（2）传递渠道的障碍。信息的传递必须依赖特定的传输渠道，如果渠道发生堵塞，信息传递就无法正常进行。信息传递渠道的堵塞可能是由很多原因造成的，其中一个就是信息传递环节过多，这样在信息传递的过程中就会发生信息损耗，并且环节越多，损耗也越多，当信息传递到信息接收者那里时，信息可能已经由于严重损耗而发生了失真，甚至变质。

3. 信息接收者的障碍

（1）理解能力。信息接收者的理解能力与信息发送者的理解能力一样重要。如果信息接收者的语言、文字理解能力差，那么当信息接收者收到信息时则无法准确、明白地理解信息所蕴含的内容，甚至会对信息产生误解，最终导致沟通障碍。

（2）信息过量障碍。因为每个人的接受能力和记忆容量都是有限的，所以当信息接收者接收到的信息过多时，他便会无意识地忽略部分信息，这就可能造成信息接收者接收到的信息不完整，从而对整个信息的理解出现偏差。在信息化社会里，每个人每天都接收到非常多的信息，人们不可能掌握所有的信息，所以应该学会判断信息的重要性，有选择性地接收信息。

4. 沟通环境的障碍

（1）社会文化环境。社会文化会对人的价值观念和信仰追求造成一定的影响，同时这些价值观念又会左右人们的沟通行为，如许多人习惯对父母报喜不报忧，当这种习惯应用到工作中时，就会对沟通的效果造成一定的影响，从而造成信息的不真实，达不到预期的沟通效果。

（2）噪声干扰。沟通环境的好坏直接影响沟通的效果。安静、和谐的环境对于信息的传递和组织成员之间的沟通都会起到很好的辅助作用；嘈杂的环境则会使信息接收者很难全面、准确地接收到全部信息。此外，沟通的距离、沟通双方的情绪、所处场合都会对信息传递的效果产生一定的影响。

（二）有效沟通的原则

1. 明确沟通目标

沟通是一项有准备、有意识的自觉行为，所以必须在沟通之前就明确此次沟通的目的和想要达到的效果。根据沟通的目标来进一步设定沟通的整个流程，并且准备好应急方案以应对突发情况。

2. 具备科学的思维

思维是沟通的基础。只有合理、严密的思维才可以进行有效的沟通。科学的、合理的思维主要包括两个方面：一方面是具备正确处理信息的能力，抓住事情的关键；另一方面是可以形成清晰、明了的沟通思路，形成完整的沟通方案。

3. 管制信息流

在沟通的过程中，对于信息量的多少有较严密的控制，既不能过少，也不能过多。如果信息量过少，就无法达到沟通的目的；信息量过多，就会造成部分信息的遗漏和丢失，造成信息的不完整性。因此，要对信息进行必要的过滤，去掉无关紧要的信息，以保证所传递的信息质量高、数量适当。

4. 选择恰当的沟通渠道与方式

为进行有效沟通，就要根据沟通目标、沟通内容和沟通对象等方面的需要，正确地选择沟通渠道、媒介及相应的沟通方式与方法，从而保证传递过程中的效率和质量。

5. 讲究语言艺术

语言是管理沟通最基本的手段，能否正确、有效地使用语言，对沟通效果的影响极大。管理者要讲究语言艺术，提高沟通语言的简练性、准确性、针对性和趣味性，以提高沟通的有效性。

6. 了解沟通对象，增强沟通针对性

每个沟通对象的性格、心理、需求都是有所差异的，这些因素都会对沟通的效果产生影响。如果在不了解沟通对象的情况下就直接与其进行信息交流，那么极有可能会有沟通不畅或沟通效果不佳的情况出现。因此，在进行沟通之前，需要对沟通对象进行心理、知识及个性等方面的了解，这样就可以及时应对沟通过程中的突发情况，改善沟通效果。

7. 及时反馈

及时反馈可以在很大程度上削减由于噪声等因素造成的信息失真的影响，进而改善沟通的效果。尤其是在面对面的直接沟通过程中，及时运用反馈的手段，还可以进一步掌握沟通对象的反映，进而及时调整沟通策略，实现更加有效的沟通。

典型案例 4–10

“德国最愚蠢的银行”①

2008年9月15日10时，拥有158年历史的美国第四大投资银行雷曼兄弟公司向法

① 资料来源：德国最愚蠢的银行（百度文库），https://wenku.baidu.com/view/15908ce94afe04a1b071dee7。

院申请破产保护，消息转瞬间通过电视、广播和网络传遍地球的各个角落。令人匪夷所思的是，在如此明朗的情况下，10时10分，德国国家发展银行居然按照外汇掉期协议，通过计算机自动付款系统，向雷曼兄弟公司即将冻结的银行账户转入了3亿欧元。毫无疑问，3亿欧元将有去无回。转账风波曝光后，德国社会各界大为震惊，舆论哗然，普遍认为，这笔损失本不应该发生，因为此前一天，有关雷曼兄弟公司破产的消息已经满天飞，德国国家发展银行应该知道交易存在巨大的风险，并事先做好防范措施才对。德国销量最大的《图片报》，在9月18日头版的标题中，指责德国国家发展银行是迄今为止"德国最愚蠢的银行"。此事惊动了德国财政部，时任财政部长佩尔·施泰因布吕克发誓，一定要查个水落石出并严厉惩罚相关责任人。法律事务所的调查员先后询问了德国国家发展银行各部门的数十名职员。几天后，调查员向国会和财政部递交了一份调查报告，调查报告并不复杂、深奥，只是一一记载了被询问人员在这10分钟忙了些什么。答案就在这里面。看看他们忙了些什么。

首席执行官乌尔里奇·施罗德：我知道今天要按照协议预先的约定转账，至于是否撤销这笔巨额交易，应该让董事会开会讨论决定。

董事长保卢斯：我们还没有得到风险评估报告，无法及时做出正确的决策。

董事长秘书史里芬：我打电话给国际业务部门催要风险评估报告，可那里总是占线，我想还是隔一会儿再打吧。

国际业务部经理克鲁克：星期五晚上准备带上全家人去听音乐会，我得提前打电话预订门票。

国际业务部副经理伊梅尔曼：忙于其他事情，没有时间去关心雷曼兄弟公司的消息。

负责处理与雷曼兄弟公司业务的高级经理希特霍芬：我让文员上网浏览新闻，一旦有雷曼兄弟公司的消息就立即报告，现在我要去休息室喝杯咖啡了。

文员施特鲁克：10时3分，我在网上看到了雷曼兄弟公司向法院申请破产保护的新闻，马上就跑到希特霍芬的办公室，但是他不在，我就写了张便条放在办公桌上，他回来后会看的。

结算部经理德尔布吕克：今天是协议规定的交易日子，我没有接到停止交易的指令，那就按照原计划转账吧。

结算部自动付款系统操作员曼斯坦因：德尔布吕克让我执行转账操作，我什么也没问就做了。

信贷部经理莫德尔：我在走廊里碰到了施特鲁克，他告诉我雷曼兄弟公司的破产消息，但是我相信希特霍芬和其他职员的专业素养，一定不会犯低级错误，因此也没必要提醒他们。

公关部经理贝克：雷曼兄弟公司破产已发生，我想与乌尔里奇·施罗德谈谈这件事，但上午要会见几个克罗地亚客人，等下午再找他也不迟，反正不差这几个小时。

时任德国财政部长施泰因布吕克出席银行监管董事会会议后感叹："我这一辈子都没经历过这样的事。"

演绎一场悲剧，短短10分钟就已足够。在这家银行，上到董事长，下到操作员，没有一个人是愚蠢的。可悲的是，几乎同一时间，每个人都开了点小差，每个人都没有同其他人进行有效沟通，核实并确认自己的信息和行为，结果就创造出了"德国最愚蠢的银行"。

（三）有效沟通的方法

1. 积极倾听

（1）在接收者倾听时，发送者和倾听者都在认真思考，积极倾听是对信息发送者的一种积极、认真的态度，反映出倾听者的主动。在多数情况下，单纯地听是比较被动的，但想有效地倾听则需要积极主动。积极倾听需要倾听者的注意力集中于发送者的信息，并且了解发送者表达的内容。因此，在积极倾听的过程中往往需要大量脑力及注意力的投入，积极倾听比一般地听更加辛苦。

倾听者想保持积极倾听，需要满足专注、移情、接受、对完整性负责4个基本要求。

①专注。上文的数据显示，人的说话速度仅为大脑能接受说话速度的1/6，接受与表达之间的差距使得大脑在倾听时有较长的时间未被占用。积极倾听需要倾听者的注意力十分集中，使大脑自动屏蔽其他各色各样的容易分散注意力的念头的打扰，如吃饭、微博、微信等。在这些不被打扰的时间内，积极倾听者的大脑将发送者表达的信息整合存储在脑海里，通过自己的思考形成信息框架，并且将每一个新的细微的信息整合到自己的框架中。

②移情。移情的关键在于倾听者需要转换自己的角度，不是站在自己的角度去理解问题，而是将自己置身于说话者的位置上，设身处地地去理解说话者想要传达的信息含义。在这个过程中，倾听者需要摒除自己所处位置固有的想法与感觉，从说话者的角度去聆听感受，从而保证说话者表达的信息含义与倾听者接收到的信息含义更趋向一致。

③接受。积极倾听的重要表现为接受，不同个体接受的表现也不同。对于倾听者来说，能够客观地倾听说话者，不做判断是一件非常困难的事。倾听者在说话者说出自己不同意的观点及看法时，常表现为在脑海中反驳说话者的观点及看法。在这样的情况下，倾听者将会遗漏掉说话者的很多信息。积极倾听则需要倾听者表现出一种接受的态度，将自己的主观判

断放在说话者表达完毕后。

④对完整性负责。对完整性负责表现在倾听者不仅要注意说话者的表达内容，还要关注说话者表达时的情绪。在产生疑问时，及时通过提问的方式保证倾听到的信息的正确性。

（2）开发积极倾听的技能。

①目光接触。倾听者在聆听说话者说话时，需要与说话者有目光接触，这样说话者可以通过目光是否有接触来判断倾听者是否在认真倾听。适时的目光接触也有利于倾听者注意力的集中，降低走神的可能性。

②赞许性点头。赞许性点头表明倾听者对于说话者所说的内容比较感兴趣。合适的面部表情和赞许性点头都可以表明倾听者的积极态度。

③避免分心动作。在倾听过程中，注意不要做一些看表、心不在焉地翻阅文件、拿着笔乱写乱画等动作，这些动作都是表明思想走神的动作。当说话者看到倾听者有一些分心动作时，会认为倾听者对于自己表达的内容很厌烦或不感兴趣。除此之外，这些分心动作也会让倾听者难以集中注意力，因而忽略了说话者想要传达的信息。

④提问。当倾听者对于说话者的表达内容产生困惑时，为了保证倾听到的内容的正确性与清晰度，应向说话者提出疑问，同时使说话者知道自己在认真聆听。

⑤复述。复述是指倾听者用自己的语言重述说话者所表达的信息。复述的原因在于，一方面检查倾听者是否在认真倾听，是否存在走神的情况而导致不能完整复述；另一方面复述可以检验倾听者理解的准确性。

⑥避免中间打断说话者。在倾听的过程中，应避免在说话者未完全表达自己内容时打断他的说话，不要急于表达自己对于说话者内容的看法。

⑦不要多说。与聆听相比，大多数人更愿意去畅谈自己。倾听往往表现出沉默，畅谈则会为说话者增加有趣的标签，很多人主动去倾听是为了更好地表达自己。一个人不可能同时做到听和说，一个好的倾听者会自觉做到不多说。

⑧角色转换。积极倾听者可以很流畅地在说者和听者之间进行角色转换。

2.运用反馈

误解与信息不准确会造成很多沟通问题，但是有效的反馈可以在很大程度上减少类似问题的发生。管理者可以通过让下属复述自己说话内容的方式来确保下属接收到的信息的正确性。除了以上的语言方式外，管理者还可以用非语言的方式，如绩效评估、薪金核查及晋升等来反馈。

（1）积极反馈与消极反馈。人们都爱听好话，讨厌坏消息。人们在积极反馈与消极反馈之间，更加容易接受积极反馈。在实际管理中，消极反馈同样被广泛使用，原因在于，研究表明：若消极反馈来自地位较高或德高望重的人，并且来源于可靠的信息源，那么消极反馈也会被轻易接受。

（2）批评时应具体。在表扬别人时，不需要具体化对方的某件事或某个优点。在批评别人时，不能过于迷糊，需要避免“你的工作态度很不好”或“你的出色工作留给我深刻印象”等语句的表达。也就是说，表扬别人时可以对事对人，但是批评别人时需要做到对事不对人。消极反馈应该依据特定的工作行为，而不是针对犯错误的人。

（3）把握反馈的良机。在接收者的行为与获得对该行为的反馈相隔时间非常短时，反馈最有意义。若接收者的行为与反馈之间的时间间隔过长，接收者需要花时间重新回想当时的情境和恢复某人的记忆，已经失去了当时的感受与情感，反馈则可能是无效的。当然，有时遇到尚未获得充足的信息或情绪极为低落的情况，应该间隔适当的时间，让接收者有时间冷静，若此时尽快提供反馈则会适得其反。综上所述，反馈者需要根据具体的情况具体分析，在适当的时机做出正确的反馈，确保反馈的最佳效果。

（4）确保反馈的清晰度与完整性。反馈者需要保证所传达的信息的准确性和完整性，让接收者可以清楚地了解反馈的内容。每一次成功的沟通都需要信息的传递与理解。

（5）使消极反馈指向接收者可控制的行为。在反馈时应该让倾听者记住那些他可以自主改变的缺点，这样的反馈才会促使倾听者改变自己，下一次不再出现之前类似的问题。

3. 简化语言

在沟通的过程中，语言可能会形成一定障碍，因此管理者必须严谨地组织信息，选择恰当的措辞，以保证信息清楚、明确。管理者还必须对语言进行简化，明确接收者，以使所用的语言适合他们。有效的沟通不单单着眼于信息能否被接收，还需要被理解。在简化信息语言的基础上，选择与听众一致的方式，能够有效地提高理解效果。例如，在群体中使用行话会使沟通十分顺畅，但是若在群体之外使用则会导致沟通障碍。

在进行信息传递时，为了尽量降低语言使用所造成的不利影响，可以先将信息告诉不熟悉这一内容的人。例如，让接收者在正式沟通之前阅读演讲词，有助于确认相关术语、不连续的逻辑及不清楚的假设。

4. 抑制情绪

通常来说，管理者不总是以完全理性的方式进行沟通的。信息的传递受很多因素的影响，如情绪。当管理者由于某件事而产生失落感时，很可能会对所接收的信息产生曲解，并且不能准确地表达出自己的信息。对此，管理者应该如何应对呢？最简便的方法就是先暂停沟通直至恢复平静。

5. 注意非言语提示

行动比语言更明确。因此，在沟通中很重要的一点就是注意自己的行为举止，确保行为与语言一致，并利用行动来强化语言信息。非语言信息在沟通中往往占据很重要的地位。因此，有效的沟通者十分注重非语言的提示，以此强化所传达的信息。

第四节　变革与创新

一、变革及其力量

典型案例 4-11

富绅集团的变革管理①

2005年8月，地处广东省惠州市的富绅集团进行了一次极为引人注目的“权力外交”，创始人陈成才先生在激烈的市场竞争中勇于变革，决定外聘营销策划专家张海良先生出任富绅集团总经理一职，展现富绅集团谋求中国男装品牌“话语权”的决心和信心，同时也展现富绅集团“用专业的人做专业的事”作为团队经营管理理念所创造的新面貌和新成绩。陈成才坦言，15年来，富绅作为家族企业，从来没有外聘过像总经理类的高层管理人员，张海良出任集团总经理，是富绅发展史上的第一次，也是富绅的第一次“权力外交”。这一重大战略举措在业内和媒体上引起强烈反响和广泛讨论，富绅集团再一次成为万众瞩目的焦点。舆论认为：这是中国服饰企业第一次大规模、高规格地外聘专业人才全盘主持企业的经营和管理，是整个行业的一大进步，具有里程碑般的重大意义。

可以看出，激烈的竞争市场促使了富绅集团采取变革措施。

（一）变革的定义

可以这样理解组织变革：当受到外部环境的冲击时，组织需要对其内部的结构、战略、文化及员工的行为和态度等方面做出调整，使组织达到预期的要求，维持一种新的均衡状态。这个均衡的状态主要包括3个方面：第一，要有足够的稳定性，以达到组织的目标；第二，要有足够的持续性，保证组织有秩序地前进；第三，要有足够的适应性，这样才能抓住外部市场的机会，对外部环境的变化及时做出反应。变动性是管理者不可避免的现实，稳定性是管理者要达到的目标，所以管理者要将两者有机地结合起来，在变动中求得新的稳定，使组织不断地发展、进步。

（二）变革的力量

现代的组织并不是独立的，而是整个社会开放系统中的一个子系统，组织避免不了受系

① 资料来源：张清平.富绅变革：随风潜入夜，润物细无声[EB/OL].http://www.chinavalue.net/finance/article/2006-7-5/36244.html，2006-07-05/2019-09-25.

统中其他部分的影响。组织的运行是与多重环境发生动态的相互影响的过程。组织有其特定的结构和文化，面临的环境具有多层次、多因素、复杂多变等特点。组织要想取得稳定和发展，必须不断地调整和改善自身的结构和功能，增强自身在多变环境下适应、生存、发展的能力，提高灵活性，应对各种未知的挑战。这意味着企业要不断地进行变革。推动组织变革的动力主要分为外部动力和内部动力。

1. 外部动力

影响组织变革的外部因素有很多，市场、科学技术、经济、国际竞争、客户等的变化都有可能成为推动组织变革的动力。

（1）市场。市场竞争激烈，企业发展面临着各方面的压力。企业为了更好地满足消费者需求，要观察目标市场消费者需求动向；为了将产品更有效益地在渠道终端上提供，企业要处理好与供应商的关系；除了同类型产品企业与自己争夺市场份额外，还要时刻警惕替代品行业的发展趋势。基于全球化的市场竞争越来越激烈，企业之间的竞争方式不仅停留在价格层面，还要挖掘自己的产品特色，形成自身独特的竞争优势，才能抓住市场。组织需要与市场同步，调整自身的竞争观念，针对市场变化做出相应举措。

（2）科学技术。科学技术的进步对企业的结构和规模会产生一定影响，如新技术在组织中的应用会在很大程度上影响组织的战略决定。一个规模很小的民营企业，员工人数少，组织的正规化程度低，但是由于新技术或新设备的引进，企业可能需要对员工安排做出调整，改变管理员工的方式，调整员工的层级结构，扩张组织规模，甚至可能需要改变企业近十年的发展战略和目标。科学技术对组织的影响是巨大的，企业可能凭借新技术迅速发展壮大，也可能因跟不上科学技术的脚步而被市场淘汰。

（3）经济。组织所处宏观经济环境对企业的活动有着重要的导向作用。例如，中国经济环境从传统的计划经济体制转向社会主义市场经济体制的这一变化，对于企业来说，是机遇也是挑战。企业要顺应趋势打破计划经济体制下纵向、横向的组织结构模式，建立能够适应市场经济体制要求，符合现代企业制度的组织结构模式。经济全球化会刺激组织结构、组织沟通方式的变革。例如，在经济全球化的形势下，企业面临更多优秀的国内外企业，为了扩大市场，减少经营风险，国内的企业大多会选择与国外企业合作，构建联盟，以获得新的知识和信息，提高自身的竞争优势，这就要求企业在沟通方式上做出变革。

2. 内部动力

组织内部的变革力量主要有组织战略的变化、劳动力队伍的变化、新设备的引进、员工态度的变化等方面。

（1）组织战略的变化。组织的组织战略发生了变化，组织结构也必要发生改变。组织结构的调整也是为了更好地实现组织的战略。组织战略变革主要受两个方面的影响，一方面是组织对外部环境的控制能力及组织对外部环境发生意外情况的承受能力和应对能力。外部环境变化迅速，政治的变化、法律文件的颁布，以及经济政策的改变等都会影响组织的外部环境，组织对外部的控制能力越强，就越能处变不惊，采取措施应对威胁。另一方面来自组织内部，如组织内部的协调能力、组织战略的确定、组织内部的创新性、物质文化的凝聚力等。这些组织内部的能力主要在组织运行过程中得以培养，组织内部能力越高，组织越能制定适应环境和发展目标的组织战略。

（2）劳动力队伍的变化。要不要引进一些专门的技术人才？如何引进这些人才？企业要意识到这些问题的重要性。员工队伍壮大是企业发展会面临的一个问题，企业应当引起重视，而不是墨守成规，只有充分合理地将员工安置到合适的岗位，他们才能更有效率地完成工作。员工队伍的变化推动组织内部的变革，对员工队伍合理安排的重视，既是更好地满足员工发展的需要，也是提高企业适应性、灵活性的重要举措。

（3）新设备的引进。企业内各个部门相互关联，企业引进新的技术、工作设备，既体现了企业发展的趋势，也意味着技术部门的工作在不断加强。企业内的其他部门，如营销部门、生产部门都要根据技术部门的变革做出相应改变。营销部门可能需要全新的营销模式来为新技术做营销宣传，生产部门会因为新设备的引进大大地提高生产效率，生产的产品种类和规模也可能会因此扩大。员工也会受到一定的影响，如需要熟悉新设备的操作、工作流程发生改变等。

（4）员工态度的变化。企业要考虑到不同阶段的员工的工作需求，在工作上、精神上为员工提供支持。例如，企业的新员工热情高涨，不怕挫折，对周围充满好奇，希望通过自己的努力得到上司的认可，奖金可能是对他们工作进行认可的最直接的一种表现。企业可通过设置合理的奖励制度，激起他们的自信。对于老员工，他们更在意的是工作内容和发展的空间，体会到不同的工作乐趣，实现自己的人生价值。企业为他们颁发荣誉奖项是对他们工作的认可，为他们提供其他的工作机会，可再次激发他们的工作热情。企业要注意到员工态度的变化，了解他们的工作需求和动机，在内部做出变革，这样才能最大程度地激发他们的工作潜力。

二、变革的方式及内容

（一）变革的方式

通常会用两种不同的比喻来描述变革。

1. 风平浪静式

库尔特·卢因的三步骤变革过程是风平浪静式变革观点的代表。他认为，变革的成功是可以通过提前的规划来实现的，变革之后的组织面临的是一种新状态，是容易受到改变的，因此要通过再冻结的方式使这种变革效果得以持久维持。

（1）解冻。风平浪静式的变革观点将现状看成一种均衡的状态，做出变革之前需要做的筹备工作就是将现状的均衡打破。可以通过3种方式来实现解冻：①通过增强驱动力从而增强变革的力量，使行为脱离现有的状态；②减弱制约力，如果说增强驱动力促使行为脱离现有的状态，那这种变革的抵制力量会使行为维持现有的平衡状态；③混合使用两种方法。解冻的主要目标就是创造一个动机，这个动机可以促使员工改变现有的状态，进而采取新的行为和态度以适应和推动组织的发展。

（2）变革。变革阶段通过实施变革方案，改变现有的组织结构、文化、行为等状态，使组织向目标迈进。为了使变革的过程具有可控性、预见性，变革要经过合理的实验阶段，这个阶段主要是为了避免盲目实施改革方案造成不可挽回的意外或损失，组织可以先通过局部实验预测实施的效果。对于不支持变革的员工、观望变革效果的员工或对变革存有质疑的员工来说，这个实验阶段正是使他们看到改革未来给组织及个人带来良好效益的机会，有利于获得他们对变革方案的支持，企业内部也可以收集更多的反馈意见。在看到局部实验能取得预期效果之后，就可以准备全面推广方案的实施了。

（3）再冻结。企业希望变革使组织整体呈现一种新的状态，向目标模式转变。为了避免变革之后又恢复如初的现象，组织还要经过一个再冻结的阶段，再冻结意味着变革之后仍要采取一系列的巩固和强化措施。经历再冻结阶段以后，才能维持变革的成果，避免变革的成果退化消失，使企业得以长久地呈现出理想的行为方式和形态。

库尔特·卢因的三步骤变革过程是将变革看成对均衡状态的一种打破，企业会面临偶尔的“暴风雨”，均衡的状态一旦被打破，就要通过变革的方式来建立一种新的状态，变革之后组织又能在新情形下良好运转。然而，这种类型的环境并不是绝大多数组织现在所面对的现实。

2. 激流险滩式

混沌理论家帕蒂尔因在马里兰大学研究天气模式而闻名。他说：“有时候可以很好地预测未来15天的天气状况。有时候，你确实只能预测最近两天的天气。而有时候，你甚至连未来两个小时的天气都无法预测。”有管理者说：“如果你看看我一周典型的工作，那是试图在一个变幻莫测的行业中引领公司变革的一系列努力。”他们都认同一个观点：变革是一种常态，组织所处的环境是动态的，具有不确定性，组织必须时刻保持足够的适应性和敏捷性，以对所面临的变化做出迅速的反应。

现在的管理者大多面临的并不是像风平浪静式观点中那样的情景，可预见性和稳定性并不是现在的管理者所面临的环境特点。对现状的干扰并不是偶然的，而是一直存在的。通过变革解决了干扰并不意味着能够恢复平静。实际上，很多管理者从未走出过那条湍急的河流，始终面临着持续不断地改革。

（二）变革的内容

组织变革的类型有很多种，包括技术变革、结构变革、文化变革、人员变革和新产品变革等。这几种变革方式之间又可能会相互产生影响，如一个企业在进行新产品变革时，发现现有的技术不能满足变革的需要，就需要进行技术变革，而技术变革又要求这个企业引进一些优秀技术人员，即企业面临着人员变革。

1. 技术变革

企业的技术水平对其发展寿命起着决定性的作用。技术水平在很大程度上影响着企业将产品和服务提供给市场的效率。企业需要通过技术方面的变革更好地达到工作目标，如企业通过智能设备提高生产效率和合格率。消费者市场需求快速改变，对于企业来说，需要不断地提升自身的竞争力，技术方面的不断创新也是企业一个无止境的追求过程。

组织中高层次的人员很少直接接触技术操作，且缺乏技术开发的经验；基层人员直接地接触组织的应用技术，最有可能发现技术存在的问题并提出解决方案，是企业技术变革的创意源泉，因此技术变革一般由下而上发生。首先由基层技术人员发现技术方面存在的问题或提出创意性的技术需求，然后交由上层领导审批。当组织内部特点是分权的、灵活的、创意氛围较高的时候，技术人员就更有可能会提出技术创新的想法；等级制度明显的且缺乏活力的组织，会在很大程度上扼杀员工的积极性。

2. 结构变革

几乎所有的关于如何管理组织的变革都可以归入结构变革，如组织权力等级、组织的目标、管理系统，成功的结构变革是自上而下的。底层管理者对管理是没有经验的，不会过于关注组织中高层的管理任务。如果组织中的结构变革是由底层的员工提出来的，那么必会缺乏可实践性。中高层的管理人员的职责就是处理好管理层的事务，从大局出发掌控组织的发展之路。中高层的管理人员具有丰富的管理经验，能用长远的眼光看待眼前的问题，如果组织中出现员工产生抱怨的事件，他们会敏锐地察觉到组织的哪个方面需要变革，进而提出和实施变革。自上而下的变革并不意味着管理者要强行实施变革，否则会引起员工的抵触，引发变革的失败。

3. 文化与人员变革

文化与人员变革是指在员工态度、价值、行为、标准等方面的变革，要适应组织的技术、结构等变革内容。文化变革希望通过改变组织中人的行为模式、工作方式及组织信仰来达到期望的组织文化，促使组织内部和谐、员工目标明确，整体呈现积极向上的状态。文化变革必定是由上而下进行的，因为只有组织上层人员才有权力改变组织的价值观和深层结构。文化变革的倡导者要以身作则，通过自己的言行举止来传达新的组织文化。组织文化变革会受到惯性的阻碍，组织需要从各方面攻克，减少变革的阻力。人员的变革并不针对全体员工，涉及的往往是少数员工，如企业让小部分员工参加组织内部的培训，通过培训提升他们的管理技能，为未来培养储备干部做好准备。

4.新产品变革

新产品变革是指变革组织的产品或服务的产出。产品变革是适应现在市场竞争的必然要求。产品生命周期越来越短，新产品层出不穷，企业都希望能快速、准确地提供能满足消费者需求的产品。新产品变革通常意味着组织期望开辟一个新的产品市场，通过拓宽产品领域扩大消费者市场，提升企业的竞争力。

如果想要成功地开发出新产品，企业要做到：①做好市场调查工作，收集足够的资料，充分了解和理解市场的需求；②企业的技术要紧跟趋势，适应市场的发展技术，技术部人员要灵敏地利用到新技术；③市场部、技术部、产品部、制造部等部门之间需要共同努力、团结合作，才能更加有效地完成工作。新产品的思路也是来源于组织底层，但是与技术变革不同的是，产品变革的思想是在整个组织之间流通的，需要每个员工的认同，需要各部门之间的协作。想要开发成功的新产品，企业的关注点不仅要停留在消费者身上，研究顾客的需求，还要延伸到员工、供应商、销售渠道等多个方面。

三、变革的阻力及克服

典型案例 4-12

利益绑架是企业变革过程中最大的阻力[①]

2013年，五粮液公司实现营业收入24 719亿元，同比下降了9.13%；营业利润为11 432亿元，同比下降了16.56%；白酒业务收入为237.03亿元，同比下降了9.27%。面对高端的白酒品牌五粮液的销售状况不佳，公司决定通过变革解决企业目前遇到的状况。首先从产品、销售模式等方面对企业进行变革。

（1）产品方面，走“商务+大众”的路线，从两个不同的方面为企业提供更多的利润。

（2）渠道方面，企业已杜绝之前大量的经销商的加入，加大对商品经销商的流入量。

（3）营销方面，对营销体系进行改革，使营销的方向趋向于市场的终端和消费者，减少销售过程中人力的浪费，使营销更具有针对性。

五粮液这样的大规模变革，不仅增加了产品研发人员的工作量，还造成了内部人

① 资料来源：《利益绑架是企业变革过程中最大的阻力》（搜狐号经理人分享）https://www.sohu.com/a/15204059_114732。

员的大量流动，威胁到公司各层面员工的利益，因此遭到了许多员工的反对，他们在变革时表现出消极的变革态度，阻碍变革的顺利进行。

其实，就五粮液的这一变革来讲：变革方向与措施的正确性是值得肯定的，但由于企业的规模较大，牵扯到的利益群体范围较广，一些参与变革的群体或个体受到利益的捆绑，消极应对，甚至处处阻挠，导致变革的进程举步维艰，没能达到最初的目标。

变革会使组织中的人变得忧虑，人都是有惯性的，成员害怕组织的变革使与其相关的经济利益、权利利益及发展前途变得不确定。组织一旦选择变革，就不可避免地会遇到组织中的一些成员对变革的抵制，管理者需要清晰地认识这些变革的阻力。

（一）变革的阻力

1. 个人阻力

由于组织中的人是不同的，他们接受的教育不同、成长的背景不同，拥有不一样的性格，因此对待变革有不同的认知，对变革的接受程度也会表现得不同。基于认知、个性及需要等这些个性特征，在组织间对变革产生个体阻力。具体有以下几个方面。

（1）个人习惯。组织中的成员习惯了他们现有的工作方式或工作环境，对熟悉的工作流程和人际关系已经产生依赖，不愿意做出改变，因为改变意味着面临一定的风险。维持原有的状态对他们来说是安全的。所以一旦组织要发生变革，变革就会对已有的惯性产生冲击，使员工产生抵触心理，变革的阻力便会随之产生。

（2）个人安全感。如果成员对组织是信任的、依赖的，认为处于组织中是有利的，工作是稳定且有成就感的，那么个体的“职业认同感”就会提升；相反，个体对工作和未来都充满了恐惧，这会在很大程度上影响他的“职业认同感”。组织中发生变革，意味着个体要脱离熟悉、稳定且有安全感的工作状态，进入一个不确定性较高的、新的工作状态，这会影响到他们的“职业认同感”，不安全感和恐惧感会使他们对变革产生抵制情绪和行为。

（3）能力或资源的不足。在自己擅长的领域，员工的能力是足够的。而组织的变革通常意味着会引进新的工作方法，改变业务流程，这对员工来说是全新的、陌生的。员工就有可能因为能力有限而无法适应组织的变革，变革的阻力便会随之产生。组织需要为员工提供资源，满足员工的工作需求。

（4）经济因素。如果工作不涉及工资，员工虽有不满心理，但会尽力尝试。但工作任务若与工资紧密相关，员工则会担心自己的能力是否能够胜任工作任务的改变，如果觉得自己不能胜任或能力远远不够，员工就会更加反感变革。

2. 组织阻力

组织变革的阻力还来源于群体方面，对组织变革形成阻力的群体因素主要有群体惯性和群体内聚力等。

（1）群体惯性和结构惯性。一般组织都会有自己的结构惯性和群体惯性，会以特定的方式引导和塑造员工的行为，维护组织的稳定。组织中的行为准则、规范制度及由此形成的群体规范就是为了维护组织的稳定。当组织要发生变革时，结构惯性和群体惯性必然会发挥维持组织稳定的作用，由此也形成了抵制变革的阻力。

（2）对专业知识的威胁。组织变革可能会对专业知识产生威胁。例如，分散化个人计算机技术的引入能给管理者带来更多的益处，使管理者直接从主要的部门获得需要的信息，给管理者带来便捷，但是这个变革却受到了信息部门的反对，因为变革给他们的专业知识带来了威胁。

（3）对权力关系的威胁。权力的重新分配会对原有的权力关系产生威胁。一旦现有的权力关系改变，就可能意味着从已有权力关系中收益的员工会失去现在的地位及所处地位给自己带来的便利、经济利益、地位优势。对于这部分人来说，他们对变革的反对是强烈而明显的，可能会不惜代价抵制变革。

（4）对已有资源的威胁。组织会对已有的资源进行分配，不同的群体负责特定的资源管理。对于控制一定数量资源的群体来说，变革会使他们失去对资源的控制和分配权，意味着利己的资源会减少。这类人把变革视为一种威胁，为了维护自己的利益，会抵制变革。

（二）克服阻力的策略

当组织出现抵制变革的表现时，管理者要积极应对，采取灵活的措施消除变革的阻力。他们可以通过教育与沟通、参与、促进与支持、操纵与拉拢、强制等技巧来应对抵制变革的问题。

1. 教育与沟通

当组织变革的阻力是由员工对变革信息的误解所致，组织就要想办法消除误解。管理者应尝试多次与员工进行交流，让员工理解他们对于组织成功实施变革的重要性，明白自己的行为与组织未来的美好图景之间的关系。管理者与组织成员之间的真诚交流可以增强员工的责任感和使命感，使员工能与组织保持一致的思想，对变革有相同的认识。

2. 参与

参与涉及变革的当事人和潜在的抵制者。研究表明，一个人对一件事的参与程度越高，对这件事的支持性就越强；否则，事不关己的处理概率就会较高。管理者要让组织成员参与到变革的过程中，一起讨论有关变革的设计，员工参与程度越高，对变革的接受和认可程度就会越高，就越会主动地承担工作责任。

3. 促进与支持

组织成员很有可能会对变革产生恐惧和焦虑，工作内容的改变、职位的晋升、工资的调整、工作环境的改变、工作目标的调整等一些变化都有可能增加员工的不安感，产生压力，甚至影响工作。管理者需要采取一些促进和支持措施来减少他们的焦虑。例如，公司可以提供免费的咨询服务，有心理压力的员工可以与专业的咨询人员交流，倾诉自己的担心，以缓解员工的压力，调整心情。

4.操纵与拉拢

对于在组织中具有很大影响力的群体，管理者想要取得变革的成功更需要获得他们的支持。这类群体对待变革的态度和行为会对组织成员有指导和借鉴作用，组织中的小群体会模仿大群体的做法，尤其是在组织成员心目中有榜样作用的这类优秀群体。管理者要说服这类人接受变革，为了让变革更有吸引力，如果必要，就需要将变革进行包装，来获得他们的支持。有些管理者也可能会通过一些隐蔽的手段来影响他人对变革的看法，以减少变革的阻力。

5.强制

强制是指管理者对抵制变革者进行威胁和控制，强制实施变革措施，不对抵制变革者再进行协商和劝说，不顾他们的反对，强制推行变革。这样可能会有两种后果产生：第一，少数抵制变革者只能被迫接受变革，变革阻力逐渐消失；第二，抵制变革者不但没有接受变革，反而反对态度更加明显，采取激烈的行为来对抗变革。

四、变革管理中的新问题

典型案例 4-13

不堪职场重压的“阳光壁垒”①

小C：市场总监，女，32岁。

小C给人的第一感觉是位很阳光的、精明能干的女性。在谈话过程中咨询专家了解到，小C是一位非常优秀的女性——来到企业只有3年，由于工作突出、成绩优秀，从众多佼佼者中脱颖而出，从一个普通的市场营销员迅速成长为市场总监。当上总监后，面对的部下都是本科、硕士甚至博士学位的。他们年轻、有学历、思维敏捷、创新能力强、执行力强。只有中专文凭的自己与他们相比，越比越觉得自己差，越比压力越大，越比越不自信，感觉自己的地位越来越不稳定。要强的她，工作上对自己过分苛刻，过分要求完美，不允许自己出半点差错；空余时间全部用在“充电”、补充知识上。但是，她发现自己现在的学习热情越来越低，学习的效率差，越来越学不进去了，而且出现了睡眠障碍——多梦、易醒。虽然部门的业绩也有很大提升，但她没

① 作者自编案例。

有半点成就感，反而觉得即将崩溃。

咨询师通过分析发现，小C的主要问题出在不自信上，面对众多的优秀部下，有种危机感，然而过分要强、不愿服输的性格造成了她越来越大的压力。这种压力使她的情绪压抑，从而导致她出现了上述症状。为了帮助小C迅速恢复情绪，恢复正常工作，咨询师决定动用“神光中心疗法”之释放情绪的技术，迅速将其压抑的情绪释放，然后再用恢复自信技术帮助其恢复自信。

一周后的小C完全恢复了自信，更能完全接纳自己，全身心地投入部门的管理之中。自信的小C带领她的团队屡创佳绩，业绩节节攀升。在年终集团总结会上，他们受到了集团的肯定和表彰。

其实当代组织变革面临着许多新问题，管理者需要采取方法解决文化变革及员工压力等问题。

（一）组织文化变革

组织文化会潜移默化地影响组织成员的态度和行为。良好的组织文化有利于促进成员的进步、实现组织长久的发展目标；不良的组织文化不仅会破坏团队的合作，还有可能摧毁整个组织的发展道路，使组织走向失败。一旦组织文化变成了组织发展的障碍，就需要果断地进行文化变革。管理者要有耐性，通过恰当的方式逐渐引导组织文化的变革。尤其是对组织成员认可度较高的文化，想要做出变革是十分困难的，甚至有可能管理者根本无法对这种文化做出改变。

什么样的条件是有利于文化变革的呢？组织出现了一次重大危机，或者在财务方面遭遇到严重损失，竞争对手取得突出进步，在技术上实现了较大的创新，这类给组织带来较大冲击的事件不禁使组织反思自身文化是否存在问题。文化变革意味着组织发觉了现有文化的不适用性，开始思考新的文化追求。更换领导者也许会促进组织进行文化变革。领导者有不同的价值观和领导方式，会用自己的思维思考问题及提出方法来应对组织面临的问题，如果后来的领导者提出的一系列观点和方法相对前领导者能更好地解决问题，组织成员可能会认为现在的领导者比前领导者更具有能力来应对危机。对于刚起步的小公司，组织成员对组织文化的信仰感还不是很强，组织文化还未对员工产生较深影响，这时文化是比较容易改变的。另外，较小规模的组织比较大规模的组织更容易传播和接受新的价值观，因此更有利于组织文化变革。最后，弱文化不像强文化那样在组织成员之间强烈拥有并且广泛共享，在弱文化状态下，企业缺乏核心价值观，企业文化特点不鲜明，主题价值不突出，对弱文化的变革更容易获得成员的支持和认可。

（二）处理员工压力

1. 压力的含义

从心理学角度来讲，压力是指员工个体在环境中受到各种刺激因素的影响而产生的一种紧张情绪。压力其实是由于压迫感所产生的一种不良反应，这些压迫感可能由特定的要求、约束或机会所致。压力更多的是与要求和约束联系在一起的，约束会限制你做一些你想要做的事情，要求意味着你要失去一些你想要的东西。有压力并不一定会表现出来，从潜在压力转变成真正的压力有两个条件：第一，结果要存在不确定性；第二，结果必须很重要。适度的压力可以刺激员工，使员工在工作中处于兴奋的状态，增强工作的动力，取得成就并从中获得一定的成就感，以及自我实现感。但若面对的压力过大，员工可能表现消极，自我放弃，无法完成任务会使他们感到强烈的沮丧感和失败感，不仅影响工作，对员工的心理也会产生消极的影响。

2. 压力的来源

（1）工作方面。员工情绪若长期处于紧绷、焦虑的状态，则容易产生工作压力。组织用过多的规章制度来限制员工，员工没有参与到组织决策的机会，内部缺乏公平竞争的机会，工作条件、工作设计及具体的工作环境的改变都有可能给员工带来一定的压力。职位越高的员工对自己的要求越高，无形中较强的归属感会促使自己主动地为组织付出，相应地，他们的压力也会越大。对于那些具有高度社会需求的员工，他们想要维持一个较好的人际关系，才会更热情地投入每天的工作中，糟糕的人际关系会减弱他们的工作热情，使他们感到无所适从，十分焦虑，进而产生很大的压力。以高强度、焦虑和恐惧为特征的领导风格比较注重效率和效果，领导者为了工作绩效会对员工提出一些不合理的要求，严格地控制员工，而且会随时淘汰他们认为不合格的员工，这样的领导风格会给员工带来巨大的压力；低强度、和谐、轻松的管理风格相对减轻了员工的压力。

（2）个人方面。例如，出现家庭矛盾、生病、亲朋好友离世等问题，自然会影响员工心情。又如，个人经济出现问题，从而影响生活，这样的生存压力可能更会让员工焦虑并表现出来。对于A型人格来说，他们长期感到一种时间紧迫感，内心中存在强烈的竞争驱动力，休闲时间会让他们有罪恶感，这种人格更有可能感到压力。B型人格不会有太强烈的时间紧迫感。相对于A型人格，B型人格不会明显感知压力的存在，面对相同的工作或个人压力来源，A型人格更可能表现出压力的症状。另外，员工如果缺乏一定的工作能力、人际沟通能力、协调能力，就可能无法顺利完成自己的工作，无法融入集体中，甚至与同事之间发生冲突，与其他成员关系冷淡，员工会因此感到孤独，产生较大的心理压力。

3. 压力的症状

压力的症状表现在生理、心理和行为上。一个长期承受较大压力的人可能会导致免疫力下降，出现胸闷、四肢乏力、食欲不振、腹泻、恶心、呕吐等症状。压力过大会造成烦躁不安，精神倦怠，产生强烈的挫败感，丧失做其他事情的兴趣，对生活失去信心，莫名地就会烦恼和焦虑，甚至产生自杀的想法。在行为上，压力过大的人可能表现得很极端，如暴饮暴食、酗酒、抵触一切社交活动封闭自己。在工作上，可能会表现得十分消极，缺勤、不再追求晋升和荣誉、颓废、自我、不思进取。

4.减弱压力的方法

主要从工作和个人方面考虑减弱员工压力的方法。

（1）挑选合适的员工。通过上面的分析，可以知道员工的性格特征也会影响他们对压力的感知，组织在员工招聘时可以通过一些心理测试问卷调查员工的性格特征，挑选出符合工作岗位特质的员工，并且招聘者要让员工清晰地了解到应聘岗位的职责、任务、角色，减少员工因角色冲突、角色模糊而产生的心理压力。应选拔能与招聘岗位相匹配的员工，避免员工上任之后因为无法胜任工作而产生巨大的压力。

（2）目标管理。目标管理是一项绩效规划，能够让员工了解自己的工作职责、绩效目标，并且通过在工作过程中地不断反馈改善管理。例如，若员工的压力是因为对已有工作已经产生厌倦，则可以通过工作设计拓宽工作的内容、丰富工作的形式，也可以增加跨部门合作的机会，以此来重新激发员工对工作的热情，保持员工对工作的新鲜感。

（3）参与。给员工提供一定的权利，让他们有机会参与到与他们相关的一些决策中，有利于员工及时了解企业发展情况，他们的工作完成程度与近期目标之间的联系，增强员工对组织任务的控制感，以及减少由于不确定性和不可控制性给他们带来的压力。参与到获得组织支持的工作中，有利于减轻员工开展工作的压力。

（4）提供支持。管理者可以通过给员工提供一些支持性设施来减轻员工压力，如改善工作环境和工作条件，给员工提供舒适、安全的工作环境，使员工处于一个轻松、愉悦的工作空间；及时供应工作需要的一些设备，提供可阅读的杂志、书籍、免费的心理咨询服务、健身设施等，从成长和健康方面给予员工支持，帮助员工缓解压力，促进身心健康。

五、创新

典型案例 4-14

华为的故事：生死关头，放弃苟活[①]

记者在深圳采访时，无论是在政府还是企业，常常听到人们说起“华为”，尽管

① 资料来源：《华为的故事：生死关头，放弃苟活》（新浪博客）http://blog.sina.com.cn/s/blog_bf845ad40101js65.html。

华为非常低调，但在深圳，它是很多企业的楷模。

华为注重创新，最初只是为了企业能够“活下去”。

在全国科技大会上，当有院士对深圳的创新模式提出质疑时，华为前董事长孙亚芳就说：“我们为什么要创新，为什么要投入50多亿元到3G中去？是为了企业的生存和发展。”实际上，这就是企业创新的原始动力。

20世纪80年代，华为公司成立之时，中国电信设备市场几乎被“外国列强”瓜分殆尽，华为只能从代理进口模拟交换机起步，在国际大公司之间的夹缝中艰难地谋求生存。即使是代理，也要看人家的脸色。果然，成立不到3年，华为所代理的香港公司看到市场局面已经打开，就把代理权收了回去。

生死存亡的考验，一夜之间被强加到头上，华为的人一下子懵了。是做代理苟活下去，还是另闯一条道路？前者易，后者难。关键时刻，华为选择了一条更危险但更有希望的路：将代理销售获得的微薄利润投向程控交换机的自主开发，给企业找一条生路。

因为缺乏研发资金，所以华为不惜高息融资，大家甚至拿出自己一半的工资。经过3年的艰苦攻关，华为拥有自己独创技术的程控交换机面世了。这款交换机让华为走出了困境，获得了利润。从此，在自主创新这条路上，华为一发而不可收地走了下去。

华为若放弃这样的做法，会有什么样的结果呢？在特殊时刻，创新是企业不得不选择的道路。

（一）创新的含义

熊彼特从经济角度认为，所谓的创新，实际上是建立一种新的生产组合函数，即通过一种生产要素与生产条件的重新组合，使企业获得潜在的超额利润。这个概念包括5种情况：①采用一种新的产品，②采用一种新的生产方法，③开辟一个新的市场，④掠取或控制原材料或半制成品的一种新的供应来源，⑤实现任何一种工业的新的组织。在管理学领域中，管理学家彼得·德鲁克将创新定义为“凡是能改变已有资源创造财富的潜力的行为”。

可以这样理解创新：创新是指以现有的思维模式提出不同于常规的见解为导向，利用现有的物质和知识，在特定的环境中，为了满足社会需要或理想化追求，而创造新的事物、方法、路径、环境，并能获得一定收益的行为。

（二）创新的内容

1. 技术创新

技术创新就是将技术转变成在市场上销售的商品，由此获得收益的过程和行为。技术都是通过一定的载体来体现的，企业的技术创新主要表现在要素创新、产品创新等方面。

要素创新包括材料创新、设备创新和人事创新。例如，企业开发新的材料来源，定期更换内部设备，了解技术潮流，及时引进更先进、更实用的设备，或者通过使用新技术、新知识对内部成员进行培训，提高员工的知识和技能，保证员工能够适应技术的进步等方法实现材料创新、设备创新和人事创新。

产品不仅指企业向市场提供的产品实体、样式、包装等有形物品，还包括服务、声誉等无形物品。产品创新并不是意味着要不断地提供新的产品，企业也可以在不改变现有产品种类的基础上，通过产品结构的创新，减少企业产品生产的成本，从而取得竞争优势。

2. 制度创新

企业的制度是组织运行方式的原则规定。制度创新是指企业摒弃旧制度，将新的制度运用到组织中，以此来满足组织的发展需要。企业制度主要包括产权制度、经营制度和管理制度3个方面。

（1）产权制度规定了作为企业中最重要的生产要素的所有者对企业的义务、权利和责任，对决定企业的其他制度起着根本性作用。现代企业制度下的产权制度要求所有者对企业财产的权利进行合理分解，出资人与企业法人各自具有独立的财产权利，需要履行各自的义务并且承担相应的责任。

（2）经营制度确定了谁是经营者，表明了企业的经营方式，谁来组织企业生产资料的占有权、使用权、处置权，谁来保证企业生产资料的完整性，谁来向企业生产资料的所有者负责。经营制度的创新方向应是不断寻求企业生产资料最有效利益的方式。管理制度是行使经营权，组织企业日常经营的各种具体规则的总称。

（3）管理制度规定了材料、人员、资金和设备等各种要素的取得和使用，分配制度是管理制度重要的内容之一，分配制度的创新在于不断地追求和实现报酬与贡献在更高层次上的平衡。

企业制度创新的方向是不断调整和优化企业所有者、经营者、劳动者三者之间的关系，使各方面的权利和利益得到充分体现，使组织的各个成员的作用得到充分发挥。

3. 组织结构创新

组织结构是指组织内各构成要素、部门、单位及相互之间发生作用的联系方式。组织结构也需要不断地进行调整以适应环境的变化，组织的结构能够对创新性产生重大影响。重新构建组织内部的信息沟通渠道、重新分配和安排组织的任务、重新划分各等级人员的权利、重新设置组织的机构等都是组织机构创新的表现。

（三）创新的过程

1. 寻找机会

首先要发现组织内部不协调的现象，才能开展创新活动。这些契机有可能是组织外部的，如人口数量的变化，因为人口数量的变化会影响劳动市场的供给及市场对产品的需求量；也有可能是来自组织内部的，如企业不断地改善和优化产品的质量和功能，但该产品并未在市场上取得预期的销量，这种出人意料的失败会引发企业反思，激发企业打破原有的思维模式思考自身存在的问题。

2. 提出构想

当组织出现不协调现象之时，企业就要透过现象看本质，分析企业的问题所在，并预测这个问题会给组织带来什么样的后果。威胁并不一定都是有害的，企业也可以通过创新性的举措将威胁转变成发展组织的机会。鼓励员工参与解决问题，积极倾听员工的意见，集思广益，采取合理的办法消除不协调。

3. 迅速行动

好的想法只有在实践中才能得到检验，当组织提出了构想之后就要大胆实施，如果一味地追求方案的完美，就可能会因为时间太长而导致失去创新的良机。组织的创新构想可能也不完美，但是在实施以后可以不断地修改、调整和完善。

4. 坚持不懈

实施创新的构想之后可能并没有十分顺利，出现各种新的问题，管理者要理解创新的构想不可能十全十美，也有可能会带来失败，不论哪种构想都会面临一定的风险。但是在这个过程中，管理者不要轻易放弃，只有不断尝试才能确定构想是否真正会带来成功，否则就会半途而废。

（四）激发创新的策略

1. 创造促进创新的组织氛围

要想更好地激发员工创新力，组织就要鼓励员工积极创新，大胆尝试，形成人人创新、无处不创新的组织氛围。不要对员工思想进行严格的控制，“放任”会给员工提供更多的思考空间，可能更有利于激发员工创新。

2. 制订有弹性的计划

弹性计划是充分发挥计划职能的重要手段，可以更加灵活地协调组织内部活动，适应不断变化的环境。弹性计划考虑到在执行过程中可能遇到的变化，在实施过程中更有弹性，是增强企业生产系统弹性的重要方法。

3. 正确地对待失败

企业对员工的创新思想要给予实施条件，鼓励他们将自己的想法投入实践中，鼓舞员工多次尝试，减少他们的后顾之忧。若组织和成员都能正确地面对创新失败，员工则会不断地增加对创新的激情，组织也能从失败中不断地吸取经验和教训，完善创新，取得进步。

4. 建立合理的奖酬制度

组织在设置薪酬制度时，应该考虑将物质奖励和精神奖励结合。组织可以设置一些荣誉奖项，颁发给具有特殊贡献的员工，这个贡献不一定特别大，但是对组织来说有一定的发展意义，这些精神方面的奖励有利于激发人们创新的心理。对于在创新过程中有突出贡献的员工应该给予奖励，不管创新结果如何，这样的奖励都可以促进每个成员积极地去探索和创新。组织在设置奖励制度时，要考虑到对成员之间竞争和协作的影响。

思考题

（1）简述领导影响力的类型。

（2）简述领导体制的含义及类型。

（3）领导理论有哪些？试着挑选两个领导理论并分析它们适用的环境。

（4）魅力型领导者和领袖型领导者有什么区别？

（5）领导者如何更好地发挥领导艺术，以便在组织中获得更多的支持？

（6）简述激励的含义及过程。

（7）简述激励的原则及方法。

（8）激励理论有哪些？试挑选两个激励理论并分析它们适用的环境。

（9）领导者应该如何激励员工？

（10）简述沟通的含义及过程。

（11）简述沟通的障碍及克服障碍的方法。

（12）简述沟通的类型及建设方法。

（13）什么是组织变革？组织变革的动机是什么？

（14）组织变革需要考虑哪些因素？

（15）想要取得成功的创新，企业需要怎样做？

（16）还有哪些方法可以激励员工创新？

第五章　控　制

第一节　控制活动

一、控制的概念及原理

典型案例 5-1

英国肯德基关店风波[①]

2018年2月，英国肯德基900余家门店经历了前所未有的“关店恐慌”。因为专注做炸鸡几十年的肯德基在英国居然没有鸡肉原料了，导致英国肯德基超过80％家店关门，每天损失高达100万英镑。这场风波的原因归咎于物流的纰漏。

2017年11月，英国肯德基宣布与DHL供应链和科技公司QSL合作，由这两家企业接替南非知名的Bidvest物流公司。2018年2月14日，DHL正式接手为英国肯德基提供物流服务，为肯德基门店提供食品、包装和消耗品的供应和配送服务等业务。合作刚开始，其物流的供应链环节就出现了问题。DHL使用QSL公司开发的配送网络，此运营软件出现问题，导致大批运货卡车拥堵在DHL位于英格兰中部格拉比镇的分拣仓库站点外的道路上，大多数卡车拥堵时间超过10小时，致使各种鸡肉原材料没能及时配送到肯德基门店。

这次事件给肯德基造成了巨大经济损失和品牌影响。有媒体分析，英国肯德基将拥有6个仓储基地的Bidvest换成了现在只有1个基地的DHL，加之食品冷藏运输的要求较高，导致风险呈几何级数增长，一个环节出问题很容易殃及整体。

从表面上看，问题或许出现在QSL运营软件分配时效上，QSL的运营软件“集中”向货运司机发送了“配货指令”，导致大批卡车的集中拥堵。但事实上，导致这次事故的最终原因在于DHL没有在物流配送环节进行有效控制，一旦遭遇突发事件也没有

① 于甜甜，石立群. 英国肯德基供应链中断带来的几点启示[N].中国邮政报，2018-04-24（4）.

准备好切实可行的应急方案。快递物流企业在经济活动中扮演着承上启下的关键角色，会对业务关联企业造成“牵一发而动全身”的影响。这一事件再次引起了全球对供应链安全问题的关注。

（一）控制的概念

企业在生产经营的过程中，外部环境和内部条件变化可能会影响计划、组织、领导等管理职能的实施，导致实际执行结果与预期目标不完全一致的情况时常发生，控制已成为组织的一项日常活动。亨利·法约尔曾经这样描述控制：“在一个企业里，控制就是要证实一下是否各项工作都与已定计划相符合、是否与下达的指示及已定原则相符合。对物、对人、对行动都可以进行控制。”①周三多等学者认为：“控制是管理工作的重要职能之一。它是保障企业计划与实际作业动态相适应的管理职能。”②控制有助于监督计划、组织和领导过程的效果。所有管理者都应当实施控制职能，因为只有当他们将实际工作绩效与预期标准进行比较之后，才能及时预见潜在的偏差或发现已出现的偏差，并采取措施予以预防和纠正，以保证组织目标顺利实现。

作为管理过程的最后一个环节，控制职能是按照组织目标与计划建立绩效标准，并依据标准对实际工作进行评估，以判断组织行为是否偏离标准以及偏离程度和影响程度，从而有针对性地采取必要的纠偏措施，以保证计划或组织目标得以实现。值得注意的是，管理是一个持续过程，作为管理的重要职能之一，控制也是一个连续不断、反复发生的过程。在实施控制工作的过程中，可能还会存在另一种情景，即管理者根据组织内外环境的变化及组织发展需要，对原计划进行修正或重新制订计划，在此基础上制订新的衡量标准以调节组织行为，保证新计划的顺利实现。

综上所述，控制是根据组织目标和计划确立衡量标准，监控和评估组织实际工作绩效及组织内外环境变化，并采取必要的纠正偏差和调整计划等措施，以确保组织资源有效利用及组织目标顺利达成的系统管理过程。其概念主要包括以下4个方面。

（1）控制的基础是衡量标准的确定，其对运作偏差的评估有重要影响。

（2）控制有很强的目的性，控制工作主要是通过纠正偏差或调整计划来实现的。

（3）控制工作的责任主体是管理者，但企业其他员工同样承担着控制工作的职责。

（4）控制概念中包含创新的内涵，为了应对动态环境变化，在计划实施过程中常常需要管理方式及工作技能的创新，甚至需要组织活动有所创新，提出和实现新的目标。

---

① H.法约尔.工业管理与一般管理[M].周安华，林宗锦，展学仲，等译.北京：中国社会科学出版社，1998：119.

② 周三多，陈传明.管理学[M].3版.北京：高等教育出版社，2010：292.

（二）控制的基本原理

“控制论”一词最早出现在古希腊文中，原意为“操舵术”，即掌舵的方法和技术。在古希腊哲学家柏拉图的著作中，不止一次地将其用于表示管理人的艺术。“控制”作为专业术语，源于1948年美国数学家诺伯特·维纳创立的“控制论”。在“控制论”中，为了“改善”某个或某些受控对象的功能，促进其发展，需要获得并使用信息，以这种信息为基础而选出的、加于该对象上的作用就称为控制。

“控制论”是研究动态系统在变化的环境条件下如何保持平衡状态或稳定状态的科学。控制的基础是信息，必须通过信息反馈来进行控制。反馈是控制论中重要的基本概念之一，是指在控制系统及其子系统中，将输出信号的一部分送回到系统输入端的过程。信息反馈是指由控制系统将信息输出，并将其作用结果返送回来，从而对信息的再输出产生影响，起到控制作用。控制的目的是通过信息反馈使系统维持原有的状态，根据反馈信息的偏差采取有效措施，使输出量与偏差保持在容许范围内。

管理是控制论应用的一个重要领域，用控制论的概念和方法分析管理控制过程，更便于揭示和描述其内在机制。管理系统是一种典型的控制系统，控制可看作管理活动这个大系统中的子系统，其实质和“控制论”中的控制一样，也是信息反馈。通过信息反馈来揭示工作绩效与标准的差距，促进系统不断地调节和改革，使系统稳定在预定的目标状态上。

管理控制比“控制论”中的一般控制更为复杂。一般控制是一个简单的信息反馈，它的衡量绩效与纠正偏差常常是即刻付诸实施的；管理控制需要主管人员将实际与计划相比较，发现偏差并分析原因，采取有针对性的纠正措施。因此，整个控制过程需要一定的时间、人力、物力和财力。一般控制是维持系统稳定的，并确保运行偏差不超出容许范围；管理控制不仅要保证组织工作按计划正常运行，还力求能促使组织工作有所前进，提出并实现新的计划、新的目标。

组织中的控制活动是通过组织的控制系统来完成的。控制系统主要包括以下几个方面。

（1）控制的目标，即进行控制活动所要达到的目的取向，是采取各项控制措施的依据。控制目标必须服从组织的总目标，是总体目标所衍生出来的分目标，常以各种形式的控制标准体现出来，如质量标准、行为标准与财务标准等。

（2）控制的主体，即执行控制活动的各级管理者或相应的各职能部门。不同的控制主体，由于其职位和权限不同，控制的业务活动范围也不同。控制主体控制水平的高低是控制系统能够发挥多大作用的决定性因素。

（3）控制的对象，即受控的人、事或过程。为了保证组织目标的实现，需要对组织的所有活动进行全面控制。组织中的人、财、物等资源，组织内各业务阶段，以及组织成员的能力、态度等个人行为，都可以作为控制对象。

（4）控制的方法和手段，即为了达到有效的控制，所采用的各种科学方法和手段。控制的方法和手段多种多样，需要根据不同的控制目标和控制对象采取不同的衡量标准及方法。

（三）控制的目的

控制的任务是保证企业活动符合计划的要求，以有效地实现预定的目标。控制的目的具体表现在以下3个方面。

1.保证活动有序

控制存在于管理活动的全过程中，是一项普遍而广泛的管理职能。控制为组织提供一种调整和纠偏的机制，以确保计划、组织和领导活动有序开展。通过控制，管理者可以将计划的执行情况与预先设定的标准进行比较，发现运作偏差超过允许范围时可以及时采取措施进行纠正，使组织的管理活动回到既定的轨道上来。

2.限制偏差累积

由于受多种主客观因素的影响，在计划执行过程中难免出现偏差，一般小的偏差不会立即带来严重的损害，但是如果放任这些小的偏差积累放大，最终可能会对计划的正常实施造成威胁。正如英国石油公司德克萨斯城炼油厂爆炸事故中反映出来的问题那样，未对仪表进行适当的校对看似只是一个小问题，但若长期忽略此类具有安全隐患的小问题，一旦量变达到质变的程度，后果将会变得非常严重。因此，管理控制需要及时获取偏差信息并采取有效的纠正措施，使组织内部系统活动趋于相对稳定，以实现组织的既定目标。

3.适应环境变化

组织的内外部环境是动态变化的，这些变化常常会导致组织预期目标和计划难以实现。组织需要构建有效的控制系统来预测和评估变化，并快速做出应对措施，将环境变化的影响和破坏程度降到最低。当内外环境变化对组织产生了新的要求，或者组织发展的战略有所改变时，就需要修订计划，确定新的管理控制标准，使之更合理、更有效。

4.最小化成本

低成本优势是企业获得竞争优势的主要来源之一。当控制被有效地实施时，它还可以协助降低企业的各项成本，减少浪费，获取低成本优势，从而取得市场竞争优势。

典型案例 5-2

优衣库成本控制分析[①]

优衣库是全球最大仓储式服装零售企业，是日本迅销集团旗下的实力核心品牌，采用超市型的自助购物方式，在日本本土以低价格、高品质迅速占领市场。在日本，

① 邸晓熠.解读“优衣库”的成本控制之道[J].特区经济，2014（8）：159-161.

优衣库的店铺覆盖率很高，市场已经接近饱和。于是，从2000年起优衣库就开始进行海外版图的扩张，从其创始人柳井正对2020年优衣库设定的目标来看，海外市场规模将超过日本本土市场。相比于日本路旁的小规模仓储店，优衣库是以旗舰店的超大规模亮相海外市场的。显而易见，不论是选择繁华的商圈地段开设大型旗舰店还是大肆扩张必需的高昂营销支出，都会带来直接的营业成本增加。在进行任何地域扩张的尝试时，成本始终走在收益的前面。

优衣库的成功之道在于其独特的经营理念和卓越的成本控制能力上。其成本控制从以下几个方面来实现：首先，在生产过程中生产单一款式，实现规模效应，在海外建立生产基地，降低人工成本；其次，在采购上选择价格低、质量优等的材料，从而降低采购成本；最后，在生产方式上采用SPA模式，即产品设计、生产物流、销售都由一个公司完成，从工厂直接到零售店。通过这种生产方式，优衣库可以对各环节进行成本控制，还可以准确地了解顾客的需求，进行自己的商品策划、开发和生产。更重要的是，这种生产方式能让优衣库的商品涵盖不同的商品信息，包括商品从设计到完成的附带内容，能让消费者感受到更多的附加价值。

二、控制的重要性

控制工作指检查、监督、确定组织活动的进展情况，如果缺乏有效控制，实际工作就可能偏离计划，导致组织中各项计划不能顺利执行，组织的目标也就无法实现。因此，控制是管理过程中不可或缺的重要环节。斯蒂芬·罗宾斯指出："人们可以制订计划，可以建立组织结构来帮助目标的有效实现，也可以通过有效的领导来激励员工。但这些并没有确保所有的行动都按计划执行，并且无法确保员工和管理者为之努力奋斗的目标能够真正得以实现。所以控制很重要，因为管理者只能通过这唯一的方法了解组织目标是否实现，如果没有实现，原因何在。"①

在现代社会中，组织的生存和发展受到多方面因素的影响，控制在管理活动中的地位越来越重要。概括而言，控制的重要性主要体现在以下几个方面。

（一）控制是组织完成计划的重要保障

组织的目标和计划都是基于对未来的预测而制订的，这种预测包括组织内外环境及市场需求等。随着社会的发展，组织面临的环境日益复杂，对未来的预测难以做到完全准确，制订出的计划在执行过程中不可避免地会出现偏差，甚至会发生未曾预料到的情况。此外，不

①斯蒂芬·罗宾斯，玛丽·库尔特（第13版）.管理学[M].刘刚，程熙镕，梁晗，等译.北京：中国人民大学出版社，2017：497.

断加速的全球化使组织结构多样化，组织规模越来越大，增加了管理人员发现偏差及有效纠偏的难度，偏差造成的影响也越来越大。这些都增加了计划执行中的不确定性。为了保证计划的执行不偏离正确方向，顺利实现组织目标，管理者必须将控制工作贯穿于整个计划执行的过程中，及时发现偏差，必要时调整计划，使之更科学、更合理。

即使企业制订了全面、完善的计划，内外部环境也相对稳定，控制活动也仍然是十分必要的。因为计划的顺利实现还依赖于执行人员的执行效果。在实际工作中，由于管理权利的分散及组织成员能力的差异等，常常导致计划执行者不能有效完成工作。如果没有控制，没有为此而建立的相应控制系统，即使出现权力的滥用或某环节偏离计划等情况，管理人员也难以发现，更难以采取及时、有效的纠正行动。因此，加强对这些成员的工作控制是非常必要的。

（二）控制是提高管理效率的有效手段

由于偏差难以避免，因此控制是所有管理者都必须承担的责任。组织中从上到下形成了一个控制系统，通常高层管理者的控制职能主要与组织战略活动和涉及组织整体目标的活动相关，基层管理者的控制职能主要与具体活动和业务活动相关。除了管理者外，就具体工作而言，每个组织成员也都负有控制的责任。有效的控制系统可以保证各项工作紧密围绕组织目标而开展，控制系统越完善，管理者实现组织的目标就越容易。控制有纠偏作用，不仅能够使计划执行者回到既定路线和目标上来，还有助于提高员工的责任心，防止偏差再次出现，并且有助于提高员工的工作能力及组织的管理效率。此外，控制又具有调整作用，对计划的修正使计划更加符合实际情况，同时也可检验计划制订工作中的不足，帮助管理者提高决策水平和控制水平。

（三）控制是企业持续健康发展的有力保证

企业在发展过程中，总会面临各种各样不可预测的风险，合理规避及处理风险，将风险对企业生产经营活动的影响降到最低限度，是每个企业必须面对的课题。从很多企业发展的实际情况来看，强化风险意识，建立科学、有效的管理控制机制，能够有效提升企业的风险防范水平，增强企业的竞争力。具有良好反馈的控制系统，不仅能够帮助管理者及时发现企业面临的风险和机遇，还能调动员工的积极性，激发管理创新，促进企业持续健康发展。

三、控制的类型

基于不同的分类标准，控制可以分为很多种类型：根据控制所使用的资源的应用领域，可分为物质资源控制、人力资源控制、信息资源控制和财务资源控制；根据组织层次，可分为战略控制、结构控制和运营及财务控制；根据控制源的不同，可分为正式组织控制、群体控制和自我控制；根据控制主体，可分为外部控制和内部控制；根据控制对象的范围，又可分为局部控制和全面控制等。

下面具体介绍另外两种分类方式。

（一）按控制点的位置来划分

按控制点的位置来划分，可将控制分为前馈控制、同期控制和反馈控制，如图5-1所示。

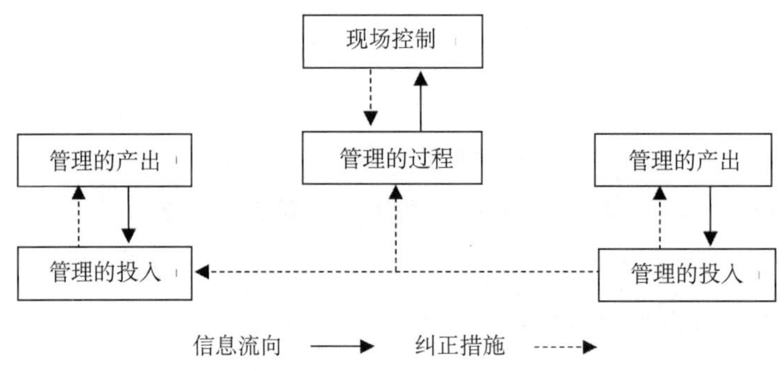

图5-1 前馈控制、同期控制和反馈控制

1. 前馈控制

前馈控制的控制点处于事物发展的初始端，又称为预先控制或事前控制。前馈控制是一个组织在一项活动正式开始之前所进行的控制活动，目的在于防止问题发生，保证活动绩效目标的实现及各种资源要素的合理投放。前馈控制是一种预防性控制，强调在问题发生之前就采取相应纠正措施，避免预期问题的出现。它主要控制的是产生偏差的原因，而非控制工作的结果，这是前馈控制在现代化管理中的一个重要特点。

前馈控制要求管理者必须获取准确的信息，将可能出现的执行结果与计划要求之间的偏差进行预测和估计，并采取防范措施，在问题产生之前将其排除，以确保目标的实现。前馈控制在现实中得到了广泛的应用，如市场调查及可行性分析、原材料的检查与验收、入学考试和体检等都属于前馈控制。

前馈控制的最大优点是克服了时滞现象，在问题发生之前就采取行动，避免事后造成的损失。此外，前馈控制对事不对人，是针对具体条件设置的控制防范措施，避免了人员情绪对立冲突，易于被员工接受并付诸实施。

前馈控制的不足之处在于，实施的前提条件较多，对信息的可靠性及预测的准确性依赖较高，控制耗费成本也较高。

2. 同期控制

同期控制的控制点处于事物发展的过程中，又称为现场控制或过程控制。同期控制是对正在进行的活动中的各种因素所实施的控制，目的在于及时处理例外情况、及时纠正工作进程中的偏差。同期控制的标准来自计划工作所确定的目标、政策、规范及战略等。

同期控制主要有监督和指导两项职能。监督是指管理者根据控制标准随时监控各项工作进展，一旦发现问题立即采取对策，以限制偏差对组织的影响。指导是指管理者针对工作中出现的问题，根据自己的知识和经验指导下属提高工作能力，确保计划有序、高效地完成。由于同期控制主要用于对现场作业的控制，因此一般由基层管理者实施，其控制效果在很大程度上取决于管理者的工作风格及领导方式。生产制造活动中的现场调度、生产过程中的进度控制及期中考试等都属于同期控制。

同期控制的优点是，现场指导下级以正确的方法进行工作，当面讲解、示范，培养下级的工作能力，现场随时发现并解决问题，避免经营损失扩大。计算机技术的发展为同期信息的收集和传递提供了有力的保证，从而提高了同期控制的适用范围和效果。

但是，同期控制也有很多弊端。第一，运用同期控制的方法容易受管理者时间、精力、业务水平的制约，其有效性取决于主管人员的领导能力、指导方式及下属对这些指导的理解和执行程度；第二，同期控制应用范围也有局限性，对于生产工作容易进行同期控制，但对于科研、管理工作等问题难以辨别、成果难以衡量的工作，很难进行同期控制；第三，同期控制容易使控制者和受控者之间产生心理上的对立，影响受控者的积极性和主动性。

3. 反馈控制

反馈控制的控制点处于事物发展的结束端，又称为成果控制或事后控制。反馈控制是在工作结束或行为发生之后所进行的控制，目的在于消除已经出现的偏差，保证下一阶段的生产经营活动正常开展，或者通过总结过去的经验和教训，为未来计划的制订和活动安排提供借鉴。组织运行是一个连续的循环的过程，是对前一阶段工作的考核与分析，是指导下一阶段工作的必要环节，因此，反馈控制是最典型的控制方式。在某些实践工作中，反馈控制甚至是唯一可选择的控制方式，充分体现了控制工作的特殊管理职能。

反馈控制将计划执行的结果与决策预期计划、标准进行对比，发现已经发生或即将发生的偏差，分析其原因和对未来的可能影响，采取适当的纠偏举措或调整完善计划，以防止偏差继续发展或今后再次发生。在实际工作中，反馈控制有例行控制和特殊控制两种形式。企业召回不合格产品、处理滞销产品及组织处理违纪员工等都属于反馈控制。反馈控制常采用财务分析、成本分析、质量分析及员工绩效评定等方式进行。

反馈控制的优点在于，可以为管理者提供执行计划结果的真实的信息。由于控制目标及控制对象明确，管理者可以有效分析真实信息及计划之间的差异，充分认识企业活动的特点和规律，为下一步计划的顺利实施创造条件，提升管理水平。同时，反馈控制也为进一步完善前馈控制和同期控制提供了依据，以此实现控制工作的良性循环，提高控制效果。此外，反馈控制还可以增加员工的积极性。员工希望获得管理者对其业绩表现的评价信息，反馈正好提供了这样的途径。

反馈控制的不足之处在于其滞后性，在管理者发现偏差、采取纠正措施前，偏差已经客观存在，反馈控制只能起到亡羊补牢的作用。由于事物是不断发展变化的，在发现偏差到采取行动的过程中，很可能会有新的情况发生，导致当前纠偏措施失效，需要重新收集信息并制订新的纠正措施，因此很容易形成恶性循环，增加控制的难度，导致偏差越来越大，造成无法挽回的损失。

以上3种控制方式各有特点，在实际应用中需要相互配合，并与管理的其他职能相互渗透，形成一个相互补充、互为借鉴的管理控制系统。

（二）按控制所采取的手段来划分

按控制所采取的手段来划分，可分为直接控制和间接控制。

1. 直接控制

直接控制是指控制者直接接触被控制对象的控制形式。其特征是控制者可以直接调节和干预控制对象，控制指令不通过任何中间环节。计划的结果往往受到计划执行者的影响，要消除可能出现的偏差，必须通过各种方法改善计划执行者的行为。因此，直接控制的核心是提高管理者的素质，通过对管理者的遴选、培训及考核等，使其能够熟练应用管理技术和方法，胜任管理工作的职责要求，防止因管理不善而造成的不良后果的出现，此时控制的主体就是直接责任者。例如，销售额、利润率、产品质量等计划目标的完成情况，主要取决于直接对这些计划目标负责的管理部门的主管人员。此外，对于具有很大不确定性且后果较严重的事件，管理者也会采用直接控制方式。

直接控制的优点在于能够快速应对变化，有效减少偏差发生，节约经费开支。由于经常对管理者进行培训及评估，因此在委派任务时有较大的准确性，可以提高控制效果，确保纠偏工作更加迅速、有效。直接控制还可以减少间接控制中用于检测偏差、寻找原因和责任者的时间与费用。此外，在管理者素质提高后，下属对其的信任和支持也会增加，有利于计划目标的顺利实现。

直接控制的不足之处在于，主要依赖管理者的丰富经验和个人威信来进行管理，如果管理者能力有限，无法全面、科学、及时地处理问题，不能有效激发下属的积极性和主动性，那么控制效果就有限。另外，直接控制的控制面也较窄，需要花费大量的人力成本。

2. 间接控制

相对于直接控制而言，间接控制的控制者并不直接接触被控制对象，而是通过中间媒介来对被控制对象进行控制。间接控制是控制计划执行的结果，即根据计划的标准对比和考核实际结果，追查造成偏差的原因和责任者，并进行纠正。间接控制多见于上级管理者对下级员工工作过程的控制，控制的主体是直接责任者的监督人，控制重点在于对管理者的管理活动结果的监督和调整，纠正因管理者缺乏知识、经验和判断能力造成的工作偏差，同时帮助管理者总结经验和教训，提高管理水平。

间接控制的优点在于，能够帮助管理者纠正失误和偏差，总结经验教训，提高管理水平。此外，间接控制简单易行，可以减少需要处理的信息量，调动员工的积极性，有利于整个组织实现更好的绩效。

间接控制的缺点在于，在出现偏差、造成损失之后才采取措施，不仅控制费用支出较大，还会导致管理者反对控制、推卸责任、不愿纠正错误等消极态度。因此，间接控制还存在着许多不完善的地方，需要与直接控制结合使用，才能取得较好的效果。

综上所述，各种管理控制类型是存在交叉的，由于划分标准不同，有些控制常常被划入几种不同的控制类型，并不排斥。在实际工作中，往往需要多种控制类型综合使用，才能实现有效控制。

四、有效控制的原则

在管理实践中，并不是采取了控制措施就能达到预期效果，保证计划的顺利实施。控制的程度和频度不足，或者执行不彻底，往往达不到控制效果；相反，如果过度控制或错误控制，不但无效反而有损。因此，要使控制有效，必须遵循相应的原则。

（一）目标导向原则

控制的目的是保证组织活动与计划相一致，确保组织目标顺利实现。有效控制系统是针对具体目标，根据实际情况由控制者与受控对象共同设计出来的。在实际工作中，组织目标和计划往往要进行分解，再落实到各部门执行。在目标分解和执行的过程中，要注意围绕总体目标展开控制，避免各部门目标相互冲突的情况发生，以保证控制工作有效实施。

（二）及时性原则

有效控制要求管理者必须及时发现偏差并迅速采取纠正措施，避免因未及时解决问题而给组织或个人造成损失。在控制活动中，只有及时传递准确和完整的信息，才能产生正确的决策，从而达到控制目的。因此，管理者必须运用先进的信息传递、处理和分析工具，建立完善的信息传递网络和机制，以保证系统能够及时、准确地反馈信息。同时，面对组织环境变化及工作偏差，管理者也必须及时了解情况，适时采取措施，确保计划、标准及运作更有效。

（三）客观性原则

有效的控制必须对企业经营活动状况及变化有客观地了解和评价。因此，必须定期检查、衡量工作成效的标准是否客观、恰当，保证其符合现实要求。在控制过程中，采用的检查、测量等技术和方式也必须能够正确地反映企业经营状况及企业各部门、各环节的工作与计划要求的相符或背离程度。此外，尽管管理工作不可避免地带有主观色彩，对员工的工作是否符合标准及计划要求，管理者也要按照客观的标准及相应的程序进行评价，尽量保证结果客观、公正。

（四）灵活性原则

企业在生产经营过程中，经常会遇到内外部环境变化导致计划与现实偏离的状况，为了使控制系统在这种情况下还能发挥作用，维持企业的运营，控制就必须有灵活性。灵活性通常与控制标准及计划有关。管理者应该充分考虑各种可能发生的问题并留有余地，制订弹性的计划和弹性的衡量标准，并且有充分的灵活性保持对失常情况下运行过程的管理控制。

（五）适度性原则

采取控制措施是为了解决问题，但如果控制措施超越了组织的承受能力，反而会引发新的问题，因此有效控制还应强调适度性原则，即控制的范围、频度和程度要恰到好处。这种恰到好处的控制要注意3个方面的问题：首先，控制需要在特定范围内进行，要处理好全面控制与重点控制的关系，突出重点，强调例外，将精力集中在真正需要引起重视的问题上；其次，要防止控制过多或控制不足，提高控制效果；最后，要处理好控制成本与控制绩效的关系，提高控制的经济性，保证控制成本低于其所带来的收益。

典型案例 5-3

神户制钢造假风波[①]

日本神户制钢所创建于1905年，材料、机械、电力是其三大主要业务。全球多数大型制造企业及军工企业都是神户制钢所的客户。作为世界500强企业之一，其在日本乃至全世界都享有盛誉。

2017年10月8日，日本第三大钢铁企业——神户制钢所召开新闻发布会，承认其在2016年9月至2017年8月期间篡改产品的强度和尺寸等质量数据。同年10月12日，董事长兼社长川崎博首次公开面向公众致歉，称有质量问题的产品流入约200多家企业，部分违规行为可追溯至10年前，造假波及的企业名单从最初的200家扩大到500家，行业横跨多个领域。

这样一家历史悠久、实力雄厚的企业，为何会出现数据造假的问题？经调查发现，造假并非“一日之寒”。究其原因有以下几点：首先，其根本原因在于神户制钢所急功近利，只追求市场利益而忽略了自己的社会责任。其次，企业在生产管理方面存在漏洞，企业内外部缺乏合理的监督管理机制。神户制钢所部分产品10年前开始就一直沿用篡改后的数据，篡改数据也并非个别人所为，而是获得管理层默许，包括管理人员在内的数十人参与其中，这说明神户制钢所造假案是一起长期的、集体性的行为。神户制钢造假风波影响巨大，舆论哗然，业界震惊，日本媒体形容其为“动摇日本制造”的“神户冲击”。

① 曹煦.神户制钢造假案：日本制造业为何“堕落”[J].中国经济周刊，2017（40）：72-73.

第二节　控制过程

典型案例 5-4

BP公司得克萨斯城炼油厂爆炸事故①

2005年3月23日13时20分，BP公司位于美国得克萨斯州的炼油厂异构化装置发生了严重的火灾爆炸事故，该事故为美国作业场所近20年间最严重的灾难。事故造成15人死亡、180人受伤，经济损失逾15亿美元。

美国化学安全与危害调查局的调查结果表明，事故的直接原因是，操作工误操作导致烃分馏液面温度高出控制温度25°F，同时在对阀门和液面检查时粗心大意，没能及时发现液面超标，结果液面过高导致分馏塔超压，大量物料进入放空罐，气相组分从放空烟囱溢出后发生爆炸。

事实上，该炼油厂长期以来一直存在安全问题，但管理者从未重视，也没有采取有效的控制措施。早在2005年以前，该炼油厂曾发生过8起易燃物从罐中泄漏的严重事故，但从未对泄漏原因进行调查。事故发生后数月内，该炼油厂又发生了两起重大事故，尽管无人员伤亡，但仍造成了超过3 000万美元的经济损失。这些事实说明，BP公司在组织决策、安全监督和企业安全文化中存在系统性疏漏。如果不加以改正，那么这种疏漏可能会导致更多严重事故。

控制是一个不断循环往复的管理过程，但就一次控制活动而言，主要由3个阶段组成，即建立管理控制标准、衡量工作成效及纠正运作偏差。

控制过程如图5-2所示。

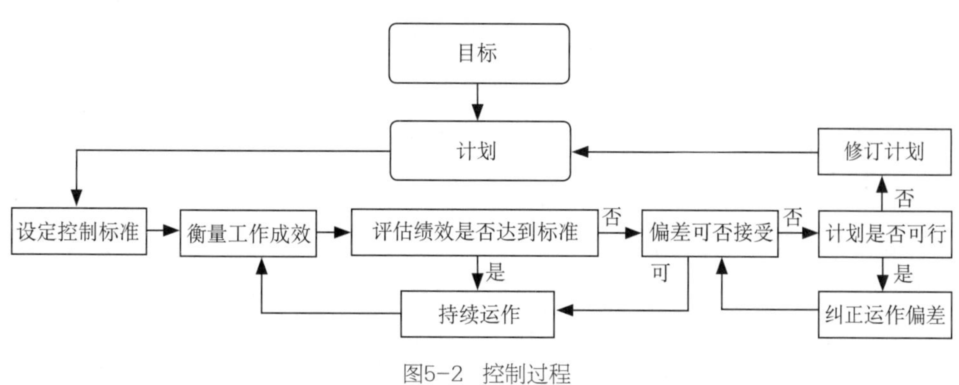

图5-2　控制过程

① 格里高利·黑尔，路易斯·杜兰.BP得克萨斯炼油厂爆炸事故启示[J].王梦蓉，译.现代职业安全，2015（9）：89-91.

一、建立管理控制标准

控制标准是实施控制的必要条件，是衡量绩效及纠正偏差的客观依据。确定控制标准是控制过程的首要环节，往往与计划工作一起进行。在制订工作计划的过程中，需要确定组织的总体目标和部门目标，并将具体任务和责任分派到各执行主体，这些任务和责任就是控制的依据。标准产生于计划之中，但仅有计划是不够的，还需要从整个方案中挑选出评价工作成效的关键点，使管理者在执行计划的过程中能够把握整个工作进展。因此，管理者必须在目标和计划的指导下，建立起明确的控制标准，以便考察和评价实际绩效。

（一）确定控制对象

控制标准的具体内容涉及需要控制的对象，即要解决控制什么的问题，这是在建立标准之前需要明确的。良好的控制来源于对控制对象的正确选择，这也是判断管理者控制工作水平的重要标准之一。企业无力，也无须对所有成员的活动进行控制，只能在影响组织活动成果的众多因素中选取若干关键环节进行控制。在实际工作中，控制的对象应该是对组织目标实现影响较大的关键部门、重要指标或核心环节。因此，管理者要将工作重心放在对某些关键控制点的控制上，提高管理控制的工作效率。此外，还应该选择那些容易被检测出偏差的环节进行控制，以便及时发现问题，采取纠正措施。

在控制对象的选择过程中，一般而言，应该从环境变化、资源投入及组织活动3个方面进行控制。

1. 环境变化

企业的控制活动是基于管理者对一定时期内企业经营环境的评估和预测进行的。动态环境的变化可能导致计划实施条件的变化，从而使控制难以发挥其预期的作用。因此，需要将制订计划时对环境的认识作为控制对象，明确控制工作能够有效实施的前提条件和具体标准。

2. 资源投入

企业的经营成果是通过对一定资源进行投入、加工、交换等活动，以实现资源增值而获得的。将资源投入作为控制对象，不仅要保证其在时间、数量和质量上符合企业生产经营要求，还要将其产生的费用控制在合理范围内，降低成本，提高企业盈利水平。

3. 组织活动

投入生产经营中的各种资源需要企业员工花费一定的时间、利用一定的技术和设备进行加工劳动后才能转变为经营的成果。在组织活动过程中，员工的工作质量和数量对经营成果影响很大，只有员工按照计划要求开展工作，才能实现组织的预期目标。因此，将组织活动作为控制对象，为全体员工建立明确的工作规范，并对其在各时期的阶段成果定期考核，才能保证组织活动按计划开展。

（二）制定控制标准

1. 控制标准的概念

控制标准是为了实现某一既定目标而建立起来的衡量实际工作绩效的尺度。标准确定应具有科学性和权威性，组织各类计划文件中评价运作成效的关键指标及具体的作业标准等，都可以作为管理控制标准。

标准的控制作用体现在两个方面：一是使目标和计划落实为明确的规范和指标，易于按标准开展工作，并且还能激励员工提高绩效水平；二是为监控运作提供评价标准，便于管理者识别重要信息，及时发现偏差和纠偏。

控制标准首先要有利于组织目标的实现，要有可行性及相对稳定性。建立标准是为了衡量工作绩效，要使员工经过努力能够达到标准要求。标准过高可能会挫伤员工的积极性，过低又无法激发员工的潜力。因此，标准要符合组织实际情况及员工的能力，各项控制标准应彼此协调，公平、合理，力求可行。对控制标准的时间幅度、适用范围及允许偏差等要有详细说明，在一定时期内保持指标的相对稳定性。其次，控制标准也应与组织未来的发展相结合，要有前瞻性，体现组织期望，为员工提供努力的方向。最后，控制标准还要具有一定的灵活性，能够适应环境变化，将关键点的工作预期及其影响因素作为重点指标，特殊情况可以例外处理。

2. 控制标准的分类

在组织中，控制标准按其特性可以分为定量标准和定性标准。在实际工作中，选择哪种控制标准，取决于控制对象的特点。

（1）定量标准。定量标准就是可以用数字量化的标准。定量标准具有明确、可证实、可度量等特点。随着组织管理的精细化程度的提高，定量标准越来越多。定量标准按照表现形式可分为实物标准、财务标准和时间标准。

①实物标准。实物标准是控制的基本标准，是指以实物量为计量单位的标准。实物标准是计划工作常用的指标，可以反映数量，如企业中原材料的投入量、能源的消耗量、合格产品的数量等；也可以反映产品质量，如轴承的硬度、加工件的精度等。

②财务标准。财务标准也称为价值标准，是指以货币为计量单位的标准。它与实物标准一样普遍应用于操作层，主要反映组织各项活动中的成本、利润和收入等情况，如企业的人工成本、销售利润、出售专利权收入等。

③时间标准。时间标准是指以时间为计量单位的标准。时间标准反映的是组织在各项活动中时间的利用情况，如工期、交货期、生产周期等。

（2）定性标准。定性标准是指一些能够做出定性的描述，但难以量化的标准。定性标准具有一定的主观性，往往是通过经验和判断形成评估标准，如衡量服务质量“优良、一般、差”等就是定性化的标准。定性标准反映事物基本性质，与定量标准互相补充，是控制标准体系中不可缺少的一部分。为了提高控制的准确性，可以用详细的说明计划或一些具体目标的特征来增强其可操作性，还可以对定性标准进行一些定量化处理，如员工工作态度这一定性标准，可以设置出勤率等指标使其定量化。

3. 制定标准的方法

在制定控制标准时，常见的有统计方法、工程方法和经验估计法3种方法。

（1）统计方法。统计方法是通过分析企业历史上各时期的营运状况的统计数据来为未来活动建立标准。这些数据可能是本企业或其他企业的历史数据的平均数，也可能是高于或低于平均数的某个数值。利用本企业的历史统计资料为某项工作确定标准，优点是简便易行，成本低。但如果未充分考虑行业发展状况而是仅依靠本企业的历史数据制定出来的标准，很可能会低于同行业的最佳水平或平均水平，导致即使企业的各项工作都达到标准的要求，也难以在竞争中取胜。因此，在运用历史统计数据来制定工作标准时，要充分考虑行业的平均水平和最佳水平，并对竞争对手的经验和战略进行分析。

（2）工程方法。工程方法也是一种利用统计数据制定控制标准的方法。与统计方法的不同之处在于，它不是对历史性统计数据进行分析，而是对工作情况进行客观的定量分析来制定控制标准的方法。工程方法制定出来的控制标准较准确，但其不足之处在于成本高且耗时长，而且不是所有控制标准都能通过工程方法来制定。

（3）经验估计法。在企业实际运营中，以上两种通过统计数据来制定控制标准的方法是有局限性的，因为并不是每个企业的各方面运营情况都有历史数据资料，也并不是所有工作的质量和成果都能用数据来表示。在缺乏统计数据或开展新的项目时，还可以根据管理人员的经验、判断和评估来建立标准，即经验估计法。这种方法操作简单且耗时较少，因而运用广泛。但局限性在于仅凭经验进行判断，容易缺乏科学性。利用这种方法建立标准时，要注意综合考虑各方面管理人员及相关领域专家的知识和经验，力求制定的标准先进、合理。

二、衡量工作成效

（一）衡量工作成效的作用

控制的第二步是衡量工作成效，这个步骤也称为控制过程的反馈。控制仅有标准是不够的，管理者还要收集必要的信息，找出实际工作情况与标准之间的偏差信息，根据这些信息来评估实际工作的优劣。衡量工作成效的主要作用如下。

（1）把握计划执行的实际情况，以便实施有效激励。

通过衡量工作获得大量信息，可以全面、准确地反映出计划的执行进程，使管理者能够有效协调工作，确保工作按计划进行，同时也为工作绩效评价和激励员工提供依据。实际工作成果不能简单地理解为某项工作或某个项目的最后结果，有时也可能是中间过程或状态本身，或者由中间过程或状态推测出来的结果。管理者要对比实际工作成果与控制标准之间的差异，分析原因，公正、客观地评价工作绩效；对于能够顺利达到标准的情况要加以分析，总结经验，为将来制订计划提供参考。一般情况下，对绩效的评价工作应该定期进行，评价的结果应及时传递给相应的决策部门，同时也要反馈给相关执行者，即被评价部门或个人。这样既有利于及时采取各种措施进行有效控制，又有利于提高员工的积极性，争取获得更大的成绩。

（2）及时发现已经发生或预期将要发生的偏差，为纠正偏差和改进工作提供依据。

控制的目的是防范运作偏差，这就需要以控制标准为尺度，对实际工作情况进行考核和监控，确定是否存在不足和偏差，从而确定有效的处理方法。对不符合计划和不达标的，要从3个方面进行分析。

一是判断偏差是否需要控制。在工作中，实际与预期不一致的情况常常发生，但并非所有偏差都要进行控制，在实施矫正措施以前，必须对偏差的性质加以认定。对于某些活动而言，与标准存在相对较小的偏差且偏差并不会对组织的最终成果产生重要影响，则偏差是在可接受范围内的；但对另一部分活动而言，微小的偏差也可能产生严重的后果。因此，管理者必须应用控制标准，谨慎分析和判定偏差的影响，以及可接受的差距幅度。不同类型的控制标准，对工作状况不同方面的要求不同；同类控制标准的不同测评尺度，对工作状况正常程度的要求也不同。管理者要分析各种偏差的程度和对运作成效的影响程度，分清轻重，只有工作状况中不可接受的较大偏差，才需要采取专门的控制措施。

二是分析偏差产生的原因。同样的偏差，可能由不同的因素引起；同样的因素，又可能产生不同的偏差。为了有效地解决偏差问题，必须对问题产生的原因进行分析和确认。引发偏差的原因很多，如环境变化、资源条件、组织结构、人员的水平以及计划和标准不合理等都能导致偏差出现。确认偏差产生的原因是一个复杂的过程，不仅与客观情况有关，还与对客观情况的信息掌握程度以及理解和分析问题的角度有关。在获得各种营运和操作信息后，不同的管理者面对同一个问题可能有不同的解释方式，从而提出不同的处理方法。因此，对于偏差原因的分析过程也是一个沟通与协商的过程，需要一定方法和技巧，要透过表面现象查找造成偏差的深层次原因，才能为下一步纠正偏差措施的顺利开展提供根本保证。

三是确定纠正措施实施的对象。在分析造成偏差的原因的基础上，确定纠偏工作实施的对象。如果是组织内部因素导致的偏差，那么纠正对象可能是组织所进行的活动；如果是原先制订的计划和标准不科学，或者是由于外部环境发生了变化导致原有的计划不再适应新形势的要求，就需要对衡量标准，甚至是指导活动的计划进行调整，因此，衡量绩效的过程也是对标准的客观性和有效性进行检验的过程。

（二）衡量工作成效的方法

衡量工作成效的过程基于对信息的收集和处理。如何及时、准确、全面地获取工作状况的信息，直接决定控制工作的效果，为此需要处理好信息搜集的主体和方法问题。

1.信息搜集的主体

一般而言，信息搜集的主体也是控制工作的主体，控制主体的多样性决定了信息搜集主体的多样性。对信息搜集主体的界定，实际上是对搜集信息的责任和权利的界定。当今社会，信息对企业运营管理的重要性不言而喻。为了把握组织运营状况，应该了解哪些情况，谁了解情况，这些都要有明确的要求才能把控制责任落到实处；每个员工通过哪种方式获取必要的信息、如何保护信息和防止信息流失，都要有严格的权责界定才能确保控制工作有序进行。

信息搜集的主体可以是实施控制的人或群体，如企业主管人员或上级主管部门；也可以是被控制的人或群体，如工作者本人、与此相关的其他员工或相关职能部门。不同的部门收集数据的目的不同，如人事部门收集数据是为了确定招聘计划、安排工作岗位，以及评价员工绩效；财务部门收集数据则是为了确定盈亏情况。如果某些数据会被用来批判或惩罚信息搜集主体，那么可能会导致其曲解或隐瞒数据。为了得到高质量的数据信息，可以建立专门的部门来从事信息收集工作，如统计部门和审计部门。

2.信息搜集的方式

在实际工作中，了解工作情况的渠道多种多样，由此产生信息搜集的不同方式。其中，正式组织中常用的信息搜集方式主要有口头报告、统计报告、书面报告和直接观察。

（1）口头报告。这是常用的信息搜集方式，分为正式的口头沟通和非正式的口头交流。正式的口头沟通是按照规章制度进行的，如员工向上级主管人员汇报工作完成情况，以及相关部门人员之间的工作会议和电话交谈等。非正式的口头交流是指不受制度约束的交谈，可以弥补正式的口头沟通渠道的不足，让管理者了解正式场合无法获得的重要信息和员工的真实看法，从而提高控制效果。口头报告的优点在于，能够方便、快捷地利用口头语言和身体语言来提供大量信息，而且听取报告的人可以随时提出自己需要了解的问题，双方可以进行互动交流，从而获得更广泛和深入的信息；其不足之处在于，报告者可能对信息进行过滤，导致上下级的信息不对称，不利于协调工作。

（2）统计报告。这是常用的信息搜集方式。统计报告通过对信息进行分类整理，并以结构化的方式加以表述，将统计资料提供给有关部门和个人使用。统计资料包含的信息内容和表达形式很多，通常包含大量实际数据、图形、表格及其说明等。计算机的广泛使用为统计资料的运用提供了有力的技术支持，如为管理者及时发现偏差提供技术支持。统计报告的优点是，能按管理者的需求整理出各种数据，并且揭示出各种数据之间的关系，从而便于管理者明确产生偏差问题的深层次原因，发现解决管理问题的重点和途径。但由于统计报告只能提供一些关键的数据，不方便获得的数据则可能不被采用，此外还可能忽略除数据指标以外的许多重要因素，因此存在一定的局限性。

（3）书面报告。这是正式组织中特有的信息搜集方式。控制所需要的信息大多数是书面报告提供的。书面报告通过一定的规章制度加以保证，形式多样，主要有统计报告和专题分析报告两种。统计报告是由各种指标、图形、文字和表格组成的，如财务报表、原材料库存报告等。专题分析报告则是根据有关资料和信息对某一问题进行的深入分析，如经营分析、销售量调整情况分析等。与口头报告相比，书面报告更为正式，收集的信息也比较精确和全面，易于分类存档和查找；但整理、制作书面报告资料耗时长、成本高，而且无法立即得到反馈，出现偏差时容易贻误时机。

（4）直接观察。这是最简单也是最常用的信息搜集方式。管理者可以通过直接观察工作方法、员工的非语言信号及生产现场的运行情况，来了解和掌握作业方法、工作进度、工作质量和员工积极性。由于直接观察具有全面性和丰富性，因此可以为不同角度的分析提供直接、深入的第一手资料，这是其他方式无法替代的。但直接观察需要大量的时间及多方面的观察机会；同时其结果受管理者个人业务素质的影响，具有主观性，难以提供准确的、定量的数据；员工也可能将直接观察曲解为不信任或对其缺乏信心。随着公司不断发展及管理者控制范围的持续扩大，其局限性越来越显著。

上述4种信息搜集方式各有其优缺点，但是将其结合起来，可以大大丰富信息的来源，以保证及时获得真实、准确和有效的信息，为控制工作提供事实依据。

在衡量工作开展时，应注意以下几点。

（1）衡量工作成效要找出问题的关键点。在控制过程中，衡量什么是比如何衡量更为重要的问题，因为它代表企业的期望，也会影响员工的努力方向。在实际衡量工作中，应该围绕良好工作成果的重要特征及问题的关键点来进行，避免面面俱到，或者仅仅侧重于易衡量的项目，而忽视那些实际上对组织成效有重要影响的项目。衡量工作成效只有分清主次，找出问题的关键点，才能及时、准确把握实际工作进展状况，提高管理效率。

（2）衡量的精度和频率要适宜。为准确的测定执行情况，必须凭借切实可行的测定手段，还要考虑测定的精度和频率。测定精度是指对执行情况的衡量结果能在多大程度上反映出被控制对象的变化。精度越高越能反映被控制对象的状态，但衡量工作就越复杂，会增加组织的工作量。测量频率是指被控制对象多长时间进行一次测量和评定。衡量工作越频繁越能及时反映状态变化，但在实际工作中会增加控制成本，甚至会遭到员工抵触；但如果检查和衡量次数较少，那么可能许多重大偏差难以及时发现，造成难以挽回的损失，因此衡量的频率要适当。被控制对象发生较大状态改变的时间间隔是确定衡量频率时需要考虑的重要因素。

（3）衡量工作要客观、公正。衡量工作要依据衡量对象的情况而定，要注重事实，加强调查。通过建立有效的信息管理系统，及时收集信息并进行科学加工，以提高信息的准确性和清晰度；对得到的资料要进行深入分析，既要全面把握工作进展的现状，也要正确理解其发展变化的历史过程，准确评估环境变化对工作绩效的影响，才能确保衡量工作的客观性。管理工作虽然难免有主观成分的存在，但对员工的工作绩效不能主观评判。管理者在衡量工作时不能偏私，要做到客观、公正，才能得到员工的理解，达到控制效果。

三、纠正运作偏差

纠正运作偏差是控制过程的第三步，也是控制过程中最重要的活动，具体工作包括发现偏差、分析偏差的性质和产生原因，以及纠正偏差。根据衡量绩效的结果，对运作偏差采取及时、适当的纠正措施，才能确保计划得以实现。

（一）进行偏差分析

在衡量工作的基础上，针对被控制对象状态相对于标准的偏离程度及时发现偏差，并准确找出产生偏差的原因，是纠正工作有效开展的基础。

1. 分析偏差的性质

分析偏差的性质可以采取定性和定量相结合的方法。首先要对偏差进行定性分析，描述其产生过程及随之而来的影响，并确定该影响是否在可控和可以接受的范围内。此外，还需要定量分析偏差的影响范围、规模及损失大小，确定偏差性质，并对拟采用的纠偏措施进行成本分析。

2. 分析偏差产生的原因

产生偏差的原因是多方面的，有的是源于外部环境的变化，有的是计划执行不当，也有的可能是计划制订之初预测或决策工作的失误所致。确定产生偏差的原因是纠正工作有效开展的基础。在实际工作中，同类偏差可能会由各种不同的原因所造成，这就要求管理人员认真了解偏差的相关信息，对影响因素进行深入分析。

（1）确定偏差出现是计划本身的问题，还是计划执行过程中的问题。在制定标准时，如果对产品设计、生产、流通、销售等环节认识和判断错误，可能会导致制订的计划不合实际，过高的标准难以完成，过低的标准会影响员工的工作积极性。

（2）分析偏差是由组织内部因素的影响还是外部环境的影响导致的。组织内部因素导致偏差，如员工怠工、控制不力及组织结构不合理等；组织外部环境影响因素，如宏观经济政策的调整、市场环境的变化和消费者需求的变化等。

（3）区分偏差产生的原因是执行人员主观原因造成的还是客观原因造成的。如果是主观原因造成的，要明确责任人，并且明确其是否违反了公司的规章制度或国家的法律法规。如果是客观条件和外部环境发生较大变化，导致计划执行难度增加或根本无法执行，那么应实事求是地分析原因，拟定对策。

（二）选择适宜的纠偏措施

由于偏差问题的产生原因不同，纠偏的具体措施也不同，包括进行规章制度、组织结构、工作职权、人事安排和资源配置的调整等。在对偏差进行分析的基础上，确定偏差对组织运作及组织目标的影响，并采取适当的纠正措施。

1. 维持现状

如果偏差在允许范围内，偏差不大或对组织经营目标实现无重大影响，那么不需要立刻采取纠偏工作，可以继续观察一段时间，并对偏差进行有效监控，防止偏差扩大。

2. 纠正偏差

如果是计划执行过程中主观原因造成的，可以按照公司的规章制度让当事人承担相应的责任，引以为戒。

3. 调整标准

如果是客观原因造成偏差的出现，就不应该对执行者太过苛责，而是需要调整计划和修改标准来加以纠正，通过对各种经济可行方案的比较，找出其中追加投入最少、解决偏差效果最好的方案来组织实施。

在选择纠偏措施时，应该注意以下几点。

（1）纠偏工作一定要及时，一旦发现偏差超出允许范围，就必须马上采取有效的应对措施，防止偏差继续扩大。

（2）纠偏对象和方式的选择具有多样性，需要通过对各种方案的经济性和可行性进行分析，选择投入少、效果好的方案来实施纠偏。

（3）纠偏工作一定要贯彻落实，要争取组织成员的理解和支持。

四、控制过程的风险

控制过程是有效管理中不可或缺的部分，管理者实施控制有很多原因。如果缺乏控制，组织生产和运营状态就会充满模糊性，管理者难以及时发现企业内正在发生的问题，生产经营中的浪费和低效得不到控制就会增加企业成本，产品和服务的缺陷也难以及时得到改善。但正如迈克·史密斯指出的“控制并非永远是好的，它必须在正确的范围内以正确的方式实施”[①]，在管理控制的实施过程中仍然存在着一些风险，主要包括以下几个方面。

（一）控制成本过高的风险

控制活动是为了促使组织更高效地完成组织目标，如果控制系统覆盖组织工作的各方

①迈克·史密斯.管理学原理（第2版）[M].刘杰，徐峰，代锐，译.北京：清华大学出版社，2015：215-216.

面，那么偏差就不易产生，即使产生也不会造成很大影响，但在实际工作中并非如此。即使控制系统设计可以覆盖组织所有活动，但其实施成本必须控制在合理范围内。这些成本包含信息收集、报告整理和决策筛选的时间和资金的投入，同时还应考虑机会成本，即实施人员参加控制工作相较于参加其他工作所产生的价值。一般而言，即使存在一定的偏差，但偏差影响不大且在可控范围内，则管理者可以暂时不采取纠偏措施。如果偏差对组织运用有一定的影响，但实施控制的成本远远高于偏差带来的损失，那么采取纠偏措施显然也是得不偿失的。此时，需要调整纠偏方案，设计一个廉价而有效的控制系统，或者选择继续监控偏差的发展的方式更加经济。

（二）控制失效的风险

控制过度会导致控制失效的风险。在控制过程中，频繁采取控制措施，或者对极细微的、对生产经营没有很大影响的环节进行控制，会导致员工失去自由度，不利于组织活动的开展。过细、过繁的控制最终只能沦为一纸空文。因此，在控制过程中要注重定期检查、反馈控制手段的效果，以及员工是否存在抵触情绪等，从而确认控制手段的使用期限和频度。

（三）目标置换风险

控制过程中还常常会发生控制目标取代了组织目标的目标置换风险。如果职能部门设置的控制标准没有很好体现计划的要求，忽略了其与企业总体目标的直接联系，或者标准过于严苛，就会导致管理者仅考虑完成部门的控制标准和程序要求，而不是从企业的总目标出发考虑如何实现并超越组织目标。因此，一方面应当在部门目标中体现组织总体目标和计划的要求，定期检查目标的一致性；另一方面应当使控制具有一定的灵活性，标准的详细程度和严格程度都有一个合理的限度，以激励管理者从企业的总目标出发考虑如何做好自己的本职工作。

（四）阻碍变革和创新的风险

控制系统在建立之初会比较适合组织需求，但随着组织内部和外部环境不断变化，控制体系会变得僵硬，难以适应组织发展需要，甚至这种一定时期内保持不变的趋势会限制组织的变革和创新。一些突破性的创新成果常常产生于“意外”之中，控制则会在最大程度上消除意外。此外，创新包含试错的过程，过分强调控制的组织文化，难以为创新提供包容错误的氛围，最终不利于组织创新。

（五）引发道德争议的风险

控制经常会引发道德方面的问题，尤其是涉及员工隐私方面。例如，一些组织或某些特殊部门要求员工下班时需要检查其手提包，或者通过闭路电视监控员工的行为，甚至会查看员工个人计算机的文件及电子邮件，这其中会涉及很多复杂的道德问题。首先需要明确，达到同样的控制效果有多种方式，是否必须使用某些容易引发争论的手段来实施管理控制。如果确实无法避免要牵涉个人隐私及自由方面，组织在应聘时就该明确告知对方，在实施控制时应该征得对方的理解和同意，且必须确保收集到的信息的使用范围和权限，保证不用在违反道德的地方。

典型案例 5-5

华为内部控制案例①

华为的内部控制管理机制靠文化推动，其优秀的企业文化促进其内部控制的贯彻与执行，为其持续发展提供不竭动力。华为的企业文化被称为"狼性文化"，包括灵敏的嗅觉、强烈的进攻意识、努力进取的拼搏精神，以及合理分工与协调的智慧。华为优秀的企业文化为其创造了良好的控制环境，进而提高了内部控制能力，使其在市场竞争中越战越勇。

起初华为的内部控制设计较强势，但近几年，开始注重刚柔并济。华为将企业文化中的艰苦奋斗、努力进取、积极自省、积极进取、分工合作等核心价值观的理念嵌入内部控制设计思路，为内部控制的有效实行奠定了坚实的基础。积极进取的"狼性文化"对华为内部控制的运行起着积极的导向作用，形成了一种无形的约束力，使华为在内部控制运营中坚持在合作中谨慎授权、相互制约的内部控制原则，加强了内部监管，保证了内部控制的高效、稳定运行。

第三节　控制的基本方法

海因茨·韦里克等学者曾指出："尽管所有精干的管理人员都想要有一个充分而又有效的控制系统来协调他们确保一切按计划行事，但有时未必能认识到，管理人员所采取的控制方法必须按具体任务和预计的对象来设计。虽然说控制的基本过程和基本原理都是普遍使用的，但实际的控制系统却需要专门设计。"②

为了更好地实现控制目标，除了了解控制的基本原理外，还需要掌握科学的控制技术与方法。因为控制是为了保证计划得以顺利实施，所以，控制必须为计划服务，很多控制方法就是用于计划的。近年来，虽然控制的基本原理并没有较大的改变，但各种控制技术和方法

① 樊云天.企业内部控制有效性研究——基于华为的案例分析[J].南方企业家，2018（1）：119.

② 海因茨·韦里克，马克·V.坎尼斯，哈罗德·孔茨.管理学：全球化、创新与创业视角（第十四版）[M].马春光，译.北京：经济科学出版社，2015：491.

却不断改进，这些控制技术与方法的运用有助于管理者更加及时、有效地去发现计划执行中发生的偏差，找出问题的根源，并采取相应的纠正措施。

一、预算控制

（一）预算的概念和种类

1. 预算的概念

管理控制中广泛使用预算作为控制手段，企业未来的生产经营活动几乎都可以通过预算进行控制。预算是指用数字，特别是财务数字的形式来描述企业未来某一特定期间的有关现金收支、资金需求、资金融通、营业收入、成本费用等经营条件和经营成果的活动计划，是一项关于完成组织目标和计划所需资金的来源和用途的书面说明。

从广义上看，预算控制可以通过编制预算并监控预算的执行过程，来对预算进行事前、事中和事后的全面控制，在预算编制、调整、实施、反馈过程中收集到的信息，可以有效指导企业生产经营计划。狭义的预算是指利用预算对经营活动过程进行的控制，属于事中控制。管理者通过预算控制的方式来有效管理经营活动的全过程，保证组织中各项活动及各职能部门在完成组织目标、实现利润的过程中对经营资源的合理、有效利用，并严格约束费用支出。

通过分析预算的内涵，可以看出以下几点。

首先，预算是一种计划，因此编制预算的工作是一种计划工作。预算要体现出数量多少，即为实现计划目标的各种管理工作投入与产出的数量。

其次，预算是一种预测，是对未来一段时期内的收支情况的预计；但预算也要有明确的根据，可以采用统计方法、经验方法或工程方法来确定预算数据。

最后，预算是一种控制手段，要有时间限定，即明确什么时候支出、什么时候实现收入，以及什么时候取得收支平衡。编制预算实际上就是控制过程中的拟定标准，根据预算的数量指标，可以很容易地衡量实际工作成效。因此，通过预算控制能够快速发现偏差并采取纠正措施，使确定目标和拟定标准的计划工作得到改进，为协调和控制组织资源提供依据。

2. 预算的种类

预算按照不同的标准可以划分为不同类型。对于生产经营内容不同的企业而言，其预算表中的项目虽然有所不同，但基本都会涉及以下内容。

（1）收入预算。收入预算是指在预算期内以货币单位表示企业各项收入的计划预算，是对未来某段时期企业经营成果的一般说明。

收入预算中最基本的是销售预算，因为企业收入主要来源于产品销售和劳务提供，组织计划也要基于销售预测来制订。销售预算是在销售预测的基础上编制的，在分析企业过去和现在的销售情况的基础上，对未来的市场需求特点及其发展趋势进行预测，通过比较竞争对手和本企业自身的经营实力，来确定企业在未来某一时期内为实现目标利润所需达到的销售水平。由于企业通常有多种产品，且会将这些产品放在不同的市场销售，因此还需要按产品、市场或消费者来编制分项销售预算。根据不同产品及市场特点，在一年中的不同季度和月度，销售量也会有所不同，因此还需要预计不同季度和月度的销售收入。

（2）支出预算。支出预算是指在预算期内以货币单位表示经营费用支出的计划预算，企业生产、销售产品需要耗费一定的劳动力和物质资源，通过支出预算来预计为得到这些产品、实现销售收入所需付出的费用。

企业的支出预算一般包括直接材料预算、直接人工预算及附加费用预算。直接材料预算通常以实物单位表示，根据实现销售收入所需的产品种类和数量分析为了生产这些产品所需的原材料的种类数量。直接人工预算是预计企业为了生产一定数量的产品所需要的工人业务类型及人数，并算出其劳动的直接成本。附加费用预算是指直接材料和直接人工以外的，企业的行政管理、营销宣传、销售服务、设备维修及税金等方面的预计费用。

（3）现金预算。现金预算是反映预期内企业生产与销售活动中现金的流入与流出状况的预算。现金预算只能包括那些实际包含在现金流程中的项目，如企业库存现金、银行存款等货币资金。一个企业即使销售收入多、利润大，但如果存在大量尚未收回或收回后被大量的库存材料或在制品所占用等情况，就无法在目前给企业带来现金上的方便。因此，编制现金预算的目的是帮助企业发现资金的闲置或不足，合理地处理现金收支业务，调度资金，保证企业财务处于良好状态。

（4）投资预算。投资预算是在可行性研究的基础上，对企业的固定资产的购置、扩建、改造、更新等编制的预算，是一种长期预算。由于资金是企业生产经营的命脉，企业的资金支出情况又是重中之重，因此投资的资金来源往往是影响企业决策的限定因素之一。投资预算应当力求与企业的战略及长期计划紧密联系在一起。投资预算项目包括用于更新、改造或扩充包括厂房、设备在内的生产设施的支出用于增加品种、完善产品性能或改进工艺的研究与开发支出，用于提高职工和管理队伍素质的人员培训及发展支出，用于广告宣传、寻找顾客的市场发展支出等。

（5）资产负债预算。资产负债预算是对企业的资产、负债、所有者权益及其相互关系的预算。资产负债预算通过将各部门和各项目的分预算汇总在一起，反映出决策周期企业生产经营活动结束时，如果企业的各种业务活动达到预先规定的标准，企业所拥有的全部资产总和、负债程度、还债能力、所有者权益等呈现何种状况。作为各分预算的汇总，管理人员在编制资产负债预算时虽然不需要做出新的计划或决策，但通过对预算表的分析，可以发现某些分预算的问题，从而有助于及时采取调整措施。企业的资产负债表、损益表等均为资产负债预算依据。

（二）预算控制方法

预算控制方法按其出发点的特征不同，可分为增量预算方法和零基预算方法两大类。

1. 增量预算方法

增量预算方法是使用以前期间的预算或实际业绩作为基础，结合有关影响成本因素的未来变动情况，通过调整有关原有费用项目而编制预算的一种方法。

增量预算方法是基于如下假设制定的：首先，现有的业务活动是企业所必需的；其次，原有的各项开支都是合理的；最后，增加费用预算是值得的。

增量预算方法的优点：①预算是稳定的，并且变化是循序渐进的，避免对预算进行频繁修改；②使预算对实际执行情况的评价与考核建立在更加客观、可靠的基础上，系统相对容易操作和理解；③能够适应不同经营活动情况的变化，扩大预算的范围，更好地发挥预算的控制及协调作用。

增量预算方法的缺点：①受原有费用项目限制，假设经营活动及工作方式都以相同的方式继续下去，可能导致保护落后、难以激发新观点的动力；②滋长预算中的“平均主义”和“简单化”，假设过去是合理的、无须改变的，就容易造成预算不足或浪费；③鼓励将预算全部用完以便明年可以保持相同的预算，导致缺乏降低成本的动力，不利于企业未来发展。

2. 零基预算方法

传统编制预算的方法一般都是以前期费用水平为基础，结合相关变动因素，通过适度增减的方式制定的。零基预算方法是指在每个新的期间必须对项目进行重新审查，不以现有的费用状况为基础。零基预算开始于“零基础”，从根本上研究、分析每项预算是否有支出的必要和预算支出规模的大小。

零基预算的优点：①不受现有费用项目和开支水平限制，完全按照新的目标要求来制定预算，能够识别和去除不充分或过时的行动，有利于对组织进行全面的审核，将组织的长远目标、当前及预期的效益有机地结合起来，切实做到将有限的经费用在最需要的地方；②能够应对环境的变化，促进更为有效的资源分配，从而更有效地保证目标的实现；③不受现行和传统预算的约束，能够充分发挥各级管理人员的积极性和创造性，有助于企业的发展。

零基预算的缺点：①对各部门预算逐一进行审查，所投入的资源较多，工作量大，耗费时间较长；②可能强调短期利益而忽视长期目标；③在对各项业务进行先后排序时，存在一定的主观性，管理团队可能缺乏必要的技能。

零基预算要求决策者要一切从零开始，透彻理解组织目标，参加项目评价，对先后排序负责，设计出既能提高效益又能降低成本的更好的方案。为了控制成本、简化预算编制流程，很多企业每隔若干年进行一次零基预算，在后续几年里进行适当调整。

编制零基预算时，首先要求组织各部门在明确组织目标的基础上，将长远目标、近期目标相结合，说明各项业务的性质、目的，从零开始，对所有申报预算项目进行重新审查，详细确定各项业务的先后次序。其次，组织决策者对各部门的预算方案进行比较评价，权衡各预算项目的轻重缓急，根据组织目标排出各项业务的优先顺序。最后，将可用资金按优先顺序分配，从而使预算最有效地保证组织目标的实现。

（三）预算控制的过程

虽然预算的主要关注点在企业资金的流入与流出上，但预算信息并不局限于财务。整个企业和每个部门都可以创建自己的活动预算。预算控制通过比较预算目标制定的各项财务指标的实施情况来监督和衡量组织经营活动的各项费用支出和经营成果，及时发现和纠正偏差，确保预算目标的实现。在实施预算控制时，还需要考虑预算期的长度。

预算控制过程主要包含预算编制、预算执行和评价、预算调整。

1. 预算编制

预算编制主要是确立预算指标形成的方向和顺序，不仅要对各部门、各项活动制定分预算，而且要对企业整体编制全面预算。分预算要详细说明各部门和项目的收入目标或费用支出的水平。全面预算是指对所有部门或项目的分预算进行综合，描述企业经营活动在未来时期各个方面的总体目标。总体预算是分预算的基础，为正确评价和控制各部门的工作提供客观的依据。值得注意的是，虽然任何预算都需要用数字形式来表述，但全面预算必须用统一的货币单位来衡量，分预算则不一定用货币单位计量。因为分预算中的一些具体项目，使用时间、长度或重量等单位表述更为准确。但在编制企业的全面预算时，各部门或项目的分预算必须转换成用统一的货币单位表述。

预算编制涉及组织中的各个层次和部门，应有一个自上而下和自下而上的循环过程。一般需要经过初步预算方案制订、协调预算、审核与批准、预算修正等步骤。首先由组织高层管理人员向主管预算编制的部门提出未来一段时期的总体发展战略、计划与目标。在此基础上，由预算编制部门向组织各部门的管理人员提出有关编制预算的建议和要求，并提供必要的资料，制订初步的预算方案。据此，各部门的管理人员编制本部门的预算，并与其他部门相互协调，然后将本部门预算上报主管部门。主管编制预算部门将各部门预算方案进行汇总和协调，再编制出组织的各类预算和总预算。最后，上报组织高层管理人员审核并批准。如果计划有变动，或者组织内外部环境有变化，还需要对预算进行修正。

2. 预算执行和评价

预算经过高层管理人员审核批准，就要严格执行。预算编制再好，如果没有有效的监控措施来保证执行，也只是纸上谈兵。在预算执行过程中，要将责任细化，通过各种审批程序进行控制，以保证执行的有效性。同时，还应对预算执行情况进行定期检查。对预算执行情况的评价主要是对其预算管理的过程和结果进行准确的计量，然后用一套指标或标准来进行度量和评估。在进行预算执行评价时，一定要公平、客观地进行奖惩，才能起到推动预算管理工作良性发展的作用。

3. 预算调整

通过考评预算执行情况，可以对预算进行相应的调整。当预算执行过程发生偏差时，要区分是执行人员主观因素引起的偏差，还是客观条件变化导致预算难以执行。如果是结果发生偏差，或者外部环境发生变化使原预算不符合实际，就必须对原预算进行修正。预算调整也必须依照规定的程序来进行。

（四）预算的积极作用和局限性

1. 预算的积极作用

（1）帮助管理者有效管理和控制企业各部门运营状况，确保计划顺利达成。预算采用统一的货币单位为企业各部门及各项目编制计划，能够清楚、明确地体现出企业不同部门和不同时期的运营情况，很容易测量出实际活动对预期效果的偏离程度，从而为采取纠正措施奠定基础。因此，预算控制可以帮助管理者把握企业经营状况变化方向及企业中的优势部门与问题部门，从而为组织调整提供依据。

（2）有利于资源的合理配置以及协调重要的组织活动以便顺利开展。预算的编制与执行始终是与控制过程联系在一起的，管理者可以通过预算控制组织中的各项人力、物力和财力等资源的分配，预算内的活动由于获得支持，可以顺利开展，预算外的活动则由于无资源支持而难以进行。通过这样的方式，可以确保重要工作正常进行，避免资源的闲置和浪费。

（3）为绩效评估提供依据，激励员工提高业绩。预算为各项活动的收入和支出确定了具体的量化的标准，便于企业不同部门之间的绩效评估，也使之更加客观、公正。由于资金运用范围及流动状况清晰可查，因此可以通过预算控制各级管理者的职权范围，明确其应承担的责任。

（4）养成节约风气，有助于提升企业竞争力。预算一旦被批准通过，就需要严格遵循，一般不允许超支使用，并且预算的执行情况也是管理活动考察的重点，有助于组织内部培养勤俭节约的工作作风。在资源、环境的双重约束下，降低成本、提高效益对提高企业竞争力有着十分重要的意义。

2. 预算的局限性

（1）导致企业经营缺乏灵活性和适应性。预算一旦形成，短期内就不会轻易改变，但企业活动的外部环境是不断变化的。因此，企业关于资源的支出或销售产品实现的收入等方面的预算，就会变得不合时宜。此外，项目预算或部门预算为经费开支和使用规定了比较烦琐的条款，并作为考核标准之一，会导致部门主管在活动中束手束脚，无法灵活开展工作，忽视了其工作目标并非完成预算目标而是实现组织目标。

（2）预算控制对象的局限性。预算作为控制的一种重要手段，主要用于控制企业中可以计量的，特别是以货币单位来衡量的业务活动，对于企业文化等方面则无法计量和控制。

（3）容易受原有费用项目限制，限制创新。在编制预算时，通常参照上期的预算项目和标准，这样容易忽视本期活动的实际需要。在实际工作中，有的项目本期并不需要，但预算编制者如果不重新分析和审核，常常还会继续沿用，造成资源浪费；而一些本期需要增设的项目，往往因为缺乏先例而难以获批，导致组织中创新的搁置。因此，在预算编制过程中要充分复核相应的标准和程序，防止预算成为低效管理部门的保护伞。

典型案例 5-6

霍克公司的预算控制①

作为美国一家生产、经营多种卫生用品的大型企业，霍克公司在经营过程中形成了自己独特的预算控制系统。其预算控制系统的设计与公司的经营方式紧密结合，按照产品事业部的形式构建分部，采取分权管理模式，通过预算指导各分部的工作。

在预算制定和执行过程中，霍克公司始终保证其与企业的总目标的一致性，在此基础上明确企业各部门的责任。从微观上来看，各部门将部门预算与企业经营目标相结合，可以把本部门的实际情况最切实地反映到预算之中，提高基层部门的积极性。从宏观上来看，霍克公司总部人员在工厂生产预算制定过程中到各工厂进行访谈，了解基层预算制定的情况，在第一时间与相关人员协商预算中出现的偏差，同时弄清楚工厂的财务状况和员工的工作方式，以便从基层确保工厂的预算与公司的整体目标相一致。这种预算控制系统也是当前主要产品处于成熟期的企业所广泛采用的。通过有效的预算控制系统，企业可以将抽象的战略计划落实到具体的操作层面，集中有限的人力、物力和财力服务于整体目标。

二、非预算控制方法

尽管控制方法中有些与预算控制相关甚至运用了预算控制手段，但还有很多控制方法与预算无关。这些非预算的控制方法涉及监督与检查、经营方面的统计数据、职能部门的专门报告和分析、经营审计部门及外部审计人员做出的评估报告等。

① 李翔，曾颖.霍克公司预算控制系统的特点及给我们的思考[J].财务与会计，2000（6）：55-56.

（一）行政控制法

1. 视察与指导

视察是一种最古老、最直接的控制方法，基本作用在于可以获得第一手信息。基层管理者通过走访和观察，可以对生产过程中的产量、产品质量、资源使用情况、设备运转情况、安全问题及劳动纪律执行情况做出最直接的判断。高层管理者通过视察，不仅可以了解到组织的方针政策的执行情况，还能了解到是否存在执行困难现象或抵触情绪，也可以从与员工直接的接触中及时发现问题，或者找到企业新的业务增长点，拓展企业的盈利途径。这些都是仅从正式报告文件中所不能获取的非常重要的信息。

视察还可以提高管理者的管理技能，通过与员工实现有效沟通，可以更深入地了解组织运作情况。此外，上级管理者亲临一线，会对员工起到很好的激励作用和示范效果，有利于创造一种良好的组织氛围，并有助于发现基层的优秀员工。视察几乎是所有优秀领导者始终坚持的方法。即使现代社会管理手段已经突飞猛进，管理信息系统能够提供海量的全面的信息，并能够做出各种有利于管理决策的分析报告，但仍然不能取代人与人之间面对面的交流所获取及传达出的理解和信任。

但是视察也有一定的局限性，如下属可能会错误理解上级视察的动机，将其看作对自己工作的干涉，认为这是一种不能充分授权的不信任行为。在视察时一定要充分理解下属的情绪，防止引起消极的抵触心理。视察时，首先要注意抓重点，主要观察重点环节和重要部门，并将视察制度化，使其充分发挥控制作用；其次是不能浮于表面，不能过于主观，一定要深入、细致；最后要鼓励反馈，对视察中发现的问题要尽快给予回应和解决。

2. 报告制度

报告制度也是一种很重要的控制方法，是管理人员掌握计划执行情况和实施控制的基本方式。报告是用来向负责实施计划的主管人员全面、系统地阐述计划进展情况、存在的问题及原因，采取的对策和效果，以及需要的支持和协助等情况的一种重要方式。在组织中，建立起完善的报告制度非常重要，在形式上需要将报告规范化、定期化，在内容上要做到突出重点、强调例外，对于重要的项目，应该采取批准其随时报告的制度。

如果管理者对于下属应该汇报什么缺乏明确要求，就容易陷入文山会海之中，缺乏效率。根据管理控制的需要，主管人员一般需要掌握以下几个方面的内容。

（1）投入程度。主管人员需要明确理解其本人与报告内容的关联度，确定其参与度和投入度，以便能够有效安排每项计划应该花费多少时间，介入到哪个层面。

（2）进展情况。主管人员一方面需要听取基层员工的汇报；另一方面作为部门负责人，也需要在上级领导及其他有关部门人员面前做报告。因此，主管人员必须清楚把握部门工作的进展情况、资金收支情况等。

（3）重点情况。管理者要提高管理能力和管理效率，一定要选择必须由其本人注意和决策的问题来听取报告，巨细无遗、事必躬亲是不可能，也是没有必要的。

（4）全面情况。管理者需要处理特殊情况，也需要掌握全盘情况，以便能够正确把握公司发展方向。

（二）比率分析法

比率分析是将企业资产负债表与收益表上的相关项目进行对比，形成一个比率，从中分析和评价企业的经营成果和财务状况。孤立地考察某一项数据，往往不能很好地说明问题，只有分析数据之间的内在关系才能得到有意义的结论。利用财务报表提供的数据，可以列出许多比率，常用的有两种类型，即财务比率和经营比率。

1. 财务比率

财务比率反映企业的偿债能力和盈利能力等财务状况，主要的财务比率包含以下几种。

（1）流动比率。流动比率是指企业的流动资产与流动负债之比。该比率反映了企业偿还需要付现的流动债务的能力，即企业资产的流动性越大，偿债能力就越强；反之，则偿债能力就越弱。因此，企业资产应具有足够的流动性。资产若以现金形式表现，则流动性最强，但要防止为了追求过高的流动性而导致企业失去获利的机会。

（2）速动比率。速动比率是指从流动资产中减去存货再除以流动负债。该比率与流动比率一样，是衡量企业资产流动性的一个重要指标。当企业有大量存货且存货周转率较低时，因为库存变现有价值折损，且需要一定时间，所以速动比率更能精确地反映客观情况。

（3）负债比率。负债比率是指企业总负债与总资产之比。该比率反映了企业营运资金的比例关系。一般而言，若企业在快速扩张期，债务比率可能会很高，过高的负债比率对企业的经营不利。

（4）盈利比率。盈利比率是指企业利润与销售额或全部资金等相关因素的比例关系，常用的比率有销售利润率和资金利润率。盈利比率反映了企业在一定时期从事某种经营活动的盈利程度及变化情况。

2. 经营比率

经营比率是与资源利用有关的几种比率关系。经营比率可以帮助人们了解企业经营效率的高低和各种资源是否得到了充分利用。常用的经营比率有以下3种。

（1）库存周转率。库存周转率是销售总额与库存平均价值的比例关系。该比率反映了与销售收入相比，库存数量是否合理，表明投入库存的流动资金的使用情况。

（2）固定资产周转率。固定资产周转率是指销售总额与固定资产之比。该比率反映了单位固定资产能够提供的销售收入，表明企业资产的利用程度。

（3）销售费用率。销售费用率是指销售费用与营业收入的比率。该比率体现了企业为取得单位收入所花费的单位销售费用，或者销售费用占据营业收入的比例，在一定程度上反映了企业营销活动的效率。

（三）审计控制法

审计控制法是企业常用的控制方法，通过对反映企业的会计记录及财务报表进行审核、鉴定，以判断其真实性和可靠性，从而为控制和决策提供依据。根据审查主体和内容的不同，可将其分为3种主要类型：一是由外部审计机构的审计人员进行的外部审计；二是由内部专职人员对企业财务控制系统进行全面评估的内部审计；三是由外部或内部的审计人员对管理政策及绩效进行评估的管理审计。

1. 外部审计控制

外部审计是由企业外部机构（如社会上独立的会计事务所）选派的审计人员对企业财务报表及其反映的财务状况进行独立的评估。

为了检查财务报表及其反映的资产与负债的账面情况与企业真实情况是否相符，外部审计人员需要抽查企业的基本财务记录，以验证其真实性和准确性，并分析这些记录是否符合公认的会计准则和记账程序。因此，外部审计有权要求被审部门及时提供计划、预（决）算、合同协议、会计凭证、会计账簿等文件资料；检查被审部门的凭证、账簿、报表、资产、有关文件和资料；对有关事项进行调查，有权要求有关部门和个人提供证明材料。同时，外部审计机构需要按程序开展审计工作，对审计事项严守秘密，并编制审计报告，提出改进建议。

外部审计的优点是，审计人员与管理当局不存在行政上的依附关系，不需要看企业经理的眼色行事，只需要对国家、社会和法律负责。因此，外部审计是对企业内部虚假、欺骗行为的一个重要而系统的检查，起着鼓励诚实的作用，可以保证审计的独立性和公正性。

外部审计的缺点是，外来的审计人员不了解内部的组织结构、生产流程等经营特点，因此在对具体业务的审计过程中可能产生困难。此外，企业内部人员可能对外部审计人员有抵触情绪，不愿积极配合，这增加了审计工作的难度，还有可能出现外部审计单位与企业相勾结的情况。

典型案例 5-7

安然事件中的审计问题[①]

1985年，美国安然公司成立，审计服务一直由安达信会计师事务所提供。令人遗憾的是，在10余年的审计过程中，安达信会计师事务所并没有发现安然公司内部存在

① 徐经长，唐圣林.从安然事件看会计监管[J].中国注册会计师，2002（5）：25-27.

的会计问题。安然公司的财务总监曾明确告诉法庭，安然公司通过SPE所涉及的每一笔业务都与安达信商量过，并经过安达信的同意。由于意识到安然公司的会计政策和方法太激进，2001年2月，安达信的合伙人就曾讨论过解除与安然公司的业务关系。2001年8月21日，包括主审计师戴维·邓肯在内的4名高级合伙人曾开会讨论安然公司发展部副总裁雪伦·沃特金斯对安然会计问题的警告。安达信虽然已经意识到安然公司会计问题的严重性，却未向SEC报告，也未采取必要措施。更为严重的是，安达信在得知SEC要对安然公司破产案进行调查后，竟然大量销毁其与安然公司有关的审计档案，这一做法让人怀疑被销毁的审计档案中是否藏有不可告人的勾当。如果销毁审计档案被证实为有意掩盖真相，那么就是对注册会计师职业道德的公然挑衅，将使安达信的信誉丧失殆尽。

2. 内部审计控制

内部审计是由企业部门的专职审计人员进行的审计。内部审计与外部审计相配合并互为补充，是现代审计的一大特色。健全的内部审计制度可为外部审计提供可信赖的资料，减少外部审计的工作量。

内部审计通过检查现有控制程序和方法的执行情况，为企业提供更合理的政策、工作程序和作业方法的建议，促使企业更有效地实现组织目标。内部审计有助于推行分权化管理。从表面上来看，内部审计作为一种从财务角度评价各部门工作是否符合既定规则和程序的方法，加强了对下属的控制，似乎更倾向于集权化管理，但事实上，企业的控制系统越完善，控制手段越合理，越有利于分权化管理。因为主管知道，许多重要的权力授予下属后，自己可以很方便地利用有效的控制系统和手段来检查下属对权力的运用状况，从而可及时发现下属工作中的问题，并采取相应措施。内部审计不仅可以评估企业财务记录是否健全、正确，而且可以为检查和改进现有控制系统的效能提供一种重要的手段，因此有利于促进分权化管理的发展。

内部审计的局限性在于，首先，要得到深入、细致的统计结果，需要投入很多的费用；其次，内部审计工作容易引起被审计部门的不满，增加员工的抵触情绪，可能会对组织活动带来负激励效应。

3. 管理审计控制

外部审计主要审核企业财务记录的可靠性和真实性；内部审计主要审核企业政策、工作程序与计划的遵循程度，并提出改进企业控制系统的建议；管理审计则是一种对企业所有管理工作及其绩效进行全面、系统的评价和鉴定的方法，目的是使被审计单位的资源配置更加富有效率。管理审计虽然也可以由组织内部的有关部门进行，但为了保证某些敏感领域得到客观的评价，企业通常聘请外部专家进行。

管理审计需要全面、综合地研究企业经营状况，审计的内容包括：①对企业经营目标、计划、管理秩序及长期规划进行审查；②对包括企业高层领导部门在内的整个管理部门进行评价。管理审计的方法是利用公开记录的信息，从反映企业管理绩效及其影响因素的若干方面将企业与同行业其他企业或行业的著名企业进行比较，以判断企业经营与管理的健康程度。

管理审计的优点在于，对整个组织的管理绩效进行评价，因此可以为指导企业在未来改进管理系统的结构、工作程序和结果提供有用的参考；其不足之处在于，在实际审计过程中，管理审计过多地评价组织过去努力的结果，而不致力于预测和指导未来的工作。

（四）程序控制法

程序是一个组织中对于某项活动处理流程的一种描述。一般而言，具有重复性、由多个环节构成的活动都可以为其设定固定程序，以便提高决策及执行效率。因此，管理程序就是在管理过程中处理例行事物的规范和步骤。如果管理者的管理程序合理、得当，就可以加快管理的速度，提高管理的效率，取得较好的管理成效。

制定管理程序应该遵循以下3个原则。

1.精简原则

从管理过程来看，程序越多、越复杂，信息传递所要经过的环节也就越多，导致组织管理费用增加。因此，在不影响控制效果的前提下，程序应尽可能精简。

2.稳定性原则

程序一旦制定，就代表着企业内部的一种规范，有其权威性，要求相关人员理解和遵守，必须在一定时期内保持稳定，不能随意更改。因此，在制定程序时，就必须注重其科学性和合理性，这样才能确保其稳定性。如果程序经常改动，一方面会增加程序制定部门的工作量；另一方面，如果相关员工没有及时了解和适应新规定，可能会造成工作的延迟或失误。

3.灵活性原则

管理实践面临的问题非常复杂多变，因此在程序设计和执行时也要留有一定的弹性空间，兼顾例外，以防规定过于死板，造成工作效率的低下。

在制定程序时，要认真分析管理工作的性质、环境，以及各环节的重要性，然后确定管理的具体程序，其步骤如下：①分析工作过程，明确控制要求，确定重点与关键环节；②明确各环节的管理范围、权利、责任和奖惩标准，研讨程序内容；③鼓励员工参与讨论，发布征求意见稿，修改和完善程序；④颁布并试执行程序；⑤反馈程序执行问题，弥补不足，修订不合理的规定，建立正式执行的程序。

在进行程序控制时，需要遵循一定的要求，才能提高控制效果。

（1）尽量精简程序，降低控制成本。对于管理者而言，控制并不是目的，而是确保组织目标达成的手段。因此，要限制所用程序的数量，使程序精简到最低程度，这样才能降低控制成本。程序本身是一个包含多种活动的呈网络关系的系统，从组织整体来考虑，任何一个程序又是更大系统的组成部分或要素。因此，管理者要有大局观，要从系统理论去理解程序控制，从整体的角度去分析和设计程序，使各种重复、交叉和矛盾的规定减少到最低程度，要追求系统整体的最优化而非局部的次优化。

（2）确保程序的计划性。控制与计划紧密相关，程序控制也是计划的体现，程序设计必须考虑到有助于实现整个组织的目标。如果既定程序与组织整体目标发生冲突，就要重新调整程序，避免僵化的程序影响组织效率。因此，程序需要定期评估，分析其是否有助于组织绩效的提升。

（3）维护程序的权威性。程序控制是为了调整人们的行为，使组织成员处理工作时由随意的方式转换成为规范的方式，因而在执行初期，会遇到很多阻力，有些仅仅来自员工个人习惯。因而也就对程序的控制提出严格的要求：程序必须从其制定之初到执行过程，都具有一定的权威性。第一，程序的制定和发布要有权威性，可以在企业中设立专门的标准委员会，负责统一制定、协调各种程序及其他管理标准，并监督执行效果。通常由企业最高领导者亲自兼任该部门负责人。第二，各级管理者，尤其是上层管理者要起带头作用，凡是有程序规定的，都要照章办事，严格审批。第三，必须定期对程序执行效果进行检查与监督，对违反程序造成的损失予以通报和追究责任，让员工理解程序控制的必要性和重要性。

（五）生产控制

企业最重要的活动就是组织生产，任何经营资源的投入都需要通过生产实现其价值的增加。在这个过程中，为达到企业预定的目标，就必须对生产活动进行控制。生产控制涉及内容较多，这里主要从供应商控制、库存控制及质量控制进行分析。

1. 供应商控制

供应商是指可以为企业生产提供原材料、设备、工具及其他资源的企业。供应商供货及时与否，所供货物质量的好坏、价格的高低，都对本企业最终产品产生重大影响。因此，生产控制应该从对供应商的控制开始抓起。

选择供应商的标准有许多，在确定选择供应商时一般有两种考虑方式：一种是选择唯一的供应商，使企业和供应商成为利益共同体，促进双方的忠诚和密切合作，建立战略伙伴关系，不合作的结果就是双方的利益受损；另一种是选择多个供应商，根据交易内容与时间为其制定不同的供货比例。目前比较流行的做法是在全球范围内选择供应商，原因是能够有保障地获得高质量、低价格的原材料，同时也可避免只选择少数几家供应商可能构成的威胁。对供应商的控制除了供应商数量和供货数量外，还要包括对供应商的供货质量、供货方式、供货时间、供货条件及整体服务水平等方面的控制，这样才能实现对生产和产品质量的有效控制。

2. 库存控制

库存是指仓库中实际储存的货物。库存量过大或过小都会造成库存总费用的增加。库存量过大会增加仓库面积和库存保管费用，导致产品成本的提高；同时，会占用大量的流动资金，造成资金呆滞，既加重了货款利息等负担，又会影响资金的时间价值和机会收益；大量企业资源的闲置也会影响资源的配置和优化，还会造成产成品和原材料的有形损耗和无形损耗。库存量过大也说明企业生产、经营过程中存在一定的问题，需要有效控制。库存量过小会造成生产系统原材料或其他物料供应不足，影响生产过程的正常进行。订货间隔期缩短，订货次数增加，也会增加生产成本，还有可能造成服务水平的下降，影响销售利润和企业信誉。

库存控制是在满足顾客服务要求的前提下控制合理的库存水平，即用最少的投资和最少的库存管理费用维持合理的库存，以满足使用部门的需求和减少缺货损失，提高物流系统的效率，控制库存资金占用，加速资金周转，从而提高企业的市场竞争力。库存控制需要利用信息化手段，对每次进货都进行记录；还要有盘库功能，确保库存的价值与市场同步涨跌；此外，还要根据生产计划和采购周期安排采购。库存控制需要进行单件成本核算，对节约进行奖励；对供货商进行管理，根据价格和服务均衡采购。

典型案例 5-8

全家便利店的库存控制①

全家便利店是非常知名的便利店品牌。作为后起之秀，全家便利店在7-11、罗森已率先抢占中国市场的情况下，成功打入中国市场，并快速发展，其控制系统功不可没。

2004年7月，全家便利店在上海开业。这个来源于日本的品牌成立于1972年，通过几十年的发展，已经成为全亚洲国际连锁便利品牌中的重要组成部分。其加盟点遍布日、韩、泰、美等国家和地区，拥有12 000多个销售网点。

全家一直推行的是全员参与成本控制，成本管理涉及每个部门和员工。营业部和商品部共同管理店铺库存，实行门店和供应商同时管理库存。全家门店商品分为两

① 戴书琴.全家便利店库存控制存在的问题及对策分析[J].中国商论，2015（23）：34-36.

类。其中一类商品是直接向物流公司进货，这类商品由顶实物流负责全家所有门店商品的供应，店铺每日下订单，物流每日配送到门店。门店采取“三配”的模式，即每天门店可以下3次订货单，物流3次配送。这样的运营模式使门店可以及时根据销售情况来订购商品，以免商品缺货造成缺货损失，顾客随时能买到所需商品，也增加了客户的满意度，而且能够保证店铺商品的新鲜度。因此，“鲜食”成为全家便利店重要的差异化商品。全家的泛鲜食类产品在单店销售中的占比已经超过40%。

在全家便利店的门店中，约2/3为加盟店。加盟店中又有绝大多数是全家内部员工加盟，称为合作经营。总部与加盟商之间是完全的合作伙伴关系。由总部建设好平台和系统，包括基础设施的建设，以及门店端的全面订货、进货、上架到最后废弃的管理系统。每位合作伙伴在经营店铺之前都会经过严格的培训。培训内容细化到门店如何管理、咖啡机如何管理、鲜食如何管理，以及如何实现从订货、进货，到上架、货架管理，再到废弃，整个过程都得到有效控制，保证每家全家便利店门店都能保质不走样。

3. 质量控制

质量控制方法是保证产品质量并使产品质量不断提高的一种质量管理方法。它通过研究、分析产品质量数据来揭示质量差异的规律，找出影响质量差异的原因，并采取控制产生次品或不合格品的因素，使产品在生产的全过程中每个环节都能正常的、理想地进行，满足消费者对产品的适用性、可靠性及经济性的需要。质量控制既涵盖了对产品质量（性能、寿命、安全性、可靠性和经济性）的控制，也包含了对工作质量的控制，即在生产过程中围绕保障产品质量而进行质量管理工作。迄今为止，质量管理和控制已经经历了3个阶段，即质量检验阶段、统计质量管理阶段和全面质量管理（total quality management，TQM）阶段。

（1）质量检验。质量检验是采用一定检验测试手段和检查方法测定产品的质量特性，并将测定结果与规定的质量标准作比较，从而判断产品是否合格的质量管理方法。通过质量检验，可以保证不合格的原材料不投产，不合格的零件不转下一工序，不合格的产品不出厂；同时可以收集产品质量数据，为改进质量提供信息。

（2）统计质量管理。统计质量管理是管理人员采用统计方法作为工具来控制生产过程和产品质量的质量管理方法。在没有提出统计质量管理以前，产品的质量是在每件产品完成后进行检查以判别它是否合格，但在大批量生产的现代工业中，这种质量控制方式已经难以有效应对。统计质量管理目的在于，以最小费用搜集少量必要的抽样数据进行分析与研究，以发现并消除异常性原因对质量的影响，使产品质量经常处在正常状态下。尽管不少统计方法都可在质量管理中起到一定作用，但常见的统计质量管理有以下几种。

①控制图。控制图是根据数理统计原理分析和判断工序是否处于稳定状态所使用的、带有控制界限的一种质量管理图表。控制图主要用于对生产过程进行分析和监测，以及时发现异常因素，从而避免不合格品大量出现。

②抽样检验。抽样检验是从一批产品中随机抽取少量产品（样本）进行检验，据以判断该批产品是否合格的统计方法和理论。需要注意的是，经过抽样检验认为合格的一批产品中，还可能含有一些不合格品。

③可靠性理论和方法。可靠性理论是研究系统运行可靠性的普遍数量规律的理论，借助该理论可以分析产品的失效规律和寿命分布，评定和提高产品完成其规定功能的能力。

（3）全面质量管理。全面质量管理就是一个组织以质量为中心，以全员参加为基础，目的在于通过让顾客满意和本组织所有成员及社会获得收益而达到长期成功的管理途径。全面质量管理所指的质量不仅包括通常意义上的产品和服务，还包括组织的所有活动、过程、人员以及组织结构等各个方面。

它强调全面的管理、全过程的管理、全员参与的质量管理。

典型案例 5-9

三鹿集团破产事件[①]

石家庄三鹿集团股份有限公司于1996年正式成立，是国内较早研发出全脂甜奶粉的企业之一，其主营产品为三鹿系列奶粉、液态奶。2005年，新西兰恒天然集团出资8.64亿元人民币，购买了三鹿集团43%的股份。至此，三鹿集团有五大主要股东，分别是石家庄乳业有限公司、承德华宁乳业有限公司、石家庄红旗乳品厂、唐山康尼乳业有限公司、恒天然品牌（中国）有限公司。三鹿董事长兼总经理长期由田文华一人担任。

2008年，三鹿奶粉被查出三聚氰胺含量过高，三鹿集团“问题奶粉”事件曝光后资不抵债，公司宣告破产。通过对三鹿集团奶粉质量过程控制的回顾，以及整个问题奶粉事件相关材料的梳理，可以发现其质量安全隐患早已存在。首先，奶站监管缺失，奶源质量失控；其次，公司治理不健全，内部监管不力，奶粉标准重叠且偏低，检测技术落后；最后，过度依赖免检制度，监管不力。控制不力最终导致三鹿集团破产。

① 郑红军.农业产业化国家重点龙头企业产品质量安全控制研究——基于温氏集团和三鹿集团案例比较分析[J].学术研究，2011（8）：90-95.

（六）标杆控制法

标杆控制法是以在某一指标或某一方面实践上竞争力最强的企业，或者行业中的领头企业或其内部某部门作为基准，将本企业的产品、服务管理措施或相关实践的实际控制情况与这些基准进行定量化的评价、比较，从而对组织的相关指标进行有效控制的一种方法。其具体步骤如下。

（1）确定标杆控制的项目和对象，制订工作计划。

（2）组成工作小组进行调查研究，找出差距，确定最佳的纠偏方法。

（3）明确改进方向，提出初步的改进方案。

（4）修正和完善该方案。

（5）将方案付诸实施，并进行监督和纠偏工作。

（6）总结经验，并开始新一轮的标杆控制。

标杆控制法体现了现代知识管理中追求竞争优势的本质特性，具有巨大的实效性和广泛的适用性。标杆控制通过不断寻找和研究同行一流公司的最佳实践，使本企业得到不断改进，创造优秀业绩，进入或赶超一流公司。但标杆管理法也有不足之处。它可能会引起本企业与目标企业趋同，甚至落入“落后—推行标杆控制—再落后—再推行标杆控制”的恶性循环之中。因此，在落后的情况下，有的企业会选择跨越式的战略而非追赶式的战略。

思考题

（1）什么是控制?

（2）管理控制的目的和作用是什么?

（3）控制有哪些基本类型?

（4）控制过程的3个阶段分别是什么?

（5）控制的基本方法有哪些？各有什么积极作用及局限性?

参考文献

[1]杨孝伟，赵应文. 管理学：原理、方法与案例[M].武汉：武汉大学出版社，2004.

[2]娄成武，魏淑艳. 现代管理学原理[M].北京：中国人民大学出版社，2004.

[3]丁溪. 管理学原理[M].北京：中国商务出版社，2010.

[4]斯蒂芬·罗宾斯，玛丽·库尔特. 管理学（第13版）[M].刘刚，程熙镕，梁晗，等译. 北京：中国人民大学出版社，2017.

[5]周三多，陈传明，刘子馨，等. 管理学：原理与方法[M].7版.上海：复旦大学出版社，2018.

[6]尹少华. 管理学原理[M].北京：北京大学出版社，2010.

[7]冯国珍. 管理学[M].2版.上海：复旦大学出版社，2011.